Borja Lomas Rodríguez

ARQUITECTURAS ANTIFRÁGILES
Tácticas de Entropía ProductivaBorja Lomas Rodríguez

UAX FUNDACIÓN diseño

Lomas Rodríguez, Borja
Arquitecturas antifrágiles. Subtítulo: Tácticas de Entropía Productiva / Borja Lomas Rodríguez. - 1ª ed . - Ciudad Autónoma de Buenos Aires : Diseño, 2025.
374 p. ; 21 x 15 cm. - (Textos de arquitectura y diseño / Camerlo, Marcelo)
ISBN 978-1-64360-936-2
1. Arquitectura . 2. Investigación. 3. Teoría
CDD 720.1

Textos de Arquitectura y Diseño

Director de la Colección:
Marcelo Camerlo, Arquitecto

Diseño de Tapa:
Liliana Foguelman

Diseño gráfico:
Cecilia Ricci

Foto de tapa: *Cloud Gate*, de Anish Kapoor (Chicago 2004),
© Borja Lomas (Chicago 2006)

Hecho el depósito que marca la ley 11.723

La reproducción total o parcial de esta publicación, no autorizada por los editores, viola derechos reservados; cualquier utilización debe ser previamente solicitada.

© de los textos, Borja Lomas Rodríguez
© del Prólogo, Federico Soriano
© del Epílogo, Carlos Pérez-Pla
© de las imágenes, sus autores
© 2025 de la edición, Diseño Editorial

ISBN 978-1-64360-936-2
ISBN EBOOK : 978-1-64360-937-9

Febrero de 2025

A mi familia, por el tiempo robado, porque todo tiempo que no compartes con aquellos a los que amas, es siempre un tiempo sustraído.

ÍNDICE

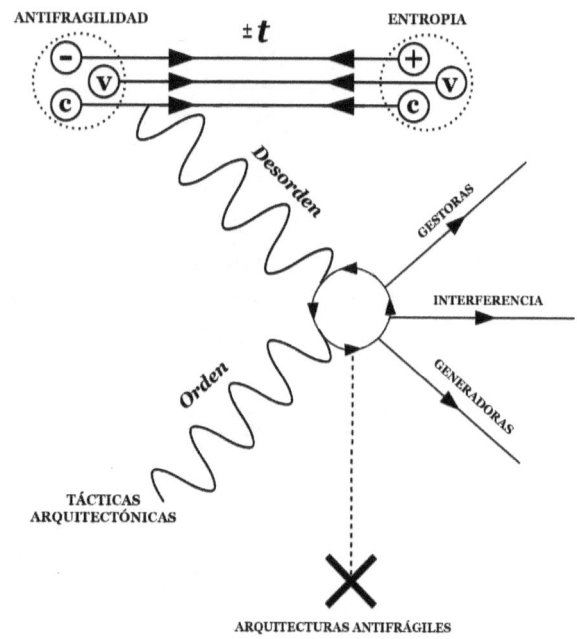

Diagrama General de Arquitecturas Antifrágiles.
(+-t) Tiempo asimétrico como variable entre orden-desorden.

PRÓLOGO,
POR FEDERICO SORIANO   12

INTRODUCCIÓN   18
El beneficio del desorden o *hacia una entropía productiva*   18
Clasificación antifrágil como táctica   26

PREFACIO   28
Proyectar o de la difícil mirada al futuro   28

1.- LA ANTIFRAGILIDAD 30

T01.- La *Hybris* del control y el *Lecho de Procusto* 34

T02.- Proyecto y realidad_ "La vida siempre tiene razón" 37

T03.- Los límites del conocimiento_ Buscando el orden 40

T04.- La frontera del azar determinista (*Epistemológico*) 43

T05.- La frontera de la inalcanzable descripción completa de la realidad 45

T06.- La frontera del azar cuántico (*Ontológico*) 50

T07.- La frontera de la consciencia 56

T08.- (*Apertura*) Dialogar con el desorden_ Lo ilimitado del conocimiento 65

T09.- La imposibilidad de lo unívoco y la respuesta probable 71

T10.- De lo Resiliente a lo Antifrágil. (*Una Definición*) 72

T11.- Antifragilidad y el beneficio de lo adverso 74

T12.- Antifragilidad y la necesidad de lo negativo y las limitaciones 76

T13.- Antifragilidad en los seres vivos_ El azar creador 87

T14.- Antifragilidad en los sistemas culturales_ Entropología 98

T15.- Del desorden a la entropía_ Disipación e irreversibilidad 120

T16.- Entropía_ El empuje hacia los estados probables 125

T17.- Neguentropía_ Entropía negativa de los sistemas vivos 129

T18.- Entropía generadora de orden_ Sistemas emergentes 133

T19.- Entropía anabólica y catabólica 142

T20.- Entropía_ La destrucción y construcción de la ruina 147

T21.- Entropía de la ruina y falsa entropía 158

T22.- Entropía de la pátina_ la suciedad que construye 165

T23.- Entropía productiva_ Orden a través del desorden 174

T24.- Contra los placeres del caos o la estética del desorden 179

T25.- El pensamiento antifrágil_ Entropía de las ideas 185

2.- TÁCTICAS GESTORAS 192

T26.- *Congestión_* Orden vs Desorden00   196

T27.- *Diagramático I_* Específico vs Indeterminado   198

T28.- *Diagramático II_* Estable vs Inestable   200

T29.- *Performativo _* Desprogramar espacios   202

T30.- *Normativo_* Restricción como libertad   204

T31.- *Aikido_* El beneficio de lo adverso   206

T32.- *Camuflaje I_* Disrupción o el engaño de la percepción   208

T33.- *Camuflaje II_* Subterfugio y ocultación   210

T34.- *Camuflaje III_* Reflexión del medio   212

T35.- *Mimetismo I_* Contexto y suplantación   214

T36.- *Mimetismo II_* El disfraz como oportunidad   216

T37.- *Contextual I_* Autonomía o contextualidad entrópica de la forma   218

T38.- *Contextual II_* La creación de lo informe   220

T39.- *Geométrico_* La forma informada   222

T40.- *Negociar_* Crear la frontera de lo informe   224

T41.- *Difuminar_* Superposición de límites borrosos   226

T42.- *Material_* Contexto como elemento constructivo   228

T43.- *Inversión de lógicas_* Activación de opuestos   230

T44.- *Equilibrio aparente_* El desorden preciso   232

T45.- *Lo así hallado_* Construir lo contingente   234

T46.- *Ensamblaje _* La articulación de los *ready-mades*   236

T47.- *Atomizar I _* Desintegrar el programa   238

T48.- *Atomizar II_* Desintegración del habitar domestico   240

T49.- *Configurable_* Los espacios dinámicos   240

T50.- *Fricciones_* La indeterminación de los límites dinámicos   244

T51.- *Collage_* Postproducción, selección y reordenamiento   246

T52.- *Memoria tipológica_* Desplazamientos de arquetipos   248

T53.- *Estructura y entropía_* La incompletud en arquitectura   250

3.- TÁCTICAS DE INTERFERENCIA 252

T54.- *Distorsiones_* Disonancia como consonancia del caos 256

T55.- *Estrategias oblicuas_* Jugar con el azar 258

T56.- *Constructivo_* Acotar la realidad sublimada del caos 260

T57.- *Injerto_* Entropía como heterotopía 262

T58.- *Visión_* Precisión azarosa de la mirada 260

T59.- *Travelling_* Continuidad de movimiento como salto cuántico 266

T60.- *Serendipia_* Utilizar elementos contingentes 268

T61.- *Catalizador_* El pensamiento intruso 270

T62.- *Traslucir_* Entropía atmosférica como fenómeno 272

T63.- *Desgastar_* Documentar la entropía 274

T64.- *Cronológico_* Atrapar el tiempo en la materia 276

T65- *Registrar_* Inscribir la entropía con la materia 278

T66.- *Preservar_* Petrificar la entropía 280

T67.- *Transferir_* Moldear la entropía del lugar 282

T68.- *Constricciones I_* Introducir estresores como potencial 284

T69.- *Constricciones II_* Crisis sobre el programa 286

T70.- *Constricciones III_* Restringir los medios 288

T71.- *Extrañamiento_* Lo extraordinario en lo ordinario 290

T72.- *Transmutar_* Reordenar la materia 292

T73.- *Décollage I_* Construcción entrópica 294

T74.- *Décollage II_* Arrancar materia 296

T75.- *Arruinar_* Interferir entrópicamente sobre lo construido 298

T76.- *Desvelar_* El espacio arqueológico 300

T77.- *Recontextualizar_* Selección y desplazamiento imprevisto 302

T78.- *Des-regular_* Desordenar los códigos de la ciudad 304

T79.- *Re-naturalizar_* Introducir órdenes autoorganizativas en la ciudad 306

4.- TÁCTICAS GENERADORAS 308

T80.- *Plasticidad_* Creatividad como emergencia del desorden 312

T81.- *Fake I_* La simulación del caos de la ruina 314

T82.- *Fake II_* Nostalgia, memoria y la crisis de lo auténtico. 316

T83.- *Inclusión_* Indecisión como participación entrópica 318

T84.- *Atmosférico I_* La heterotopía de la montaña 320

T85.- *Atmosférico II_* La distorsión fenomenológica 324

T86.- *Ambigüedad_* Encuentros imprevisibles y flexibilidad aleatoria 328

T87.- *Pixelizar_* Reordenación aleatoria 330

T88.- *Materia_* Reordenación informada 332

T89.- *Estructural_* La entropía de las configuraciones orgánicas 334

T90.- *Exógeno_* Realidad como reflejo hiperreal distorsionado 336

T91.- *Hiperrealismo_* Realidad como reverberación exógena 338

T92.- *Secluir_* Restricción perceptiva como potenciador interior 340

T93.- *Sinestesia_* Activación perceptual y cruzamiento de información 342

T94.- *Topografiar_* Cualificar el espacio a través del relieve 344

T95.- *Saturación_* Densificar límites 346

T96.- *CRISPR-CAS_* Genéticas arquitectónicas 348

T97.- *Medicalizar_* La arquitectura terapéutica 350

T98.- *Desbordamiento_* Rebasar los límites 352

T99.- *Extendido_* Instantes de tiempo como espacio infinito 354

T100.- *Diversificar_* Desordenar las funciones en la ciudad 356

T101.- *Des-planificar_* Introducir espacios entrópicos en la ciudad 358

EPÍLOGO. *LA UNIVERSIDAD ANTIFRÁGIL*, POR CARLOS PÉREZ-PLA DE VÍU 364

AGRADECIMIENTOS 370

Panel de la Investigación

The Hydra.

Hidra de Lerna.
Metáfora del concepto de lo Antifrágil propuesto por Nicholas Taleb

(El ser mitológico de la *Hidra de Lerna* representa lo *'antifrágil'*, fortaleciéndose ante cada adversidad: al cortarle una cabeza, emergen dos en su lugar. De este modo, no solo resiste, sino que evoluciona. Estas características antifrágiles también se encuentran en la *Hydra* real, un pequeño animal capaz de modificar su codificación genética para adaptarse a sus necesidades. Su capacidad de regenerarse frente a cualquier estresor o adversidad le otorga una naturaleza inmortal y antifrágil.)

PRÓLOGO AL LIBRO "ARQUITECTURAS ANTIFRÁGILES"

INTRODUCCIÓN AL USO DE PALABRAS,
IMÁGENES Y CITAS EN LOS
TEXTOS DE ARQUITECTURA

Las palabras. En arquitectura. Las palabras se han convertido en arquitecturas

Las palabras han tomado el relevo de documentos, plantas, conceptos, espacios, procesos, materiales, ordenes; se han vuelto soberanas en los textos de crítica o de investigación contemporánea. Las palabras son usadas para generar los contenidos propios de la disciplina, la definición de las nuevas vías del proyecto, las respuestas más eficientes o directas a un mundo que no corresponde a cualquier modelo o construcción anterior. Las palabras pueden sobre la perplejidad y las incertidumbres de contradicciones y perplejidades.

Las palabras y la arquitectura rompieron su relación directa emanada de tratados y academias, como pasó con las palabras y las cosas en el mundo real. Las palabras vagan, solas, vacías y ligeras, listas, preparadas para ser de nuevo, por un instante, las constructoras de unos significados. Dice Foucault que *"las palabras se proponen a los hombres como cosas que hay que descifrar"*[1]. Las palabras están esperando, alertas, a que alguien, un investigador, un creador, las señale y las ponga en un índice o en un título.

Los textos que leemos descubren palabras y las vuelven a relacionar con significados, quizás, o no tan quizás, con los que nunca se habían conectado antes. Las palabras son vectores de saltos calificativos, son palabras-obús[2], según el término de Paul Ariès, que asaltan territorios de conocimiento, debilitándolos, destruyendo, modificando lo homogéneo. Arrasando para después poder edificar un sistema de significados sobre las ruinas que quedan. Las palabras parecen ser la únicas que dentro de la aparente disparidad, diversidad y exaltada diferenciación del panorama de la teoría y la práctica de la arquitectura hoy, pueden controlar el presente.

---

[1] Michel Foucault (1968). Las palabras y las cosas. México: Siglo XXI Editores.
[2] El término "Mot-obus" usado en Paul Ariès (2007). La décroissance : un nouveau projet politique. Villeurbane : Éditions Golias. Pp 11.

Las imágenes. De arquitectura. Las imágenes se han vaciado de la arquitectura

Las imágenes son las pruebas de vida de las palabras. Decía Sebald que confirman la veracidad. "*En cuanto uno pone sobre la mesa una fotografía en prueba de algo, la gente, en general, tiende a aceptarlo*"[3]. La imagen en los textos de investigación o crítica aparecen después, cuando las palabras han encontrado un sitio, para corroborarlas, cerciorar su elección, para demostrar su verosimilitud.

Las imágenes no valen, al igual que las palabras tampoco valen nada inicialmente. También vagan desorientadas por el mundo, esperando rellenarse, asentir, edificarse sobre los escombros de los obuses caídos, asirse a las manos que tienen las palabras. Las imágenes son infinitas pero las palabras son escasas. Las imágenes esperan un alma. Cuando la encuentran por el pie de foto que escribimos, creen que existen y vuelan solas, sin percatarse que el texto puede desaparecer o disolverse como la cera de las alas de Ícaro. Roussel encontró la palabra dislocar para añadir un factor más a esa unión entre palabras e imágenes; de las palabras extraemos la imagen "*dislocándola al modo de un jeroglífico*"[4]. Las imágenes tienen los huesos descoyuntados, los huesos que son palabras que están dentro de ellas.

Las imágenes de arquitectura no son de la arquitectura ni de los objetos de la arquitectura. Pocos usan imágenes de la disciplina, porque es éstas los contenidos aún siguen anclados. No en su totalidad, no todos los que ha tenido, pero quedan rastros, deudas que en ellos siguen cobrándose. No nos damos cuenta de que da igual, las imágenes de la arquitectura, las imágenes de la tradición están igual de desarticuladas, vacías y ansiosas. Ansiosas por ayudar.

---

[3] Lynne Sharon Schwartz (2021). Emerge, memoria (conversaciones con W. G. Sebald. Oviedo; KRK ediciones. Pag 81.
[4] Raymond Roussel (1973). Como escribí algunos libros míos. Barcelona: Tsuquets. P. 37.

La entropía. Sobre arquitectura. La entropía se construye sobre la arquitectura

La entropía es la contradicción entre palabras e imágenes como lo es en la construcción del mundo que tiene por ley de vida morir en la mayor desidia de equilibrio, obviedad y aburrimiento entre presente y futuro. La entropía nos asombra en su contradicción vital porque es necesaria y porque no podemos ahorrarla. No queremos entender que es automática, es un fin que se persigue a sí mismo.

La entropía de las palabras y las imágenes también trasforma baja entropía en alta entropía. Y se producen desechos, los antiguos significados, los textos obsoletos, las críticas olvidadas. Cada vez habrá menos posibilidades de generar trabajos, el proceso de resignificación no es infinito; hasta que, llegado su final *termoideológico*, o bien antes de ello, porque nos demos cuenta, busquemos otros sistemas de producir encajes con el mundo, ya sean trabajos de investigación o crítica, o proyectos de arquitectura.

La entropía de los procesos naturales y la de los sistemas de transformación en los que interviene el hombre son diferentes, precisamente por el hecho de intervenir en las decisiones tomadas. La entropía arquitectónica deja de ser automática y pasa a ser dirigida. En la arquitectura, a la reorganización se suma la actividad de seleccionar. ¿Por qué? Por el placer de vivir. Dice Georgescu-Roegen hablando de entropía económica, pero que bien se aplica aquí, "*sin introducir el concepto de placer de vivir en nuestro armamento analítico... no podremos descubrir la verdadera fuente de valor*"[5]. Nuestros procesos, los que derivan de unir palabras e imágenes, que son iguales que los de unir conceptos y materiales, son altamente entrópicos porque elegimos, seleccionamos. Porque creamos, que es la esencia de la arquitectura.

---

[5] Georgescu-Roegen, N. (1971). The entropy law and the economic process. Cambridge, Mass: Harvard Univ. Press. P. 353.

Las citas. En arquitectura. Las citas son esquejes en la arquitectura

Y las citas, las citas, el elemento híbrido, bastardo, incestuoso entre palabras e imágenes. Las palabras que son tomadas como imágenes. Una imagen en las que solo hay huesos dislocados en forma de letras gramaticalmente construidas. Las citas son alta entropía, ya han generado todo el trabajo, quedan estables, arquitectónicamente expiradas. Las citas son esponjosas, se escriben en itálica que es un tipo de letra que parece desvanecerse y evaporarse.

Las citas son pegatinas, *stickers* de lugares remotos, donde las frases son referencias de mundos míticos. Son fragmentos de publicaciones escritas, recortados como eran seccionados otros trozos de periódicos en los collages cubistas. El recorte elimina el contacto con el contenido de la publicación original, deja al fragmento limpio, esperando más significados que el nuevo entorno le va a ofrecer. Las citas son reflejos del pensamiento que detecta semejanzas. Son los amigos con quienes queremos que nos relacionen.

Pero el momento más impactante en la vida de una cita, como la de *antifrágil* en las páginas siguientes, es cuando es capaz de revivir en el nuevo medio, en este caso la arquitectura que es nuestro campo y nuestro deseo, y comenzar unos trazados, unas derivas, unos pensamientos autónomos y originales. Trasplantados como esquejes intelectuales, mutan en especies de ideas inesperadas y únicas. Las citas solo tienen sentido entonces, para, abandonando su indolencia, volver a ser palabras notables.

Federico Soriano

INTRODUCCIÓN

EL BENEFICIO DEL DESORDEN
O *HACIA UNA ENTROPÍA PRODUCTIVA*

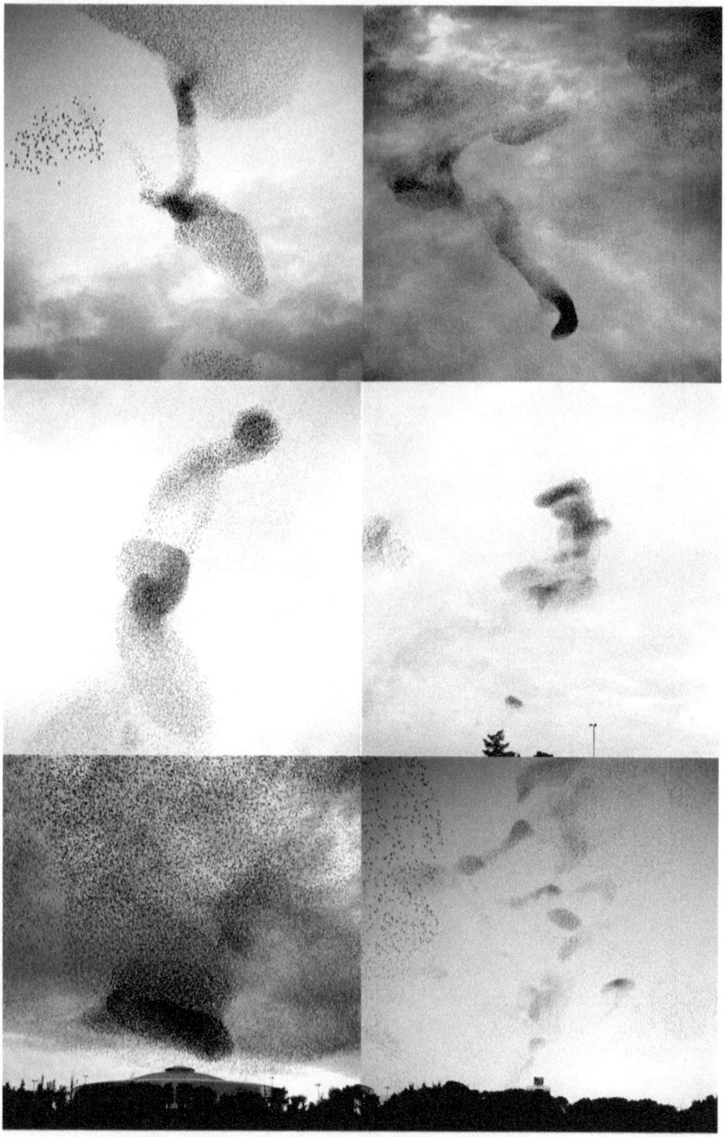

Richard Barnes "Murmur"
Las bellas formas de las bandadas de estorninos son una compleja mezcla entre orden y desorden. Las figuran que forman son una propiedad emergente, el resultado de la sumatoria de reglas simples pero que interactúan sobre un gran número de individuos.

"[...] a menudo estamos tan seducidos por los halagos del orden que no apreciamos las virtudes de lo desordenado: lo descuidado, no cuantificado, descoordinado, improvisado, imperfecto, incoherente, crudo, confuso, aleatorio, ambiguo, vago, difícil, diverso o incluso sucio. [...] El éxito que admiramos a menudo se construye sobre cimientos desordenados, incluso si esos cimientos a menudo están ocultos [...] a veces puede haber cierta magia en el desorden."[6] Tim Harford

Desorden, azar, incertidumbre, caos, indeterminación y otros conceptos similares, generalmente son interpretados como aspectos y contingencias que el proyecto arquitectónico debe evitar para constituirse de manera óptima. Sin embargo, "a menudo estamos tan seducidos por los halagos del orden que no apreciamos las virtudes de lo desordenado". El control sobre la incertidumbre, la previsión ante el cambio y la capacidad de aceptar fluctuaciones inesperadas, son conceptos que se han establecido como representantes de nuestra contemporaneidad. La arquitectura, como medio y objetivo, se enfrenta a esta realidad: adaptarse a la inestabilidad y complejidad creciente de una sociedad hipermoderna, asumiendo que las contingencias pueden ser tanto retos como oportunidades.

Desde sus orígenes, la arquitectura ha sido definida como un "saber organizador o arquitectónico tanto del saber práctico como filosófico"[7], cimentado en la noción de orden, frente al desorden y lo indiferenciado, "el arte de organizar el espacio" según la definición de Auguste Perret. Un orden abstracto que al enfrentarse a la realidad del mundo mutable, inestable y dinámico genera contradicciones, choques y tensiones con la *firmitas* del proyecto, según la concepción amplia del término vitruviano. En este contexto, sigue teniendo plena validez la máxima de Heráclito, "lo único constante es el cambio".

---

[6] HARFORD, Tim, *El poder del desorden*, Penguin Random House Grupo Editorial, Barcelona, 2017, pp. 1-5 *T.A*

[7] FERRATER MORA, José, "Aristóteles, Ética a Nicómaco" en *Diccionario de Filosofía*, Ed. Montecasino, Buenos Aires, 1950. (Entrada: *Arquitectónica*, p. 140)

Precisamente en esta discrepancia entre la estabilidad de la arquitectura y la inestabilidad del mundo y sus circunstancias es donde se encuadra esta investigación. Ya que, lejos de considerar elementos de desorden algo a evitar o eliminar, plantea que estos pueden convertirse en oportunidades de proyecto, desvelando procedimientos, tácticas y arquitecturas que evolucionan, se *"benefician del desorden"* y prosperan gracias a la incertidumbre. Lo *'frágil'* de un sistema, por contraposición se transforma en lo *'antifrágil'*, superando así lo resiliente.

En consonancia con lo anterior, este libro explora el concepto de *Antifragilidad*,[8] postulado de Nicholas Taleb (2012), que se define a partir de aquellas cosas que salen beneficiadas de la crisis, prosperan y crecen al verse expuestas ante las alteraciones y la incertidumbre, ya que superan los cambios, mejoran, se benefician del desorden y evolucionan gracias a la *entropía*. Contrario a la *'resiliencia'* que resiste a las perturbaciones, aceptándolas, pero no prosperando.

Ser antifrágil implica transformar inconvenientes, desorden y dificultades en oportunidades de proyecto. Esto supone aprovechar las contingencias y procesos regidos por la tendencia natural de la *entropía*, que es la magnitud que mide el grado de desorden de un sistema. Beneficiarse de la entropía significa aumentar la opcionalidad en el número de configuraciones y tipos de información, fomentando nuevas ideas emergentes y proyectándolas hacia el futuro.

Este estudio sobre la *entropía* y la *antifragilidad* explora las capacidades evolutivas del proyecto arquitectónico contemporáneo, donde los elementos inesperados y de desorden actúan como catalizadores para la producción arquitectónica. De este análisis surgen *tácticas proyectuales*, tanto *teóricas*, derivadas del examen del concepto de 'Antifragilidad' como entropía y como forma de pensamiento; y, *tácticas operativas*, que establecen la triada: *Gestionar, Interferir y Generar*. Estas últimas

---

[8] TALEB, Nassim Nicholas, *Antifrágil: Las cosas que se benefician del desorden*, Ed. Paidós. Espasa Libros, Barcelona, 2014.
El término *'Antifragilidad'* por Taleb, es referido especialmente al mundo de la economía y las inversiones en incertidumbre, sin embargo, encontramos plausible su traslado y aplicación sobre la metodología del proyecto arquitectónico.

constituyen marcos de acción, operativos y tácticos que vinculan la arquitectura con la incertidumbre, transformándola en *entropía productiva* capaz de generar nuevas oportunidades proyectuales y adaptarse a la complejidad contemporánea.

Así mismo, muchos temas y cuestiones abordadas en esta investigación han surgido como *reflexión –personal–desde la propia práctica arquitectónica*[9], planteando preguntas derivadas de enfrentar problemas y contingencias inherentes a la disciplina, que aquí encuentran un marco para ser analizadas desde una perspectiva teórica y crítica que, sin limitarse a ella, se extiende hacia aplicaciones tácticas. Bajo esta premisa, este libro se concibe con una clara vocación última de servir como *herramienta táctica* del proyecto arquitectónico, más allá de ser un aporte teórico. Es así que, el objetivo no es solo defender la hipótesis de que "beneficiarse de la entropía y los estresores aumenta la opcionalidad proyectual y fomenta nuevas ideas emergentes que fortalecen a la arquitectura", sino también ofrecer un catálogo de *"101 tácticas de proyecto"*, una *caja de herramientas* que ayuden a generar una arquitectura más dialéctica, una *arquitectura antifrágil* capaz de encontrar oportunidades en las dificultades, mejorar y evolucionar al incorporar en su esencia la complejidad y la riqueza de la vida misma.

Este planteamiento se nutre de la explicación que Taleb hace del concepto de *antifragilidad* a partir de sus investigaciones en el mundo de las finanzas, dando continuidad a sus investigaciones sobre la importancia que tiene la aleatoriedad en la toma de decisiones bajo incertidumbre,[10] así como la relevancia de los sesgos cognitivos, especialmente el de 'retrospectiva'[11] –esa tendencia a sobreestimar la capacidad de predecir el futuro en base a hechos pasados–. En su ensayo, Taleb advierte contra la

---

[9] *Estudio Voluar Arquitectura*, Fundado en 2006 por Pablo Rodríguez y Borja Lomas.
[10] Ver TALEB, Nassim Nicholas, ¿Existe la suerte? Las trampas del azar. Ed. Espasa Libros. Barcelona 2009 y TALEB, Nassim Nicholas, *El Cisne Negro*. Ed. Espasa Libros. Barcelona 2011.
[11] Coloquialmente Taleb lo denomina "el problema del pavo": basándose en el pasado, el pavo puede predecir de forma rigurosa y confiadamente la bonanza de sus días futuros... hasta que llega el Día de Acción de Gracias. Ver TALEB, Nassim Nicholas, *Antifrágil, op. cit.*, p.128

excesiva confianza en las explicaciones simplificadoras de la realidad, y critica la tendencia de la sociedad moderna en ejercer un control absoluto y homogéneo.[12] Desde esta perspectiva, el autor señala que privar a todo sistema natural o complejo de la volatilidad, aleatoriedad y los estresores (cualquier aspecto considerado como negativo) hará que se fragilicen, menoscabando su capacidad de adaptación en el tiempo.[13]

Taleb reflexiona sobre el alcance y consecuencias de las predicciones en todo sistema complejo, de la misma manera, proyectar requiere de la toma de decisiones arquitectónicas en un campo de incertidumbre y aleatoriedad asociada a las actividades humanas. Es por este camino por el que transita este libro, avanzando el concepto de la antifragilidad más allá de sus bases culturales y financieras para integrarla en el proyectar arquitectónico.

"La antifragilidad es más que resiliencia o robustez. Lo resiliente aguanta los choques y sigue igual; lo antifrágil mejora. Esta propiedad se halla detrás de todo lo que ha cambiado el tiempo"[14]

La *antifragilidad*, con sus múltiples vinculaciones a diversos campos del pensamiento, plantea preguntas esenciales: si lo *antifrágil* es aquello que se beneficia del desorden, ¿qué es realmente el desorden? ¿Qué implicaciones tiene este concepto en la anticipación del futuro que busca la arquitectura? Estas cuestiones conducen a explorar el polifacético y complejo concepto de *entropía*, que más allá de su definición científica como el Segundo Principio de la Termodinámica, se expande de forma rizomática por campos tan diversos como el arte, la información, la estadística, el desgaste de los materiales, y un sinfín de disciplinas. Así, la entropía y sus diferentes aproximaciones establecen una constelación de tácticas y metodologías de proyecto que, en el beneficio intrínseco del desorden como motor de cambio, se conciben como una "entropía productiva".

---

[12] Ibídem, p.32. Taleb también incluye lo que denomina como el *"fragilista"*, que es aquella persona que tiende a pensar que lo que no ve, o no entiende, no existe. Confundiendo lo desconocido con lo inexistente.
[13] Ibídem, p.27
[14] Ibídem, p.25

En este contexto, el *'tiempo'* se revela como el elemento esencial para comprender los procesos de entropía y antifragilidad. Como describe Henri Bergson en su concepto de *dureé*,[15] es la duración lo que define los procesos de transformación, una sucesión de hechos y cambios de estados que se produce en la dirección que marca la entropía hacia el aumento del desorden. Sin embargo, en arquitectura, el *tiempo* suele quedar relegado frente al protagonismo del espacio, único protagonista para quien busca una arquitectura absoluta y perfecta, pero estática e incapaz de adaptarse a ese flujo continuo del mundo que ya describía Heráclito.

La *arquitectura antifrágil*, sin embargo, reconoce la indisoluble unidad del *espacio-tiempo* que acoge la transformación de todas las cosas gracias a su continuo dinamismo, ya que se encuentra en un estado *lejos del equilibrio*,[16] posibilitando que surjan rupturas, intercambios, construcciones o el inicio de nuevas cosas. Nada evoluciona sin emplear ese desorden que la entropía despliega por doquier, la fuerza motriz que impulsa todo cambio. Hablar de la transformación que define a la *antifragilidad* como superación y mejora tras una fase de desorden o cambio es, en definitiva, hablar de los procesos que el tiempo impulsa. Este impulso creador del tiempo se extiende por la realidad no de una manera uniforme, sino que, por un lado, se guía bajo el signo de la probabilidad, y por otro, se produce hacia el camino donde el tiempo discurre más lentamente. No olvidemos que la gravedad –tan importante en arquitectura– es una fuerza que se dirige hacia donde el tiempo pasa más despacio. Todas las cosas caen hacia el suelo simplemente porque es ahí abajo donde el tiempo se ve ralentizado por la Tierra.[17] De ahí que, la *antifragilidad* que nace de la entropía, a través de la arquitectura, *espacializa el tiempo* y lo hace visible.

---

[15] BERGSON, H, *Historia de la idea del tiempo,* Ed. Paidós, Ciudad de México 2017

[16] Prigogine es quien más ha destacado el papel creador que presenta el desorden: "Me gusta decir que la materia en proximidad al equilibrio es "ciega", porque cada partícula "ve" solamente las moléculas que la rodean; mientras que en una situación alejada del equilibrio se producen correlaciones de largo alcance que permiten la construcción de estados coherentes...", en PRIGOGINE, Ilya, *El nacimiento del tiempo.* Ed. Tusquets. Colección Metatemas. Barcelona 2005, p. 85

[17] ROVELLI, Carlo, *El orden de tiempo.* Editorial Anagrama. Barcelona 2018, p.17

CLASIFICACIÓN ANTIFRÁGIL COMO TÁCTICA

"El viento apaga una vela y aviva el fuego. Lo mismo sucede con el azar, la incertidumbre, el caos: queremos usarlos, no ocultarnos de ellos. Queremos ser el fuego y desear el viento"[18] Nassim Taleb

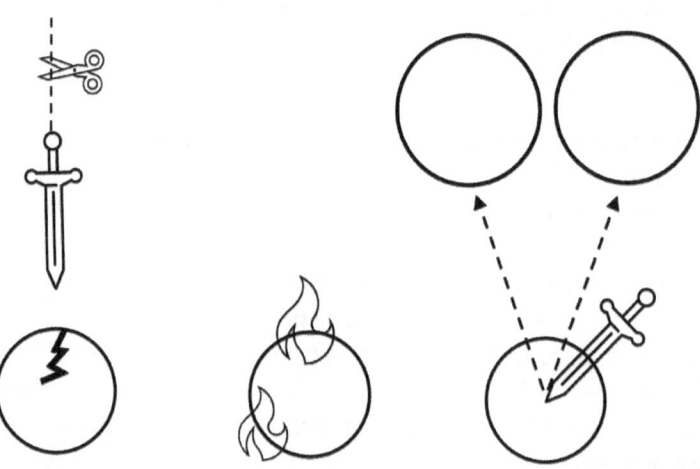

Diagrama de la Triada de Taleb *'Frágil–Robusto–Antifrágil'* *(Damocles - Ave Fénix - Hidra).* Diagrama del autor B.L

La arquitectura puede servir como una táctica para comprender el mundo. Jorge Wagensberg, en *Teoría de la creatividad,* afirma que clasificar es una manera de comprender: "Cuando se clasifica es que ya se tiene una teoría".[19]

Este estudio propone una clasificación arquitectónica basada en la tríada conceptual planteada por Taleb: *Frágil–Robusto–Antifrágil,*[20]

---

[18] TALEB, Nassim Nicholas, *Antifrágil, op. cit.,*
[19] WAGENSBERG, J. *Teoría de la creatividad,* Ed. Tusquets, Barcelona 2017, p.14
[20] TALEB, Nassim Nicholas, *Antifrágil, op. cit.,* p.45

donde lo 'frágil' sucumbe al cambio, lo 'robusto' resiste sin mejorar, y lo 'antifrágil' prospera al enfrentarse a estresores.[21] Taleb ilustra esta clasificación con figuras de la mitología griega: Damocles encarna lo *'frágil'*, amenazado por una espada suspendida de un hilo que al mínimo estrés puede romperse y matarle, lo que le lleva a evitar cualquier estresor exterior; el Ave Fénix simboliza lo *'robusto'*, resiliente pero estático, que renace de sus cenizas sin evolucionar ante la contingencia ; mientras que la Hidra representa lo *'antifrágil'*, fortaleciéndose con cada desafío, pues al cortarle una cabeza, surgen dos en su lugar. Así, la Hidra no solo resistía, sino que buscaba ser sometida a estresores, aprovechándolos para hacerse más fuerte y prosperar.

Esta referencia de la Hidra como modelo de antifragilidad, donde los estresores se convierten en catalizadores de evolución, inspira las *tácticas de entropía productiva* propuestas en este libro. Estas tácticas exploran procesos arquitectónicos creativos que convierten las limitaciones, los estresores y la incertidumbre, en oportunidades para *gestionar* el desorden, *interferirlo* o incluso *generarlo* en nuevas soluciones arquitectónicas innovadoras. Estas tácticas abarcan proyectos que enfrentan diversos grados de incertidumbre, revisando herramientas y métodos que no solo impulsan perspectivas creativas y transformadoras, sino que también orientan hacia un *pensamiento antifrágil*.

Siguiendo la invitación de Ortega y Gasset a descubrir y proponer "costas intactas de continentes recién nacidos"[22], este libro plantea que el futuro arquitectónico se construye a partir de los mimbres del pasado, moldeando una comprensión que se forja desde la mirada proyectada hacia el futuro y su *zeitgeist*, ese espíritu del tiempo impregnado de su entropía.

---

[21] La clasificación de la triada de Taleb *Frágil-Robusto-Antifrágil* también estructuró el marco temporal de esta investigación, abarcando desde los años 90 hasta la actualidad, una etapa de transición al siglo XXI marcada por la globalización y la reestructuración del sistema productivo. Este contexto permitió desarrollar arquitecturas que, frente a la crisis, generaron tácticas productivas capaces de prosperar en la adversidad.

[22] ORTEGA Y GASSET, José, *La deshumanización del arte y otros ensayos de estética*, Ed. Espasa Calpe, Madrid, 2001, p.21

PREFACIO

"(...) una parte fundamental de los fenómenos del mundo obedecería a reglas que jamás podríamos conocer, como si un azar ingobernable hubiera anidado en el corazón de la materia"[23]

PROYECTAR O DE LA DIFÍCIL MIRADA AL FUTURO

René Magritte, *La clarividencia*, 1936

Dígame, maestro, ¿cuál es la mejor jugada de ajedrez que puede hacerse?[24]

La primera definición de *proyectar* según la RAE es: "Lanzar, dirigir hacia delante o a distancia", en efecto, el acto de proyectar en arquitectura conlleva el lanzar unas ideas hacia delante, a un tiempo por llegar, una previsión irreal –por su condición abstracta– sobre una realidad potencial. Proyectar, entonces, es investigar todas las condiciones

---

[23] Labatut, Benjamín. *Un verdor terrible,* Ed. Anagrama. Barcelona 2020. p.125
[24] FRANKL, Viktor. *El hombre en busca de sentido,* Ed.Herder, Barcelona 2001, p.152

necesarias para materializar una idea; realizarla en el sentido pleno del término. Proyectar es construir un futuro.

El autorretrato de Magritte, titulado *La clarividencia* (1936), representa esta condición de imaginar un futuro y establecer unos medios para formalizarlo. Magritte pinta detalladamente un pájaro en vuelo, con las alas desplegadas, mientras observa un huevo. El pintor no muestra el presente, su realidad actual en fase de huevo, sino su condición futura de ave, su potencialidad. Para realizar esta proyección, el pintor se sirve de la imaginación y el conocimiento adquirido por la experiencia.

Magritte proyecta su pájaro, su visión personal, su mirada futura hacia el acontecer de las cosas, y, por lo tanto, ofrece un modelo especulativo. La imagen del pájaro que pinta Magritte, su proyección, inevitablemente mostrará discrepancias con la realidad misma, podrá tener mayor o menor grado de similitud con el pájaro real que nazca a partir del huevo, pero no puede contener ni agotar su realidad; toda representación, inherentemente, es incompleta, y despliega un campo de posibilidades impredecibles.

De la misma manera, el proyecto arquitectónico, como proyección mental de un futuro inasible deberá asumir las contradicciones y el desacoplamiento entre lo pensado y la realidad. Es en esta tensión entre lo conocido y lo desconocido donde la arquitectura muestra su peor limitación y, al mismo tiempo, ofrece su mayor interés *Antifrágil* al beneficiarse del desorden y la incertidumbre, prosperando al verse sometida a múltiples contingencias.

Así, la complejidad de la realidad hace imposible la creación de un manual único para el *arte de proyectar*, no hay libro de recetas infalibles, sino que todo proyecto debe ser fruto de una investigación específica y de afrontar lo indeterminado. Una labor de búsqueda y exploración, desde lo aprendido, el conocimiento y lo intuido, la imaginación. Siendo el conocimiento algo limitado mientras que la imaginación no presenta límites, "abarca el mundo entero" como recordaba Einstein.

En arquitectura, al igual que en el ajedrez, no hay una única jugada maestra sino muchas, con variables sujetas a cambios que, por las dificultades, pasan a convertirse en oportunidades de proyecto.

{LA ANTIFRAGILIDAD}

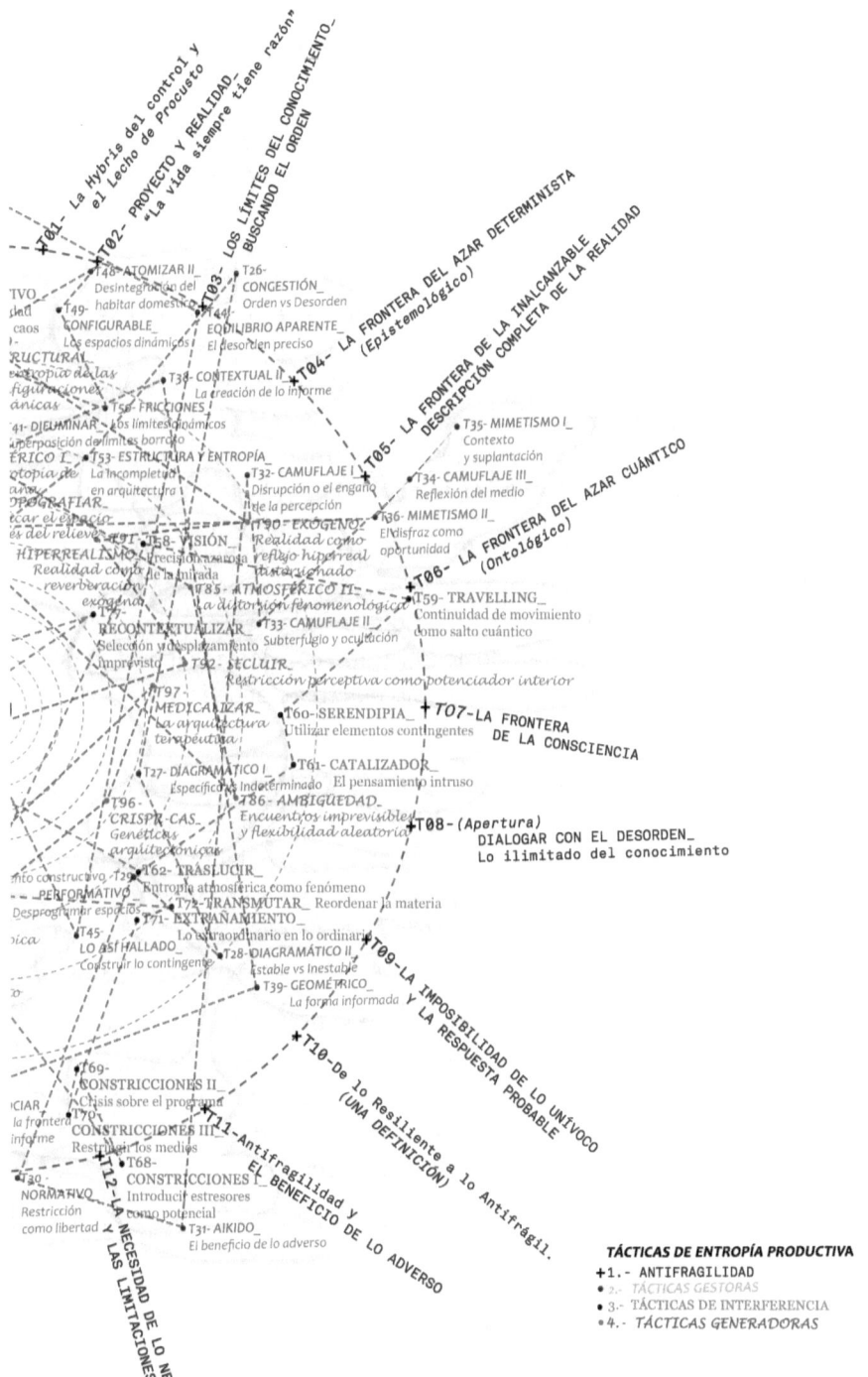

> *"Y en todas las cosas vivas aparecen ciertas irregularidades y deficiencias que no solamente son señales de vida, sino también fuentes de belleza. (...) Y eliminar la imperfección significaría destruir la expresión, menoscabar el esfuerzo, paralizar la vitalidad. Las cosas son realmente mejores, más bellas y más (sic) valiosas gracias a las imperfecciones (...)"*[25]

Este capítulo introduce el concepto de *Antifragilidad* desde una perspectiva interdisciplinar, planteando una colección de *tácticas teóricas o contextuales* que servirán como cimientos para las *tácticas operativas* desarrolladas en los capítulos siguientes. Al reflexionar sobre los límites del conocimiento y la realidad, se invita a explorar lo ilimitado de los mismos, utilizando el concepto de *'entropía'* como herramienta clave para definir la *Antifragilidad* como *'el beneficio de lo adverso'*.

Acuñado por Nicholas Taleb (2012), el término *Antifragilidad* describe las situaciones o elementos que se benefician del desorden. En contraste con 'lo resiliente' o robusto, que simplemente resiste los cambios y permanece inalterado, lo antifrágil convierte la incertidumbre en oportunidad, logrando un dinamismo que trasciende la mera supervivencia y abraza la evolución.

Pero ¿qué entendemos por desorden? El concepto de *entropía* permite responder a esta pregunta desde una perspectiva amplia. Más allá de su asociación común en la arquitectura con el paso del tiempo o la degradación material, la entropía se redefine aquí como un principio generativo que mide el grado de desorden de un sistema y sus posibilidades configurativas, abriendo caminos hacia el cambio.

Aunque el término *Antifragilidad* es reciente, su esencia ha acompañado a los sistemas vivos y culturales a lo largo de la historia. En arquitectura, el equilibrio entre lo previsible y lo indeterminado es fundamental para crear un proyecto que prospere en la complejidad del mundo contemporáneo. No se trata de un desorden con fines meramente estéticos, sino de abrazar lo imprevisto, aceptar lo dinámico y, sobre

---

[25] John Ruskin. *Las Piedras de Venecia, 1851-53, "La Naturaleza del Gótico" (Volumen 2)*, p.35. (Ed. Casimiro libros. Madrid 2019.)

todo, enriquecer la arquitectura mediante configuraciones que trasciendan las limitaciones iniciales.

Este capítulo, por tanto, invita al lector a adentrarse en un marco conceptual que transforma las limitaciones en posibilidades, redefine el desorden como una fuerza motriz y propone a la *Antifragilidad* como un modelo visionario para la arquitectura del futuro.

LA ANTIFRAGILIDAD

T01.- La *Hybris* del control y el *Lecho de Procusto*
T02.- Proyecto y realidad_ "La vida siempre tiene razón"
T03.- Los límites del conocimiento_ Buscando el orden
T04.- La frontera del azar determinista (*Epistemológico*)
T05.- La frontera de la inalcanzable descripción completa de la realidad
T06.- La frontera del azar cuántico (*Ontológico*)
T07.- La frontera de la consciencia
T08.- (*Apertura*) Dialogar con el desorden_ Lo ilimitado del conocimiento
T09.- La imposibilidad de lo unívoco y la respuesta probable
T10.- De lo Resiliente a lo Antifrágil. (*Una Definición*)
T11.- Antifragilidad y el beneficio de lo adverso
T12.- Antifragilidad y la necesidad de lo negativo y las limitaciones
T13.- Antifragilidad en los seres vivos_ El azar creador
T14.- Antifragilidad en los sistemas culturales_ Entropología
T15.- Del desorden a la entropía_ Disipación e irreversibilidad
T16.- Entropía_ El empuje hacia los estados probables
T17.- Neguentropía_ Entropía negativa de los sistemas vivos
T18.- Entropía generadora de orden_ Sistemas emergentes
T19.- Entropía anabólica y catabólica
T20.- Entropía_ La destrucción y construcción de la ruina
T21.- Entropía de la ruina y falsa entropía
T22.- Entropía de la pátina_ la suciedad que construye
T23.- Entropía productiva_ Orden a través del desorden
T24.- Contra los placeres del caos o la estética del desorden
T25.- El pensamiento antifrágil_ Entropía de las ideas

LA HYBRIS DEL CONTROL Y EL LECHO DE PROCUSTO

{El exceso de control y la simplificación desmedida fragiliza todo sistema complejo. Lo complejo se nutre de la opcionalidad.} [T01]

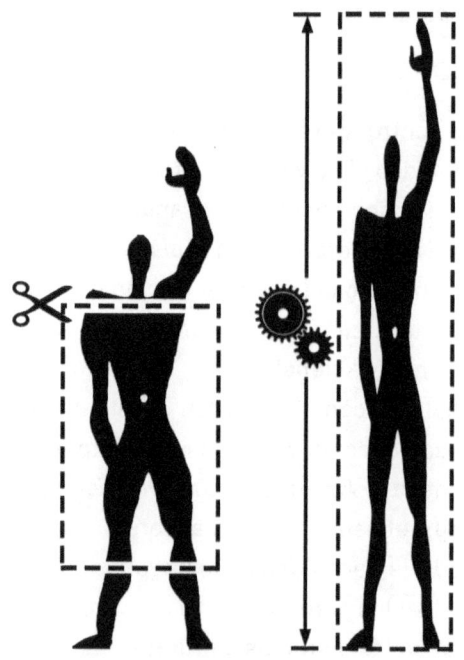

El *modulor* en el Lecho de Procusto. Diagrama del autor B.L

La sociedad contemporánea se caracteriza por la búsqueda de un control sobre el cambio, la inestabilidad y la indeterminación; someter a esa entropía inexorable que da lugar a lo inesperado y a lo imprevisible. Dominar a ese desorden, indeterminado y problemático, que parece querer desbaratar nuestros planes más exactos y nuestras predicciones más rigurosas. Así, el acceso a la información, global e inmediato, hace que más que nunca vivamos en una continua "crisis del futuro"[26], una

---

[26] LIPOVETSKY, Gilles. *Los tiempos hipermodernos,* Ed. Anagrama, Barcelona, 2006, p.69

preocupación permanente por desplegar elementos de control sobre acontecimientos futuros. "Donde la relación con el progreso se ha vuelto insegura y ambivalente, ya que el progreso está asociado tanto a la promesa de la mejora como a la amenaza de catástrofes en cadena".[27]

Damaste, cuyo nombre significa "el que controla" o simplemente "controlador", era el verdadero nombre de *Procusto,* el famoso posadero de la mitología griega. *Procusto* era hijo de *Poseidón,* y alojaba a viajeros solitarios que buscaban cobijo en la ciudad griega de Eleusis, ciudad donde se celebraban los ritos en honor a las diosas *Deméter* y *Perséfone.*

Según la leyenda, invitaba a sus huéspedes a acomodarse sobre una cama de hierro, atándoles a ésta mientras dormían. Una vez inmovilizados, si el cuerpo del desafortunado viajero era más alto que las dimensiones de la cama, Procusto procedía a cortar las partes que sobresalían. Por el contrario, si el tamaño de la persona era inferior a la medida del lecho, procedía a descoyuntarlo a golpes y a estirar su cuerpo hasta alcanzar la medida exacta. Según las distintas versiones de esta historia mitológica, En realidad, Procusto poseía dos camas, una inusualmente pequeña y otra tremendamente larga para evitar la coincidencia con el tamaño del huésped.

La *hybris* del control denota, en sus límites y aspiraciones, una actitud similar a la de Procusto, donde un rígido *metamundo de lo ideal*[28] se proyecta pesadamente sobre la realidad, forzándola y ajustándola a unos intereses o visión particular de las cosas, en lugar de ser al revés y adaptar las ideas a las condiciones de lo real. Estableciéndose en el actual *paradigma de la simplificación*[29] que constituye unos principios guiados por la disyunción y la abstracción, y que conducen a una reducción de la realidad.

Si bien puede parecer idónea una situación de máximo control, donde el azar o lo inesperado son completamente anulados, el efecto secundario

---

[27] *Ibídem,* p.70
[28] KWINTER, Sandford, "Volar con la bala o ¿cuándo empezó el futuro?" en: KOOLHAAS, Rem, *Conversaciones con estudiantes,* Editorial Gustavo Gili, Barcelona, 2002, p.69
[29] MORÍN, Edgar, *Introducción al pensamiento complejo.* Vid. Pdf gratuito ofrecido por el propio autor, Disponible en: http://cursoenlineasincostoedgarmorin.org

de esta simplificación sobre los sistemas complejos es su fragilización. Imponer un orden rígido, privando de elementos de cambio en los sistemas naturales, hace que se atrofien, se les impide evolucionar para adaptarse a nuevas situaciones de demanda.

En nuestros *tiempos hipermodernos*[30], hemos asumido el cambio de paradigma que se ha venido desarrollando desde un mundo comprendido como un sistema lineal a una realidad no-lineal[31], donde las relaciones causa-efecto ya no tienen que ser directas o proporcionales obligatoriamente, sino que responden a una mayor complejidad de interrelaciones no-evidentes.

Los *sistemas complejos* son aquellos que no pueden ser explicados mediante el análisis de sus componentes de forma independiente, ya que sus cualidades emergen de la interacción entre sus partes. Las respuestas de todo sistema complejo no son lineales, debido a la multitud de interacciones (o retroalimentaciones) que se producen, y que rompen con la comprensión lineal de causalidad. Por ejemplo, en el organismo humano las respuestas no son lineales ni de proporción directa, duplicar la dosis de un medicamento no mejora su eficacia, sino que puede poner en peligro el sistema completo.

En los *sistemas simples* y lineales, el control es predecible y permite una imposición de un orden a modo de *Procusto*. Cambiar un elemento afecta al sistema de manera proporcional. Sin embargo, en los 'sistemas complejos', con alta interdependencia, cualquier modificación, por pequeña que sea, puede desencadenar reacciones incontroladas –difíciles de predecir– y socavar todo el sistema. De ahí que, la arquitectura puede considerarse un *complejo* y delicado juego entre el orden y el desorden, entre lo conocido y lo inesperado, entre lo abstracto de las ideas y su encaje en la complejidad de la realidad.

---

[30] Es difícil encontrar un término que capture con precisión el tiempo presente, dada su fugacidad y de los difusos límites de las épocas. Se adopta el término propuesto por Lipovetsky (Hipermodernidad), que describe con mayor exactitud la contemporaneidad, en contraste con «posmodernismo», un término ya desfasado, vinculado a connotaciones específicas y estilos arquitectónicos de los años 70 y 80. Aunque en realidad, se debería definir como pos-posmodernidad, pero resulta claramente confuso. Cfr. LIPOVETSKY, Gilles, *op. cit.*, pp.53-61

[31] Sobre este paso de lo lineal a lo no lineal ver De LANDA, Manuel, *Mil años de historia no lineal,* Editorial Gedisa, 2010

PROYECTO Y REALIDAD
"LA VIDA SIEMPRE TIENE RAZÓN"

{Es la realidad quien finalmente otorga validez a las ideas y, seleccionándolas, marcan el camino de su evolución. }   [T02]

René Maltête. *Échecs*, 1955

El escritor Jostein Gaarder narra la paradójica anécdota sobre Niels Bohr, físico danés que introdujo el modelo orbital del átomo y es considerado como uno de los padres fundadores de la mecánica cuántica. Según cuenta Gaarder[32], el científico tenía una herradura colgada en su puerta, siguiendo la creencia de que la herradura es un objeto que atrae a la buena suerte. Esto le llamó la atención a un amigo, pues siendo Bohr un científico parecía incompatible el pensamiento racional con las creencias supersticiosas, por lo que le preguntó si realmente él creía en esas cosas. Bohr contestó que, por supuesto no creía en supersticiones, pero que le habían dicho que la herradura funcionaba de todas formas, incluso si uno no creía en ella.

[32] GAARDER, Jostein, *El mundo de Sofía*, Ed. Siruela, Madrid 2010, p.449

De una manera irónica, Bohr nos muestra que la realidad posee una dinámica independiente a lo que podamos establecer sobre ella mediante el pensamiento racional. Una cosa es lo pensado y otra la realidad. Todo pensamiento es un constructo, una herramienta de la mente humana y que necesariamente es abstracción limitada de la realidad. Todo lo real comprende más de lo que nunca podrá tener el contenido de nuestro pensamiento acerca de ella.

Así, *pensamiento y realidad* –aquello sobre lo que se piensa–, son ámbitos diferentes y mutuamente exclusivos. Y, tarde o temprano, como se ha ido produciendo a lo largo de la historia del conocimiento, "podemos esperar que la realidad nos muestre un comportamiento o unas propiedades que contradigan algunas de las implicaciones de nuestro pensamiento acerca de ella"[33]. Mostrando de esta manera la evidente independencia de la realidad con nuestro pensamiento, en nuestro caso, el proyecto de arquitectura.

Esta distinción, entre proyecto y realidad es totalmente necesaria para entender el desorden de lo real como una entidad cambiante, que rompe con el orden del pensamiento arquitectónico; y así, no caer en un solipsismo donde se identifique la realidad con el proyecto –y menos con su representación–. Porque un proyecto no deja de ser un simulacro de una realidad potencial y simplificada, una tremenda reducción de lo real.

"La vida siempre tiene razón, el arquitecto es quien se equivoca" decía Le Corbusier, unas palabras que nos recuerdan tanto la independencia entre pensamiento y la existencia, como también, la primacía de esta última como baremo final de la idoneidad del proyecto arquitectónico; nos guste o no, es la realidad quien juzga finalmente nuestros edificios.

> *"La imaginación es pobre, y la imaginación poética mucho más. La realidad visible, los hechos del mundo y del cuerpo humano están mucho más llenos de matices, son más poéticos que lo que ella descubre"* Federico García Lorca, *Imaginación, Inspiración, Evasión (Conferencia en 1928)*

El filósofo Karl Popper distingue tres tipos de mundos que conforman la realidad: el *Mundo 1*, la esfera física, el mundo de los objetos y los campos

---

[33] BOHM, David, *La totalidad y el orden implicado*, Ed. Kairós, Barcelona, 2018, p. 89

físicos de las fuerzas, la química y la biología; el *Mundo 2,* el ámbito psicológico de emociones, sentimientos y experiencias subconscientes e inconscientes humanas y de otros seres vivos; y el *Mundo 3*, el universo de las ideas y las cosas abstractas, los productos de la mente humana, como las obras de arte, los valores éticos y las instituciones sociales. Para Popper, todos estos mundos pertenecen a la realidad: "no solo son reales el físico *Mundo 1*, y el psicológico *Mundo 2*, sino que también lo es el abstracto *Mundo 3*".[34] Sin embargo, todos ellos conforman una realidad entendida de manera pluralista, donde se crean relaciones de interdependencia, pero es el *Mundo 1* el que para Popper crea el patrón mismo de realidad. La verdad o falsedad de nuestras ideas dependerán enteramente de su confrontación con la realidad física del *Mundo 1*.

El mundo de las ideas permite a la humanidad trascender su naturaleza y explicar el mundo natural. Históricamente, el pensamiento religioso o metafísico cubría la brecha entre el mundo de las ideas y el físico. Dioses y creencias proporcionaban una continuidad lógica y causal entre uno y otro mundo. El pensamiento ilustrado sustituyó estas explicaciones con puentes basados en la ciencia y la razón para la comprensión del Universo, que poco a poco han explicado las leyes naturales. Sin embargo, como sostenía el filósofo Martin Gardner, "cuanto más comprensible parece el Universo, tanto más sin sentido parece también"[35].

Es importante no confundir el carácter de nuestras teorías –o proyectos– fruto del pensamiento, con el mundo de la realidad física, porque no dejan de ser un reduccionismo que conduce a una visión determinista de la realidad. Como defiende Popper, nuestro Universo es en parte causal, es en parte probabilista y es en parte abierto, con una naturaleza emergente. La vida, con sus dosis de azar y contingencias –su desorden complejo–, es esa *patada a la piedra*[36] que refuta toda concepción idealista. Ese pensamiento arquitectónico que pretende reducir o eliminar la realidad mediante una racionalización ingenua que impone un orden perfecto, en lugar de considerar la arquitectura como un instrumento que permite el acontecer de las cosas y de la existencia.

---

[34] POPPER, Karl R., *El universo abierto. Un argumento en favor del indeterminismo*, Ed. Tecnos, Madrid, 2011, p. 138 (pp.136-206)
[35] GARDNER, Martin, *Orden y Sorpresa*, Ed. Alianza, Madrid, 1987, p.185
[36] En referencia a la famosa refutación del doctor Samuel Johnson al filósofo inmaterialista Berkeley. Ver: WILCZEK, Frank, p.297

LOS LÍMITES DEL CONOCIMIENTO_ BUSCANDO EL ORDEN

{El conocimiento sobre lo real siempre es incompleto. Debemos asumir y operar con zonas borrosas, límites infranqueables y espacios de incertidumbre.} [T03]

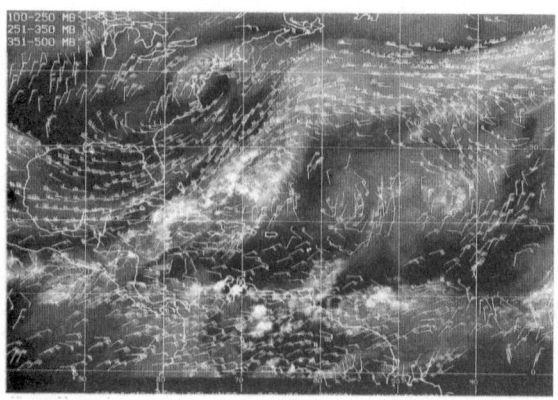

Plano de Vientos Meteosat

Proyectar arquitectura es lanzar unas ideas hacia el futuro con capacidad de ser construidas. Es materializar un orden artificial proveniente del popperiano mundo de las ideas para formar parte del mundo físico de la realidad. Un orden que deberá dialogar –o combatir– con el desorden de una realidad dinámica, y que exige una capacidad de anticipación sustentada en el conocimiento disponible sobre el futuro y la incertidumbre que lo acompaña.

Al igual que los seres vivos, la arquitectura requiere desarrollar métodos para adaptarse a los cambios imprevisibles del entorno. Sin embargo, mientras los organismos evolucionan según leyes basadas en la eficacia biológica y la generación de descendencia, la arquitectura se rige por una selección cultural basada en conservar su utilidad o en su capacidad para albergar y transmitir valores. Esta diferencia plantea la pregunta:

¿es posible anticiparse al desorden imprevisto del futuro? ¿Es el azar, como se pregunta Wagensberg[37], un producto de nuestra ignorancia, o simplemente la propia esencia de la realidad, un derecho intrínseco de la naturaleza?

Aristóteles abordó esta cuestión clasificando los sucesos del mundo en tres categorías: los "sucesos seguros", que ocurren necesariamente según leyes naturales; "sucesos probables", que ocurren y se repiten con excepciones ocasionales; y los "sucesos inaccesibles al conocimiento", que ocurrían por puro azar.[38] Esta clasificación sigue siendo vigente y relevante para reflexionar sobre la complejidad de la realidad y los límites del conocimiento humano.

Unos límites que incluso se creyeron superados, de ahí que, en el año 1900, el científico inglés Lord Kelvin llegó a declarar "Ya no hay nada nuevo por descubrir en la ciencia. Lo único que queda es hacer mediciones cada vez más precisas"[39]. Cinco años más tarde la teoría de la relatividad de Einstein y luego el Principio de Incertidumbre de Heisenberg, pusieron en evidencia que Lord Kelvin estaba totalmente equivocado. El punto final al conocimiento todavía se encontraba muy lejos, es más, se entendió que probablemente nunca se llegaría a alcanzar: como Einstein decía son "los secretos del Viejo".

Esta misma búsqueda de conocimiento, a lo largo de la historia es evidente en el intento humano de predecir el clima debido a su impacto crucial en la supervivencia y los cultivos. Sin embargo, el clima, como sistema complejo, aunque sigue un orden causal determinista, es estocástico por la interacción de una infinidad de elementos, lo que dificulta previsiones precisas a largo plazo.

El conocido galimatías que lanzó Donald Rumsfeld, secretario de Defensa de EE. UU., en referencia a la intervención militar en Irak resumió la

---

[37] WAGENSBERG, Jorge (editor) *Proceso al Azar,* Ed. Fábula, Tusquets Editores, Barcelona, 1986, p.15
[38] Aristóteles, citado por SAUTOY, Marcus du, *Lo que no podemos saber. Exploraciones en la frontera del conocimiento,* Ed. Acantilado, Barcelona, 2018, p.33
[39] Kelvin, citado en, *Ibídem,* p.19

epistemología de los tipos de conocimiento: *"Sabemos que hay hechos conocidos. Hay cosas que sabemos que sabemos. También sabemos que hay hechos conocidos que desconocemos. Es decir, sabemos que hay ciertas cosas que no sabemos. Pero hay hechos desconocidos que no conocemos, que son los que no sabemos que sabemos"*[40]. Para Rumsfeld lo que entrañaba mayor peligro eran los *"desconocidos que no sabemos"*, pero como añadió el filósofo Slavoj Žižek, lo más peligroso son los *"conocidos desconocidos"* que conjugan el mundo del subconsciente, las ideas reprimidas, "creencias y suposiciones que desconocemos y negamos, y que ni siquiera somos conscientes de seguir."[41]

El matemático Marcus du Sautoy, en *Lo que no podemos saber* (2016), explora los límites del conocimiento y las fronteras que por ahora no podemos superar, –lo que sabemos que no sabemos– lo que inevitablemente impide una comprensión total de la realidad. Así, demostrando que el desorden –el azar o lo contingente– nunca podrán eliminarse por completo, pero puede ser acotado e incluso utilizado tácticamente como proponemos en este libro sobre la antifragilidad.

La arquitectura debe profundizar en 'lo que sabemos que no sabemos' para adaptarse a lo inesperado e imprevisible. Es en estas fronteras donde se puede crear lo incierto, sin olvidar que lo racional puede examinar y estudiar lo irracional. Según Santayana: "un espíritu realmente puro no puede suponer que el mundo es totalmente inteligible. Puede haber cosas irracionales, puede haber hechos innegables, puede haber abismos oscuros ante los cuales la inteligencia debe permanecer en silencio por temor a enloquecer"[42], en arquitectura esos silencios deben ser construidos, espacios para lo incognoscible, los acontecimientos que desordenan nuestro orden.

---

[40] "Sabemos lo que no sabemos" Disponible en: El País, 10 de noviembre de 2006: https://elpais.com/diario/2006/11/10/internacional/1163113207_850215.html
[41] ZIZEK, Slavoj, *¡Bienvenidos a tiempos interesantes!*, Ed. Vicepresidencia Plurinacional de Bolivia, La Paz, 2011, p.58
[42] SANTAYANA, George, cit. en GARDNER, M, *Orden y Sorpresa, op. cit.*, p.27

LA FRONTERA DEL AZAR DETERMINISTA
(EPISTEMOLÓGICO)

{El desconocimiento surge ante la imposibilidad de rastrear un sistema que, a pesar de ser determinista, contiene un número muy elevado de cambios.

¿Acaso el desorden no es simplemente la ausencia de orden, sino más bien, un estado complejo cuya regularidad no logramos discernir?} [T04]

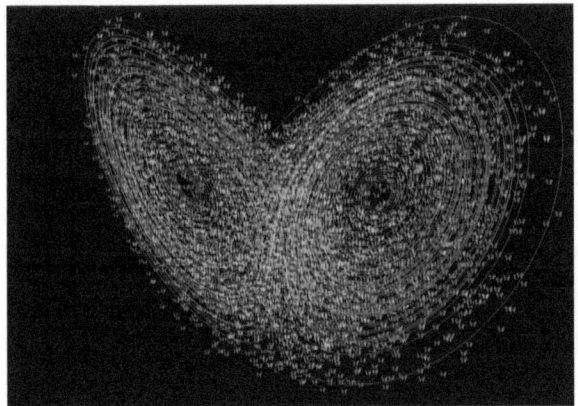

Atractor de Lorenz interactivo (Malin Christersson)

Una primera frontera es el azar como consecuencia de un gran número de causas que arrojan resultados incalculables debido a una infinidad de interacciones. Es lo que podemos denominar *azar determinista*, el desorden sobre el que se construye la actual teoría del caos.

Newton fue el primero en comprender que cuando se introducía un tercer planeta en los cálculos de trayectorias orbitales, las ecuaciones que describen simultáneamente los movimientos de los tres cuerpos era una tarea que excedía a la capacidad de cualquier mente humana. Henri Poincaré intentó resolver las complejas matemáticas que habían dejado paralizado a Newton, pero descubrió que, cualquier cambio en las condiciones iniciales de un planeta, por pequeño que fuera, conducía inevitablemente a órbitas completamente diferentes, haciendo imposible una predicción acertada de los movimientos planetarios.

Fue el meteorólogo Edward Lorenz quien redescubrió el concepto del caos mediante el estudio de sistemas dinámicos sensibles a pequeños cambios. Lorenz se dio cuenta que en las predicciones meteorológicas que realizaba mediante modelos informáticos, si los datos que se introducían en el programa variaban, aunque solo fuesen unos decimales, estos arrojaban resultados cada vez más diferentes dependiendo de las condiciones exactas de partida. La teoría del caos nos dice que, cuando hay muchos elementos interactuando, por sencillos que puedan ser, generan una complejidad que impide una predicción completa.

Esta frontera al conocimiento se engloba dentro de la doctrina determinista, que, según la definición de Popper, es la que defiende que el estado de cualquier sistema físico cerrado en cualquier instante futuro dado puede ser predicho, incluso dentro del sistema, con cualquiera que sea el grado de precisión, mediante la deducción a partir de unas teorías y unas condiciones iniciales.[43]

La frontera del azar probabilístico únicamente supone un problema de incapacidad de cálculo que impide realizar pronósticos precisos, no deja de ser una imperfección de los conocimientos humanos. En consecuencia, la línea causal existe, pero es demasiado larga; únicamente la podría resolver el inquietante y omnisciente *demonio* de Laplace[44]. Entonces, si los sucesos de la realidad únicamente pueden formularse estadísticamente, esto significa que la ley de la naturaleza toma un nuevo significado. En lugar de hablar de certidumbre, debemos asumir que la realidad habla de posibilidad, de probabilidad.

---

[43] POPPER, Karl R., *El universo abierto...*, op. cit., p.59
[44] Ver MORÍN, Edgar, *Introducción al pensamiento complejo*, ..., op. cit., p.55

LA FRONTERA DE LA INALCANZABLE DESCRIPCIÓN COMPLETA DE LA REALIDAD

{La realidad no puede ser abarcada por un sistema de pensamiento que inevitablemente se encuentra dentro de esta realidad.

No podemos pensar la realidad de manera consistente y completa.} [T05]

Esferas celestes geocéntricas. *Cosmographia* de Pedro Apiano. Amberes, 1539

Otra frontera que señala Marcus du Sautoy es la búsqueda – inalcanzable– para describir plenamente la realidad. Por una parte, las matemáticas, a menudo consideradas el lenguaje de la naturaleza, han sido esenciales para identificar patrones y relaciones en el universo.

Medir la realidad es el primer escalón para conocer y racionalizar los fenómenos naturales; recordemos que el término "razón" deriva del latín *ratio*, que expresa la proporción entre diferentes magnitudes, lo que implica que racionalizar es encontrar las relaciones que explican y vinculan los fenómenos. Newton ejemplificó esta idea con su concepto de gravitación universal: "Igual que cae la manzana, así cae la Luna y, ciertamente, así lo hacen todas las cosas".[45] O numéricamente: $Fg = G \times Mm/r^2$

Por otra parte, nuevos instrumentos como telescopios para lo grande y lejano; y microscopios para lo pequeño y cercano, ampliaron nuestra capacidad de ver la realidad. Pudimos mirar más lejos y más cerca, generar objetividad mediante la observación científica desde una nueva dimensión de lo real –hasta ahora nunca vista–, y que conduciría a desgranar la realidad, conquistando conocimiento.

Antiguamente se pensaba que la materia celestial era distinta de la terrenal, separando el universo en dos ámbitos: el divino y perfecto asociado a Platón, y el cambiante y mortal de los humanos. "La cosmología griega estuvo dominada por la idea de armonía matemática en los cielos. Se creía que las órbitas de los planetas mantenían una relación matemática perfecta entre ellas, y esto dio origen a la idea de la música de las esferas"[46].

Del mismo modo, la geometría de Euclides basada en las figuras platónicas y las matemáticas pitagóricas describían la esencia de la realidad última. No obstante, dos mil años después de Platón, el astrónomo alemán Johannes Kepler propuso un modelo del sistema solar donde los seis planetas que se conocían, las esferas celestes, se inscribían en los cinco sólidos platónicos, atribuyendo una figura geométrica diferente por cada planeta y ajustando su dimensión al tamaño de los espacios intersticiales entre las órbitas celestes.

Si lo que estructuraba el universo provenía de Dios, este orden celestial, como proyección de una imagen divina intrínsecamente debía ser perfecto y armonioso, en sus propias palabras: "El mismo Dios era demasiado bondadoso para permanecer ocioso, y empezó a jugar a las firmas, firmando su imagen en el mundo; por tanto, me arriesgo a pensar que toda la naturaleza y el cielo elegante están simbolizados en el arte

---

[45] BOHM, David, *La totalidad y el orden implicado...*, op. cit., p.45
[46] SAUTOY, Marcus du, *Lo que no podemos saber. Exploraciones en la frontera del conocimiento...*, op. cit., p.104

de la geometría".[47] Escuchando estas palabras no es difícil imaginar la emoción de Kepler al descubrir que el número de planetas, seis, se adecuaba para acoger entre sus órbitas los cinco sólidos regulares, ¿Qué puede ser más digno del Creador que utilizar, al diseñar la creación, los objetos geométricos más perfectos?[48]

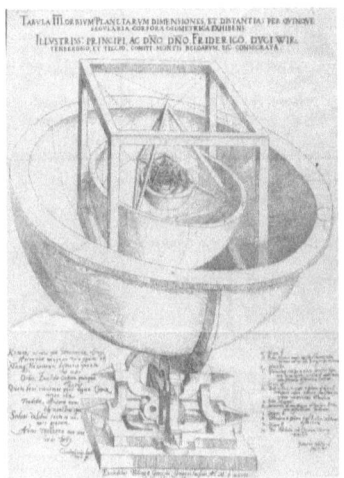
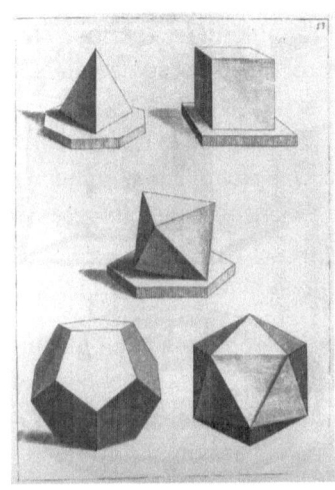

a. Sistema solar de Johannes Kepler,1596; *b.* Cinco sólidos regulares platónicos.

El cerebro humano está programado de tal manera que busca patrones y regularidades para explicar causas que ayuden a entender cómo se organizan los acontecimientos; esta tendencia natural ayuda a ser más predictivos, lo que permite reducir la incertidumbre del medio.

Por ejemplo, y desde un punto de vista perceptivo, tenemos una gran capacidad en el reconocimiento facial debido a que, para nuestra especie, la sociabilidad y la cooperación entre individuos ha sido un elemento clave para nuestra supervivencia. Podemos reconocer a personas conocidas desde grandes distancias, así como advertir que

[47] KEPLER, Johannes, *Mysterium Cosmographicum,* ver WILCZEK, Frank, *El mundo como obra de arte,* p.61
[48] WILCZEK, Frank, *El mundo como obra de arte*, Ed. Crítica, Barcelona, 2016, p.60

alguien nos observa, pero esta facultad facilita las confusiones, errores perceptivos (*pareidolias*) que hacen que veamos formas reconocibles en objetos que nada tienen que ver o que "veamos caras" donde solo hay unas simples manchas. Esta tendencia perceptiva es fácilmente apreciable en larga lista de milagros religiosos, apariciones de fantasmas u otros seres metafísicos que jalonan nuestra historia.

Apofenia es el término que describe estos errores de conexión, la creación de patrones que organiza sucesos aleatorios o explican datos sin sentido. La extensión de la apofenia como idea explicativa hace que muchas veces se confunda lo que es correlativo con lo que es causal; o lo que es más peligroso, que asumamos ideas simplificadoras de la realidad; razonamientos reduccionistas que bloquean al pensamiento dentro de un "juego falso"[49], una situación cerrada y paralizante cuyo fin, es conservar una sensación general de confort y seguridad.

Volviendo a Kepler, podemos decir que su bello sistema de poliedros regulares y su relación perfecta con el sistema solar, tan solo era una *apofenia*, pues no había conexiones entre el número de planetas y los poliedros platónicos, era un patrón falso.

> "...Todo lo que vemos podría ser de otra manera. En general, todo lo que podemos describir podría ser también de otra manera. No hay orden alguno a priori de las cosas" (Ludwig Wittgenstein. *Tractatus logico-philosophicus*, Ed. Alianza Editores 2015)

Años más tarde, utilizando las observaciones de su mentor, el astrónomo Tycho Brahe, quien había estudiado el movimiento de los planetas –especialmente el recorrido de Marte–; Kepler entendió que su teoría sobre los poliedros perfectos no describía su movimiento, es más, las órbitas ni siquiera coincidían con movimientos circulares: la figura con una geometría ideal y una formulación matemática que Kepler asociaba con la divinidad. La figura geométrica que describía el movimiento planetario –muy a su pesar– era la elipse, mucho

---

[49] BOHM, David y PEAT, David, *Ciencia, Orden y Creatividad,* Editorial Kairós, Barcelona, 2007, p.64

más impura que la circunferencia; es todavía más, el Sol, no se encontraba en su punto central sino desplazado en uno de sus focos. Estos descubrimientos, aunque lejos de lo que Kepler veía como una perfección ideal, le llevaron a formular sus famosas tres leyes sobre el movimiento de los planetas, mostrando su capacidad de transcender a sus ideales y reconocer la realidad con una mayor complejidad. Como dijo el físico y premio nobel Frank Wilczek: "Al final emergieron bellezas más profundas del retrato maduro y más preciso que hizo Kepler de la naturaleza, pero eran muy diferentes a sus sueños de juventud (...)"[50]

El paradigma mecánico resultó irresistible. Era sencillo, era predecible y, sobre todo, daba resultados. Aquí, al parecer, estaba la tan buscada explicación de cómo funciona el universo. En verdad había un orden en las cosas, y este orden podía ser definido por medio de fórmulas matemáticas y observaciones científicas.[51]

Pero todo paradigma es provisional, su verdad dura mientras no es refutado, únicamente son soluciones temporales como alertaba Thomas Kuhn, y el sueño de una comprensión final de un mundo mecánico se comprendió finalmente incompleto. A cada paso hacia un conocimiento pleno de la realidad su horizonte se ha alejado nuevamente. En el estudio de lo más grande, el cosmos, la barrera espacio-temporal parece infranqueable, presentando la velocidad de la luz un límite constante e insuperable, por lo que la última frontera del universo queda fuera de su alcance. Y en el conocimiento de lo más pequeño, la composición de la materia se ha ido desmenuzando en una infinidad de partículas cada vez más pequeñas, como una muñeca rusa sin parte final, pues nuestra mirada no puede ser "más pequeña" que la marcada por la longitud de Planck, por debajo del movimiento mínimo de un fotón. Tras esta frontera, nuestra mirada se adentra ya en el contradictorio mundo de la mecánica cuántica. De ahí, entre lo que el ser humano puede alcanzar como conocimiento y la realidad, existe un vacío que parece inconmensurable, el mundo de lo real es más profundo e inalcanzable de lo que pensamos y alcanzamos a imaginar.

---

[50] WILCZEK, Frank, *El mundo como obra de arte...*, op. cit., p.62
[51] RIFKIN, Jeremy, *Entropía. Hacia el mundo invernadero*, Ed. Urano, Barcelona, 1990, p.19

LA FRONTERA DEL AZAR CUÁNTICO *(ONTOLÓGICO)*

{El desorden del mundo forma parte de su esencia, es intrínseco a la estructura de la realidad.

El azar y lo arbitrario de todo lo contingente es ese desorden inherente que, no es solamente desconocimiento, sino que es lo que constituye la parte más íntima de toda materia.} [T06]

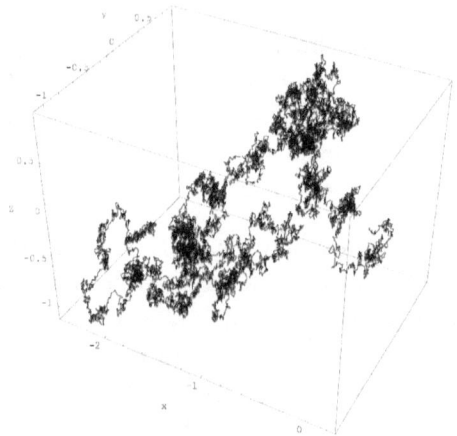

Ruta tridimensional del Movimiento Browniano

Si el telescopio amplió nuestra mirada para descubrir que la realidad no siempre coincidía con lo ideado y que lo lejano conservaba muchas incógnitas sin resolver; el microscopio sirvió para ver más cerca, profundizar en la materia con la que construye la realidad. Gracias al microscopio se pudo observar como una partícula de polen flotando en el agua se agitaba y se desplazaba con movimientos azarosos, sin causa aparente y a pesar de ser algo inerte (como el polen es de origen orgánico, se comprobó también con partículas de materia inorgánica con similares resultados). Esto extrañó al botánico Robert Brown quien fue el primero en observarlo en 1827, y que no podía explicar las causas de ese movimiento espasmódico.

Luego, en el fértil año de 1905, Einstein explicó que la causa del errático movimiento browniano era el resultado del choque aleatorio de las moléculas de agua que impactaba contra la partícula, contribuyendo con ello, a la aceptación generalizada de que la realidad no era una sustancia continua sino discreta, es decir, compuesta de átomos y moléculas.[52]

La idea atomista de una naturaleza compuesta por elementos discretos ya fue propuesta por Demócrito allá por el siglo V a. C. aunque quedó relegada frente a la concepción aristotélica de una naturaleza continua, donde la materia se podría dividir una y otra vez, obteniendo pedazos cada vez más pequeños. Una visión de la realidad que podemos equiparar con los números matemáticos, siempre podemos encontrar un número más pequeño, incluso operamos matemáticamente con el inabarcable infinito (∞). Asimismo, las ideas de la Antigüedad, según las cuales "los átomos unidos han formado la tierra, el cielo, el mar, el Sol, los astros y el globo de la Luna", chocaban de lleno con el relato de la Iglesia de la época medieval,[53] adecuándose mejor a los planteamientos aristotélicos.

Con el descubrimiento del átomo, por un momento se creyó haber llegado a un final, se había tocado fondo en el conocimiento de la materia, la elección del vocablo griego *átomo* utilizado por Demócrito y que significa *indivisible*, muestra que por fin se consideró al átomo como elemento último de la realidad. El científico inglés Ernest Rutherford vino a borrar este punto final, el átomo no era un elemento indivisible, estaba compuesto por partículas más pequeñas, y lo que es más llamativo, casi todo el átomo estaba vacío. Este estudio del átomo abrió un nuevo camino de conocimiento sobre la realidad y los secretos de la materia pero que, al igual que el lejano firmamento, seguía siendo una frontera que no podía ser traspasada.

"El principio de incertidumbre tiene implicaciones sobre el modo que tenemos de ver el mundo". (Stephen Hawking. Historia del Tiempo, 1988)

---

[52] MONTESERÍN, Jesús, *Ciencia, Filosofía y Racionalidad,* Ed. Gedisa, Barcelona, 2013, pos. 4284-4290
[53] MARTÍNEZ RON, Antonio, *El ojo desnudo,* Ed. Planeta, Barcelona, 2016, pos.2882

Esto enlaza con otra frontera del conocimiento, el límite que se descubrió en la exploración profunda al interior del átomo, la anti intuitiva mecánica cuántica. Como hemos visto anteriormente, los avances de la física realizados por Newton hicieron creer que se llegaría a poder predecir cualquier suceso futuro si se conocían de forma precisa los datos iniciales, es decir, todo lo que acontecía en la realidad estaba determinado por unas causas objetivas que se podrían calcular. El ejemplo más representativo de este determinismo es el del matemático francés Pierre-Simón Laplace, quién a principios del siglo XIX recogió en su *Tratado de mecánica celeste* el cálculo de los movimientos de todos los cuerpos del sistema solar, pese al recelo de Newton cien años antes.[54] Es famosa la anécdota de la respuesta de Laplace cuando Napoleón le preguntó qué papel jugaba Dios en su Sistema del Mundo: "Sire, no tuve necesidad de esa hipótesis".[55]

El mundo para Laplace es algo mecánico, las leyes de la naturaleza permiten, mediante una deducción lógica, predecir todos los fenómenos de la realidad, el único obstáculo es la capacidad limitada del ser humano. Todo lo que parece simple azar y caos –como hemos visto más arriba–, se debe a una insuficiencia para operar con muchos datos. La física cuántica va a introducir un azar diferente, un azar ontológico, porque su desorden pertenece intrínsecamente a la esencia de la materia. No es cuestión de cálculo y falta de datos iniciales, aun disponiendo de ellos, el azar no desaparece; rompiendo con todo lo que cabría esperar en base a nuestra experiencia de los fenómenos macroscópicos.

Curiosamente, la física cuántica es de las disciplinas que más se han probado y contrastado mediante experimentos físicos, y al mismo tiempo podemos decir que es la más incomprensible y anti intuitiva, como el propio Heisenberg se preguntaba a sí mismo: "¿Es posible que la naturaleza sea tan absurda como nos parece en estos experimentos de física atómica?"[56]

---

[54] REGULÉS, Sergio de, *Caos y Complejidad*, Ed. Shakleton Books, 2019, pos.265
[55] LOMBARDI, Olimpia, ¿Existe la flecha del tiempo?: Ilya *Prigogine: entre la ciencia y la filosofía*, Ed. Logos, Argentina 2015, pos.194
[56] HEISENBERG, Werner, citado en NAVARRO F, Jesús, *Heisenberg. ¿Existe el mundo cuando no lo miras?*, Ed. RBA, 2012, p.82

Y no más alentadoras son las palabras de los otros protagonistas: Schrödinger traumatizado ante sus propias conjeturas: "No me gusta y lamento tener algo que ver con ella"[57] y Feynman: "Si piensas que entiendes la Mecánica Cuántica, es porque no la entiendes",[58] y de sobra es conocido el rechazo de Einstein ante la perspectiva de un mundo gobernado por el azar: "Dios no juega a los dados".[59]

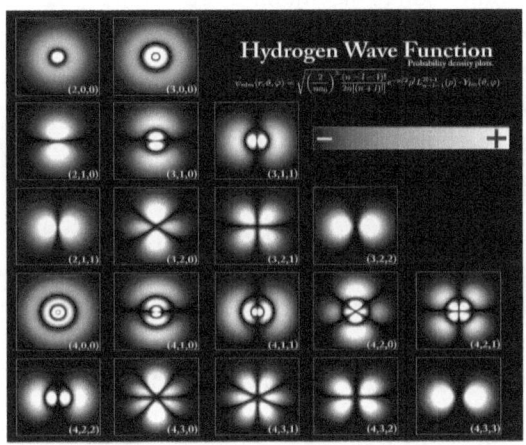

Simulación función de onda del Hidrógeno. *Kyle Forinash, Indiana University Southeast. 2008*

Funciones de onda del electrón en un átomo de hidrógeno a diferentes niveles de energía. La mecánica cuántica no puede predecir la ubicación exacta de una partícula en el espacio, solo la probabilidad de encontrarla en diferentes lugares. Las áreas más brillantes representan una mayor probabilidad de encontrar el electrón.

La mecánica cuántica parte de los estudios del físico Max Planck sobre la energía que emite un "cuerpo negro" ideal (un objeto que absorbe toda

---

[57] *Ibídem*,
[58] EDELSTEIN, José y GOMBEROFF, Andrés, *Einstein para perplejos. Materia, energía, luz, espacio y tiempo*. Ed. Debate. Santiago de Chile 2017., pos. 1957
[59] HAWKING, Stephen, *Historia del tiempo: Del Big Bang a los agujeros negros*, Ed. Alianza, Madrid, 2011, p. 98

la luz que recibe) quién postuló que la radiación no era continua, sino que se emitía en paquetes discretos o "cuantos", resolviendo de esta manera la incógnita de por qué no irradiaba de manera infinita –fluyendo de forma continua– en longitudes más cortas que la luz visible. Lo más sorprendente es pensar cómo Planck llegó a esta conclusión, pues no contaba con ningún instrumento ni ninguna forma que le permitiese observar la realidad de sus "cuantos", sin duda fue una certera intuición. Al igual que Einstein con el movimiento browniano, pues el microscopio permitía ver los movimientos erráticos de una partícula, pero no tenía capacidad de mostrar el átomo de forma individual. O la importante contribución de Niels Bohr para entender el átomo, proponiendo que los electrones solo se podían mover por órbitas predeterminadas y saltando entre ellas, pero sin ocupar el espacio intersticial.

Los cimientos de toda a física cuántica fueron procesos de inducción más que deducción. Un conocimiento que se inició mediante brillantes intuiciones y refutaciones matemáticas, más que por observaciones de una realidad cuya visión directa permanecía inalcanzable. Así, gracias a los sistemas tecnológicos que se han venido desarrollando, se ha podido comprobar la validez de la mecánica cuántica para explicar el modo en que se comporta la naturaleza a esa pequeñísima escala.

El principio de incertidumbre de Heisenberg (1927), es una de las partes más importantes de la física cuántica y la base de lo que aquí se quiere argumentar, la imposibilidad de predecir los sucesos futuros de forma exacta, sino que únicamente podemos manejar probabilidades. Como sostenía Stephen Hawking, "el principio de incertidumbre marcó el final del sueño de Laplace de una teoría de la ciencia, un modelo del universo que sería totalmente determinista".[60]

El principio de incertidumbre establece que no es posible saber dónde se encuentra un electrón y su velocidad de forma exacta y al mismo tiempo, en otras palabras, cuanto con mayor precisión se trate de medir la posición de la partícula, con menor exactitud se podrá medir la velocidad, y viceversa. Hasta que se le observa, el electrón está al

---

[60] *Ibídem*, p.97

mismo tiempo en todas partes y en ninguna. En la práctica, no podemos predecir de forma *exacta*[61] dónde estará un electrón, solo podemos establecer una probabilidad. Esta realidad probabilística supondrá una merma de la causalidad directa, arrojando una nueva concepción de la realidad en detrimento a la visión estrictamente determinista.

"Los intercambios de electrones entre las neuronas y las sinapsis dentro del cerebro, fenómenos atómicos discretos, están sometidos en principio a la imprevisibilidad cuántica..." Michel Houellebecq. *Las partículas elementales*, Ed. Anagrama. Barcelona, 2015. (Título original: *Les Particules élémentaires*. Paris 1998)

Es importante resaltar que no se trata de un defecto de nuestra comprensión de cómo se desarrollan los procesos de la naturaleza, ni se debe a lo diminuto del electrón, sino que hace patente, sencillamente cómo son los electrones[62]. Según la física cuántica, el electrón puede estar en dos sitios al mismo tiempo, no podemos saber exactamente cuáles, únicamente podemos aventurar campos de mayor o menor probabilidad.

El principio de incertidumbre es un límite de conocimiento insertado en la propia esencia de la naturaleza y que arroja, como apuntaba Hawking, implicaciones que van más allá de la física cuántica; cambia el modo que tenemos de ver el mundo, y, por lo tanto, lo considero un valor fundamental para establecer también una forma de mirar la arquitectura.

¿Es posible que en lo más profundo de nuestro pensamiento actué también la indeterminación y los saltos cuánticos? ¿puede ser esto la base sobre la que se apoya lo que entendemos como libre albedrío? Al fin y al cabo, los pensamientos, las sinapsis que se realizan en las conexiones neuronales, los neurotransmisores también están compuestos por átomos y se activan mediante impulsos eléctricos

---

[61] Originalmente Heisenberg empleó la palabra 'inexactitud' (*Ungenauigkeit*) en lugar de 'indeterminación' ver LINDLEY, David. "Incertidumbre. Einstein, Heisenberg, Bohr y la lucha por la esencia de la ciencia", Ed. Ariel. Planeta, Barcelona, 2008, p.153
[62] PARSONS, Paul, *50 teorías científicas. Revolucionarias e imaginativas*, Ed. ArtBlume, Barcelona, 2018, p.40

El escritor Michel Houellebecq, a través de su protagonista en la novela *Las partículas elementales*, ofrece una reflexión similar, aunque entiende que, a pesar de la imprevisibilidad, el comportamiento humano está "tan rigurosamente determinado como cualquier otro sistema natural. No obstante, en ciertas circunstancias extremadamente raras (los cristianos hablan de intervención de la gracia) una nueva onda de coherencia surge y se propaga dentro del cerebro; aparece un comportamiento nuevo, de forma temporal o definitiva, regido por un sistema completamente distinto de osciladores armónicos; entonces podemos observar lo que hemos dado en llamar acto libre"[63].

Esta reflexión literaria, que desliza una posible interacción de la física cuántica y libre albedrío, no deja de ser un acercamiento apriorístico de difícil demostración, pues se adentra en lo más profundo de nosotros mismos, en la última frontera del conocimiento: la consciencia. Entendemos que la consciencia, algo inmaterial, es una emergencia de los procesos cerebrales, algo físico, pero como todo sistema complejo, no puede reducirse a una explicación mecanicista de piezas, funciones e interrelaciones.   Nos encontramos con la insoslayable y misteriosa pregunta a la que no sabemos responder: ¿Qué hace que la materia sea consciente?

LA FRONTERA DE LA CONSCIENCIA

{El pensamiento del ser humano es una emergencia de un sistema complejo e individual. Imposible de transmitir plenamente y su origen se hunde en la incertidumbre del mundo cuántico.}   **[T07]**

"En cada uno de nosotros hay otro al que no conocemos". Carl Jung

En el último siglo, la neurociencia ha demostrado que los sentimientos y emociones, nuestros pensamientos y recuerdos, lo que conforma

---

[63]   HOUELLEBECQ, Michel. *Las partículas elementales*, Ed. Anagrama, Barcelona, 2015, p.78

nuestro carácter, en definitiva, todo lo que somos y entendemos como *Yo*, se enclava en el pedazo de materia de unos 1.300 a 1.500 gramos que llamamos cerebro.

Como se suele decir: "Somos nuestro cerebro", nuestra consciencia reside en ese pedazo de materia, y esto –que parece obvio– en realidad, es una conquista reciente que deja atrás multitud de años en los que se creía en humores, bilis y demás fluidos corporales cuyo desequilibrio producía nuestros sentimientos y pensamientos. Hemos enfocado nuestra mirada a una porción de materia concreta y sabemos que la consciencia se encuentra en íntima conexión con ella, a pesar de ello, desconocemos cómo se produce el salto de la materia hacía la consciencia de sí misma.

El científico Roger Penrose especula que el proceso de percepción de información de la realidad, así como la coexistencia de varios estados mentales aparentemente incompatibles en nuestro cerebro, se relaciona con la superposición de la física cuántica. Esta superposición no implica que todos los posibles elementos de la realidad estén simultáneamente, sino que son procesos que van emergiendo mediante la observación; en el caso de la creación de pensamiento, sería en el propio acto de toma de consciencia, cuando el pensamiento queda definido entre los múltiples estados cuánticos, y de esta manera, el sistema muestra la coherencia que vemos en la realidad. Es decir, nuestro cerebro funcionaría como la caja cerrada y opaca del experimento del gato de Schrödinger, la observación resuelve el estado cuántico del gato (vivo o muerto) lo mismo sucedería con el proceso de pensamiento, donde la consciencia resolvería la superposición de estados dando lugar a lo que llamamos "tener una idea".

A pesar de esto, Penrose también cree que "ni la mecánica clásica ni la cuántica, podrán explicar nunca la forma en que pensamos".[64] Podemos llegar a saber cómo se producen las cosas, pero esto no implica conocer el porqué; sabemos qué sistemas neuronales se activan mediante la

---

[64] PENROSE, Roger, *La nueva mente del emperador,* Ed Debolsillo, Barcelona, 2015, pos.9590. Ver también: ¿Hay un papel para la mecánica clásica en la actividad cerebral? pos. 9487

visualización de un objeto concreto, pero no hay una explicación de cómo surge la imagen en la propia consciencia, es decir, la experiencia fenomenológica que proporciona la percepción del objeto. Es más, cada persona crea una consciencia propia en base a su experiencia de la realidad, pues el cerebro no funciona como un ordenador que recoge cada bit de información y lo almacena.

Paradoja del gato de Schrödinger (1935).[65]

La neurociencia explica que concebimos la realidad como una construcción ilusoria más que como impresión directa de la información que nos rodea. Nuestra mente genera *una realidad*, o más bien, una *imagen* de la realidad, donde la mayor parte de la información es aportada por el cerebro en base a una selección de la información sensorial que se recoge por los diferentes biosensores del cuerpo.

---

[65] Erwin Schrödinger plantea un sistema que se encuentra formado por una caja cerrada y opaca que contiene un gato en su interior, una botella de gas venenoso y un dispositivo, el cual contiene una sola partícula radiactiva con una probabilidad del 50% de desintegrarse en un tiempo dado, de manera que si la partícula se desintegra, el veneno se libera y el gato muere. Al terminar el tiempo establecido, la probabilidad de que el dispositivo se haya activado y el gato esté muerto es del 50%, y la probabilidad de que el dispositivo no se haya activado y el gato esté vivo tiene el mismo valor. Según los principios de la mecánica cuántica, la descripción correcta del sistema en ese momento (su función de onda) será el resultado de la superposición de los estados «vivo» y «muerto» (a su vez descritos por su función de onda). Sin embargo, una vez que se abra la caja para comprobar el estado del gato, este estará vivo o muerto.

Verdaderamente podría decirse que "alucinamos" la realidad pues nuestra mente crea un simulacro de lo real, una ilusión construida por nuestro cerebro y que es deudora de nuestra percepción, pero no se puede considerar como un mero registro objetivo y directo de información exterior.

Si nos fijamos en lo que comúnmente entendemos por "ver", se ha comprobado que el flujo de información procedente de las áreas cerebrales encargadas en la construcción de imágenes supera la información que llega de los ojos.[66] Nuestro campo visual es tremendamente reducido, el ojo mediante movimientos rápidos (sacádicos) va obteniendo imágenes parciales y fraccionadas y es el cerebro quien se la tiene que arreglar para rellenar la información que falta y lograr así una ilusión de continuidad, tanto en el espacio como en el tiempo.[67]

Es el cerebro quien, en definitiva, ve, oye, toca, saborea... Como menciona el médico británico James Le Fanu: "aunque tengamos la abrumadora impresión de que el verde de los árboles y el azul del cielo fluyen a través de nuestros ojos como por una ventana abierta, las partículas de luz que impactan en la retina son incoloras, del mismo modo que las ondas de sonido que impactan en el tímpano son silenciosas y las moléculas odorantes no tiene olor alguno. Todas ellas son partículas subatómicas invisibles e ingrávidas que viajan a través de espacio"[68]: Un *travelling* del movimiento como transfiguración espacial.

Schrödinger, en su libro *Mente y Materia* (1958) exponía ya estas observaciones: "El mundo es una construcción de nuestras sensaciones, percepciones y recuerdos. Conviene considerar que existe objetivamente por sí mismo. Pero no se manifiesta, ciertamente, por su mera existencia. Su manifestación está condicionada por acontecimientos especiales que se desarrollan en lugares especiales de este mundo nuestro, es decir por ciertos hechos que tienen lugar en un cerebro".[69]

---

[66] BOHM, David y PEAT, David, *Ciencia, Orden y Creatividad...*, op. cit., p.77
[67] CAMÍ, Jordi y MARTÍNEZ, Luis M., *El cerebro ilusionista*, Editorial RBA, Barcelona, 2020, pos.760
[68] LE FANU, James citado en BRYSON, Bill, *El Cuerpo*, Ed. RBA libros, Barcelona, 2020, pos.1083
[69] SCHRÖDINGER, Erwin, *Mente y Materia*, Ed. Tusquets, Barcelona, 2016, p.11

Detalles de redes neuronales en el cerebro.

Experiencias y consciencia interactúan de forma bidireccional para la formación de recuerdos, simplificadamente: percibimos lo que en cierta manera ya somos. Esto supone que cada persona elabore su imagen del mundo en cuanto a su propia consciencia pues la información es discriminada por sus intereses, objetivos y su experiencia personal acumulada. Hay percepciones que por su repetición rutinaria no serán añadidas a la consciencia, al contario que las experiencias novedosas de lo que se desprende que existen grados intermedios entre lo puramente consciente y lo totalmente inconsciente.[70] Por lo que se desprende que esa particular imagen del mundo que cada uno elabora va mutando según los grados de atención que activan en mayor o menor medida la consciencia. Somos en definitiva una acumulación dinámica de experiencias, lo que definimos como *Yo* es ese material de fondo sobre el cual están coleccionadas en forma de recuerdos.[71]

Esta individualización en la percepción de la realidad no supone una anulación ni de la existencia (recuérdese la patada en la piedra como refutación al idealismo de Berkeley) como tampoco la eliminación de la objetividad de la realidad (recuérdese la anécdota de la herradura

---

[70] *Ibídem*, p.15
[71] SCHRÖDINGER, Erwin, *¿Qué es la vida?*, Ed. Tusquets, Barcelona, 2017, p.137

de Bohr que se comentó anteriormente, "la realidad va por su cuenta independientemente de lo que nosotros pensemos").

La realización de la percepción está completamente vinculada a nuestra mente y experiencia, así como a nuestros propios intereses. A modo de ejemplo –y aceptando la generalización y los clichés, por su sencillez expositiva– si visitamos una cueva, la percepción de un mismo lugar será diferente atendiendo si quien lo visita en un músico, que apreciará con más detalle los ecos y la sonoridad del espacio, o si es un arquitecto que presentará una mayor atención a la configuración espacial, o un pintor que atenderá seguramente más a los juegos de luces y sombras o a las tonalidades de las rocas, etc.

Escribía Walter Benjamín: "Estoy deformado por mi relación con todo lo que me rodea"[72] remarcando la inseparable ligazón entre la percepción del exterior y la afección sobre uno mismo; una relación que es particular en cada uno de nosotros, dado que cada persona experimenta, o más bien, *construye*, una experiencia diferente en base a su particular red neuronal de información. Comúnmente conocido es que un esquimal puede diferenciar en muchos más tonos de blanco que una persona que viven en otro entorno donde la nieve no es un elemento único de configuración del paisaje; o también, y por motivos similares, los indígenas que viven en entorno selváticos pueden reconocer más tonalidades de verdes, genética y medio establecen una relación de interacción.

"Aun así, al final tendrán que admitir que algunas cosas sólo pueden ser dominadas hasta cierto grado, y que la Naturaleza siempre retiene un aspecto problemático que es demasiado profundo para las capacidades de comprensión humana". Johan W. von Goethe. *Goethe y la ciencia*, 1993. (Ed. Siruela. Madrid 2022. Título original: "Goethe on Science")

Inevitablemente, nos topamos nuevamente con un muro que delimita lo que podemos saber con lo incognoscible, donde la materia física pasa a considerarse eso inmaterial que llamamos *yo*, que nos caracteriza de

---

[72] BENJAMIN, Walter, citado por ROSSI, Aldo, *Autobiografía científica*, Ed. Gustavo Gili, Barcelona, 2019, p.30

forma diferente a cada uno de nosotros y que no puede ser plenamente compartida. Como defendía Wittgenstein: "Nadie puede tener un pensamiento por mí, del mismo modo que nadie puede ponerse el sombrero por mí".[73]

El cerebro es el único órgano que se piensa a sí mismo. ¿pero puede llegar a comprenderse a sí mismo?, o por el contario ¿es inevitable que nos encontramos con la paradoja de que si el cerebro fuese tan simple para poder entenderse nunca tendría la capacidad para lograrlo? Una evidente limitación es que el cerebro se piensa a sí mismo "desde el interior", estudio y objeto de estudio se convierten en una misma identidad, en otras palabras, aquí escultor y escultura son la misma cosa. Para conseguir explicarse a sí misma es necesaria una distancia, una retirada de la mente que permite la observación. Pero no hay una mente que "flotando" sobre el cerebro, no es algo extra orgánico. La mente depende física y sustancialmente de la integración de red neuronal y su infinidad de conexiones[74]. Esta red de conexiones interactúa de forma compleja y se va configurando dinámicamente según las experiencias vividas. Verdaderamente nos modificamos continuamente, incluso el acto de recordar altera las conexiones sinápticas neuronales y en cierta manera el recuerdo se reconstruye nuevamente bajo distintas condiciones. La continuidad que asignamos al "yo" es tan solo una ilusión. Salir de esa interioridad y observarse desde el exterior conlleva forzosamente una reducción, la simplificación de representar lo real, como apunta Schrödinger: "La mente ha construido el objetivo mundo exterior (de filósofo natural) fuera de su propia sustancia. La mente no ha podido abordar esta gigantesca tarea sin el recurso simplificador de excluirse a sí misma, de omitirse de su propia creación conceptual".[75] Se especula sobre la posibilidad de réplica de un cerebro humano mediante la creación de redes informáticas interconectadas al igual que

---

[73] WITTGENSTEIN, Ludwig, *Aforismos. Cultura y valor,* Aforismo 494, p. 158
[74] Los últimos estudios arrojan un cálculo de que el cerebro humano posee alrededor de 86.000 millones de neuronas, a un ritmo de una por segundo, tardaríamos más de 2.700 años en contarlas. Cada axón de una neurona puede conectarse con 1.000 dendritas de neuronas diferentes. Estos astronómicos números ofrecen una idea de la complejidad de la red neuronal con la que contamos. (Estos datos están recogidos en SAUTOY, Marcus du, *Lo que no podemos saber..., op. cit.,* pp. *390-395*)
[75] SCHRÖDINGER, Erwin, *Mente y Materia..., op. cit.,* p.44

se conectan las neuronas, pero el problema no reside tanto en alcanzar el gran número de conexiones que posee el cerebro sino la naturaleza de estas, porque la consciencia no puede descomponerse en experiencias independientes sentidas separadamente[76]. Simular la conectividad neuronal mediante una red artificial es más un problema de cualidad que de cantidad.

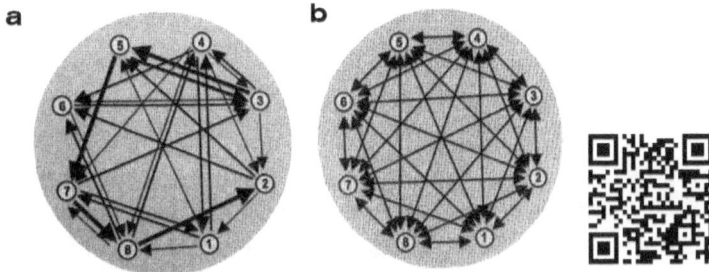

Giulio Tononi. *Teoría de la información integrada (Φ)*. Ejemplo de Red de 8 neuronas.[77]

El científico Giulio Tononi estudia lo que ha denominado como "Phi" Φ, o Teoría de la Información Integrada, la cual valora el grado consciencia de una red según su comportamiento. Un mayor valor de Φ depende no solamente de la conectividad de la red, también es importante su retroalimentación en el conjunto.

Curiosamente, la sincronización de las neuronas es indicador de una baja consciencia y se produce en el sueño profundo, también el encendido homogéneo y unísono de zonas neuronales suele ser indicador de ataques que conllevan a una pérdida de conocimiento.

---

[76] SAUTOY, Marcus du, *Lo que no podemos saber. Exploraciones en la frontera del conocimiento...*, op. cit., p.431
[77] Figura a: Una red con alto valor Φ y quizá un nivel más elevado de conciencia.

Figura b: Aunque muy interconectada, la simetría de esta red produce poca diferenciación a lo largo de la misma, y de esto resulta que el conjunto no contribuye a crear nueva información aparte de la inherente en las partes. Esto conduce a un valor de Φ bajo y, por lo tanto, a un nivel bajo de conciencia.

Un cerebro sano es un cerebro que actúa aparentemente de forma desordenada con multitud de estados diferenciados. Como comenta Giulio Tononi: "No deberían existir demasiados patrones o simetrías en el cableado, porque eso podría conducir a la incapacidad de diferenciar distintas experiencias. Si conectamos una red demasiado, se comportará del mismo modo hagamos lo que hagamos".[78]

Una red uniformemente conectada en la que no se crean elementos de diferencia y donde la información fluye únicamente en un solo sentido –sin retroalimentaciones– produce un valor Φ de consciencia bajo, lo que Tononi denomina "red zombi".[79] Como es el caso de internet que, a pesar de su alta conectividad, adolece de las cualidades de la integración neuronal. A diferencia de internet, nuestra interconectividad diferenciada nos permite discriminar y seleccionar lo que es significativo entre un gran volumen de datos de forma rápida. La emulación artificial de nuestro *discernir*, llevaría un largo procesamiento algorítmico. La llamada *singularidad tecnológica*, el día que internet sea "consciente de sí misma", de momento tardará en llegar.

Es cierto que se puede determinar el comportamiento general de las personas según unas condiciones arquitectónicas concretas, la arquitectura lleva toda su historia reflexionando sobre ello. Hoy, la *neuroarquitectura* profundiza en esta relación, analizando cómo la percepción y parámetros arquitectónicos específicos definen un espacio. Este conocimiento ha sido aplicado estratégicamente en espacios como casinos, aeropuertos y centros comerciales para fomentar el consumo, explorando la interacción entre lo consciente y lo inconsciente. Sin embargo, cierto grado de desorden, acontecimientos inesperados y nuevas necesidades son inherentes a seres conscientes. Ninguna base de datos, por grande que sea, nos ayudará a predecir completamente el comportamiento humano.[80]

---

[78] TONONI, Giulio en SAUTOY, M, *Lo que no podemos saber...*, *op. cit.*, p.431
[79] *Ibídem*, p.432
[80] *Ibídem*, p.529

(APERTURA) DIALOGAR CON EL DESORDEN_ LO ILIMITADO DEL CONOCIMIENTO

{Lo conocido es limitado, pero conocer no tienen límites. Es esta pulsión lo que nos conduce a encontrar la belleza de la realidad.} [T08]

Pensar que al menos el 84% de la materia del Universo parece ser materia oscura[81], algo que realmente no sabemos muy bien ni cómo actúa ni en qué consiste, es decir, desconocemos de que está hecho la mayor parte del Universo, resulta desalentador. Tampoco sabemos cómo se creó la primera célula, ni siquiera la primera molécula de RNA auto replicante, el primer ladrillo para crear vida. Hay muchas hipótesis para explicar el origen de la vida, incluidas las que sostienen el origen extraterrestre como la panspermia –utilizando el típico comodín de explicar algo saliéndose del sistema o por mediación de seres sobrenaturales–, pero por ahora ninguna se ha corroborado. Y como hemos visto anteriormente, incluso nosotros mismos formamos parte de lo insondable, estamos lejos de explicar cómo emerge una idea en el cerebro –y eso que las tenemos continuamente–.

Ante esto, y pese a los grandes avances en el conocimiento de la realidad, parece que siguen teniendo plena validez las palabras de Newton: "No sé lo que el mundo pensará de mí, pero yo me veo solamente como un niño jugando en la playa, divirtiéndose al encontrar de vez en cuando un guijarro más liso o una concha más bonita que de ordinario, mientras el gran océano de la verdad se extiende completamente desconocido ante mí".[82]

George Steiner, en su libro *Diez (posibles) razones para la tristeza del pensamiento* (2005) aborda la capacidad limitada de nuestro pensamiento como herramienta para conocer la realidad y por tanto la verdad, En esta incapacidad estriba la melancolía que para Steiner, inunda toda existencia humana, como un "ruido de fondo" que conduce a la tristeza, la insatisfacción ante la imposibilidad no solamente de dar respuesta a

---

[81] MONTESERÍN, Jesús, *op. cit.*, pos.2166
[82] NEWTON, Isaac, citado en *Ibídem*, pos.2182

las grandes preguntas sobre nosotros y nuestra existencia, sino también por "el vacío que existe entre la expectativa y la sustancia, entre la imagen fabulosa y el suceso empírico".[83]

Siguiendo lo propuesto por Steiner, es cierto que el pensamiento no puede agotar la realidad, siempre habrá cosas que no se pueden expresarse con palabras, ni con imágenes ni cualquier instrumento con el que contemos para racionalizar lo real. Entre el pensamiento y realidad aparecen inevitablemente, como dice Steiner, "las sombras que se interponen entre el pensar y el hacer"[84] y que siempre parecen sobrevolar esa problemática franja entre lo concebido y las realidades de la experiencia.

"En todo pensamiento, según Schelling, esta radiación y «materia oscura» primigenia contiene una tristeza, una pesadumbre (Scwermut) que es asimismo creativa. La existencia humana, la vida del intelecto, significa una experiencia de esa melancolía y la capacidad vital de sobreponerse a ella."[85]

Pero no siempre es cierto este pesimismo, Steiner quien defiende que habitualmente la idealización está por encima de la realización[86]. En la arquitectura, aunque algunas expectativas del proyecto se vean truncadas en el largo camino que hay entre el proyecto y la obra; otras veces, es solo una vez construido el edificio cuando aparecen nuevas apreciaciones que no podrían haberse conjurado en la fase de proyecto, como los impensables juegos de luces y sombras que cambian a lo largo del día, las reflexiones y reflejos inesperados sobre superficies acristaladas o láminas de agua, o la profundidad táctil que ofrecen las texturas de los materiales.

También pueden parecer espacios no ideados, humildes rincones con los que uno puede encontrarse inadvertidamente y que cobijan emociones imprevistas o, por el contrario, donde la arquitectura puede ofrecer

---

[83] STEINER, George, *Diez (posibles) razones para la tristeza del pensamiento*, Ed. Siruela, Madrid, 2015, p.69
[84] *Ibídem,*
[85] *Ibídem,* p.11
[86] STEINER, George, *op. cit.*, p.68

inesperadamente un marco adecuado para disfrutar las vistas de un paisaje, sin que el proyecto hubiese reflexionado sobre esta capacidad —se me ocurren tantos lugares en las cubiertas y tejados no previstos para su uso y que brindan estas condiciones—. Y así, infinidad de situaciones donde la realización está por encima de la previsión, del proyecto y de lo imaginado. Encuentros inesperados, fruto del azar y la casualidad más que de lo proyectado, donde el desorden de la realidad supera el limitado campo de lo ideado.

¿Acaso la belleza no es un encuentro inesperado entre la mente y la realidad? La apreciación de lo bello tiene algo de imprevisto, cuando la realidad sobrepasa no solo a lo esperado, sino que también supera lo imaginado, y de ahí, que lo definíamos como *belleza arrebatadora*, porque nos golpea inesperadamente y con profundidad. A veces es de forma violenta, una sacudida repentina, —como una bofetada—; mientras que otras veces, nos conmueve de forma sutil y cadenciosamente, apoderándose de nosotros casi inadvertidamente.

Advertir la belleza no tiene por qué ser algo inmediato, puede llegarnos pausadamente, como La *lenta flecha de la belleza* como la describía Nietzsche, quien la consideraba el tipo de belleza más profunda: "la clase de belleza más noble es la que no nos cautiva de un solo golpe, la que no libra asaltos tempestuosos y embriagadores (esta provoca fácilmente el hastío sino la que se insinúa lentamente, la que se apodera de nosotros casi sin que nos demos cuenta y que un día, en sueños, la vemos de nuevo ante nosotros, pero que, al fin, después de haberla albergado modestamente en el corazón mucho tiempo, toma posesión completa de nosotros, nos llena de lágrimas los ojos y de deseo el corazón".[87]

"Muchas cosas, quede dicho de una vez por todas, quiero no saberlas. La sabiduría marca límites también al conocimiento."[88]

---

[87] NIETZSCHE, Friedrich, *Humano, demasiado humano*, Ed. Debate, Barcelona, 2014, n° 149
[88] Friedrich Nietzsche. *Crepúsculo de los ídolos o Cómo se filosofa con el martillo*, p.42. (Alianza Editorial. 2013)

Una belleza que nos llega lentamente hasta que nos embarga completamente, como cuando escuchamos el *Adagietto*[89] de quinta sinfonía de Mahler, donde la emoción nos inunda paulatinamente, sin darnos cuenta, a medida que nos dejamos secuestrar por la delicada intensidad de su indescriptible melodía. Advertir algo como bello, sea de una manera rápida o lenta siempre parece necesitar de un elemento de sorpresa, en realidad la pulsión por lo bello es un extrañamiento, algo que no asalta y que un pensamiento sumamente concentrado no permitiría, pues rechaza toda distracción. Si nuestro pensamiento estuviese sumamente ordenado, si fuese "una línea recta", un "láser"[90] como menciona Steiner, en él no cabría la admiración por lo exterior a sí mismo porque el láser solo enfoca un punto y excluye lo que le rodea.

Por una parte, el pensamiento que aloja conocimiento es necesario para reconocer y advertir la belleza, es la mirada instruida la que más posibilidades tiene de encontrar belleza que puede brotar en cualquier parte; por otro lado, solo el pensamiento abierto permite advertir elementos inesperados y dejarse sorprender, advertir los imprevisibles y fugaces momentos de belleza. Como los denominada el personaje de Jep Gambardella en la película de Paolo Sorrentino, *La grande bellezza* (2013): *Los demacrados e inconstantes destellos de belleza*. Efímeros y breves, tan inasibles como mutables, marcados por la rápida transformación de la cultura y de nosotros mismos, pues, ¿quién no se pasa la vida cambiando su transformación de lo *bello*, de la *vida* o del *misterio*?[91]

Retomando el tema inicial, debemos asumir que el control absoluto del pensamiento sobre el futuro es imposible porque la realidad está llena de elementos incognoscibles, y, además, como añade Steiner: "Nunca sabremos hasta dónde llega el pensamiento en relación con el conjunto de la realidad. No sabemos si lo que parece indefinido no es,

---

[89] *Adagietto. Sehr langsam- Attaca*, es el cuarto movimiento de la Sinfonía nº 5 de Gustav Mahler (1902). Como curiosidad, el Adagietto sirvió como declaración de amor hacía Alma Schindler, a quien Mahler conoció durante la composición de esta sinfonía y con la que se casó ese mismo año. Alma Schindler también contrajo matrimonio con el arquitecto y fundador de la Bauhaus Walter Gropius.
[90] STEINER, George, *Diez (posibles) razones para la tristeza del pensamiento, op. cit.*, p.28
[91] Ver VALÉRY, Paul. Escritos sobre Leonardo da Vinci, p.59

en realidad, ridículamente estrecho e irrelevante. ¿Quién puede decirnos si buena parte de nuestra racionalidad, de nuestro análisis y de nuestra organizada percepción no se compone de ficciones pueriles? (...)[92] Leyendo estas palabras de Steiner, efectivamente, cae el desconsuelo sobre nosotros y nos embarga la melancolía por sabernos restringidos, que lo que creíamos que era lo que mejor nos definía como seres, el pensamiento, no es en realidad tan poderoso como quisiéramos, sino tan solo un instrumento limitado, con fronteras insalvables; por lo que quizás, nos aventuramos demasiado rápido al autodenominarnos como *homo sapiens.*

"Para el progreso de la ciencia [arquitectura], es absolutamente imprescindible preservar la incertidumbre como parte fundamental de nuestra naturaleza íntima" Richard Feynman

Pero este *velo de tristeza* no creo que deba entenderse como algo paralizante, al contrario, es un acicate que nos mueve a pensar el mundo, una fuerza creativa que nos anima a intentar superar incansablemente nuestras limitaciones, acaso esta actitud es lo que mejor nos define.

Wittgenstein cierra su *Tractatus,* con la conocida frase "De lo que no se puede hablar hay que callar"[93] poniendo punto final a su construcción del pensamiento que se construye mediante lenguaje y por lo tanto el pensamiento queda restringido por este. No comparto ese "arrojar la escalera" como él mismo describía, y que trasluce un cierto derrotismo ante la limitación de transcender el lenguaje y por ende el pensamiento filosófico. Posiblemente, los arquitectos estamos acostumbrados a manejar entidades tan inefables como el espacio-tiempo por lo que nuestro lenguaje del mundo en lugar de palabras es geométrico. Y tampoco olvidemos que todas las personas desarrollamos acciones y manejamos multitud de situaciones en las que no hay conocimiento pleno, no hace falta conocer las leyes dinámicas del equilibrio para montar en bicicleta.

---

[92] *Ibídem,* p.22
[93] WITTGENSTEIN, Ludwig, *Tractatus logico-philosophicus,* Ed. Alianza Editorial, Madrid, 2015, p.145

Si los límites del lenguaje significan los límites del mundo[94]. Habrá que seguir construyendo lenguaje, ampliando la escalera; para subir más alto, y arañar sentido a lo que reside, según Wittgenstein, más allá del límite: el mundo de lo absurdo. Sin embargo, sí que estoy más a favor de la modificación que hace Sautoy de la misma: "De lo que no podemos saber, nuestra imaginación saca materia para jugar"[95], idea que configura la *médula espinal* de esta investigación.

Hay fronteras al conocimiento que quizás no podamos traspasar –no todo se podrá anticipar–, por lo que el desorden siempre estará presente, rompiendo con la posibilidad del determinismo como predicción; y, aun así, no debemos poner límites a nuestra búsqueda para desplegar un conocimiento que acote la incertidumbre sin excluirla, rechazarla o simplemente negarla. Aunque no podamos abarcarlo todo mediante el conocimiento, como decía Einstein, sí que podemos hacerlo con nuestra imaginación.

El campo al que pertenece las cosas que no podemos saber, es un campo fértil, un lugar para la creatividad mediante la reflexión profunda y la investigación detallada de la realidad. Si pensamiento no es más que un juego de la mente[96], qué mejor lugar que aquel donde todo permanece abierto, lleno de posibilidades, a la espera de que se le arrebate ciertos órdenes a lo desconocido. Proyectar las ideas al futuro no es más que dialogar con el desorden que vendrá, negociar con la entropía.

---

[94] *Ibídem*, p.123
[95] SAUTOY, Marcus du, *op. cit.*, p.530
[96] BOHM, David y PEAT, David, *Ciencia, Orden y Creatividad...*, *op. cit.*, p.60

LA IMPOSIBILIDAD DE LO UNÍVOCO Y LA RESPUESTA PROBABLE

{La indeterminación de la realidad nos restringe a una racionalidad probabilística. Los modelos que creamos para definir la realidad son inestables, siempre a la espera de ser falsados.} [T09]

Como hemos visto, de la limitación sobre nuestra capacidad de establecer conocimientos sobre hechos futuros se desprende que la incertidumbre, el cambio y la inestabilidad son términos con los que debemos contar en cualquiera de nuestras predicciones –o proyectos–. Estos conceptos se han ido estableciendo como representantes de nuestra contemporaneidad, socavando nuestro anhelo de un control platónico sobre los acontecimientos. *¡Abandonad toda esperanza!* Parece indicarnos la realidad ante los más concienzudos estudios y las reflexiones más profundas, "delante de nosotros está siempre el infinito"[97]. Al final, todo elemento de control sobre la realidad supondrá una simplificación de esta, una reducción que conllevará una pérdida.

En cierto sentido, nuestra realidad ha quedado fragmentada en infinitos pedazos de teorías fracasadas, manifiestos y viejas utopías. Hemos comprendido la imposibilidad de una idea unificadora, capaz de ejercer el control y la previsión absoluta, ya sea sobre el mundo físico como en lo social. "La vida posee demasiadas potencialidades"[98] como para quedar recogida en una idea, y menos, en una ideología.

De esta manera, al romper con la visión determinista del mundo y tomar el camino hacia la indeterminación, aunque sea de manera resignada, reconocemos que un cierto grado de incertidumbre y aleatoriedad es inevitable. Las respuestas ya no pueden ser completamente cerradas. Tras abandonar el sueño cartesiano de una racionalidad absoluta, debemos enfrentarnos a la mutabilidad del entorno, manejándonos con lo desconocido y atendiendo a múltiples dimensiones simultáneamente.

---

[97] *Saint-Hilaire* en RAMÓN Y CAJAL, Santiago, *Reglas y consejos sobre la investigación científica*, Ed. CESIC, Madrid, 1999, p.35
[98] MUMFORD, Lewis, *Historia de las Utopías*, Ed. Pepitas de Calabaza, Logroño, 2013, p.15

Esto genera soluciones más inestables, donde solo es posible establecer campos de probabilidad como respuesta a parámetros en constante fluctuación. Este enfoque dinámico, que opera bajo restricciones, es lo que Manuel De Landa denomina "racionalidad satisfactoria"[99]; no se alcanzan decisiones óptimas, sino acuerdos más o menos satisfactorios.

De ello se desprende que las respuestas arquitectónicas deben ser dinámicas y adaptativas, o más proyectivas, resultado de investigar un contexto específico y de responder a programas susceptibles de cambiar. Porque el desorden y la entropía son inherentes a la realidad y esenciales para todo sistema vivo.

DE LO RESILIENTE A LO ANTIFRÁGIL_ (*UNA DEFINICIÓN*)

{Lo resiliente permanece inalterado. Lo antifrágil mejora y se beneficia con el desorden.}   [T10]

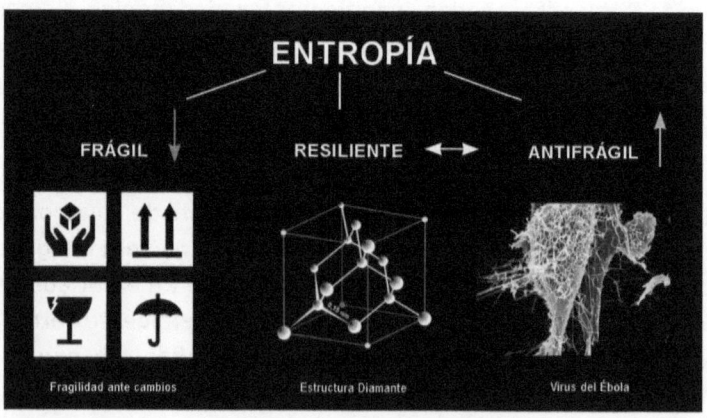

Triada propuesta por Nassim Taleb. *Los tres tipos de respuestas frente a la entropía*

---

[99] De LANDA, Manuel, *Mil años de historia no lineal*, Editorial Gedisa, 2010, p 26

La capacidad de respuesta de un sistema dado frente al desorden puede clasificarse en dos posiciones generales: aguantar ante los cambios o verse transformado. Un sistema que soporta cambios sin alterarse es *resiliente*; mantiene su integridad, es robusto frente a la crisis y permanece inalterado. Sin embargo, si el sistema se transforma, puede hacerlo de dos maneras: fragilizándose y rompiéndose ante las alteraciones, o beneficiándose de ellas, evolucionando y mejorando. Los sistemas que no solamente son resilientes, que van más allá y mejoran con la volatilidad, como lo contrario a lo frágil, pueden considerarse '*Antifrágiles*'.

El término *antifrágil,* ha sido acuñado recientemente por el profesor y ensayista Nicholas Taleb, quien define que lo *antifrágil* es aquello que sale beneficiado de la crisis, el desorden, y la incertidumbre; prospera y crece al verse sometidos a los estresores, a contingencias; y por supuesto, es lo contrario a lo frágil, a aquello que se rompe fácilmente[100]. La antifragilidad es más que la resiliencia o robustez. Lo resiliente aguanta lo choques, persevera en su realidad y sigue igual; lo antifrágil no solamente resiste, sino que evoluciona.

La mejor metáfora de *la antifragilidad* para Taleb es la *Hidra*[101], el monstruo mitológico griego que, al perder una cabeza, le crecían dos nuevas más fuertes. Este ser no solo sobrevivía a los ataques, sino que se fortalecía con ellos, prosperando gracias al daño sufrido y mejorando con el desorden.

Trasladando esta idea al ámbito arquitectónico, podemos definir la *Arquitectura Antifrágil* como aquella que se beneficia del desorden, sin necesidad de ser desordenada. Se enriquece con las dificultades, sin tener que ser difícil. Se potencia en medio del caos y celebra lo extraordinario. Este enfoque no se limita a asumir los estresores o las contingencias, sino que los utiliza como catalizadores para generar valor e interés. Al igual que el '*Aikido*', donde se utiliza la fuerza del contrario en beneficio propio, la *arquitectura antifrágil* desarrollar tácticas para favorecerse mediante sus propias limitaciones.

---

[100] TALEB, Nassim Nicholas, *Antifrágil, op. cit.*, p.25
[101] *Ibídem*, p.58

ANTIFRAGILIDAD Y EL BENEFICIO DE LO ADVERSO

{La **Antifragilidad** requiere del sustento que proporciona lo negativo. Sin negatividad no hay positividad. Toda mejora es una reacción contra la dificultad.

El desorden es el yunque sobre el que se forja todo aquello que progresa.} [T11]

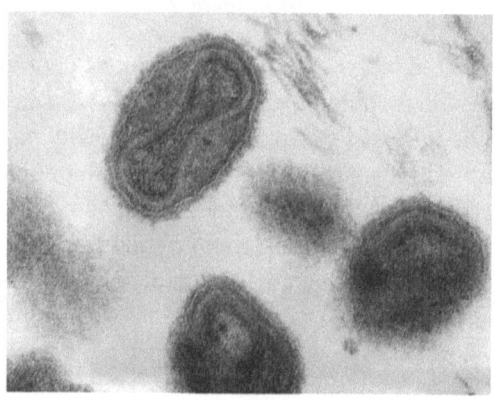

Virus de la Viruela (*Variolae Virus*)[102]

Como mencionábamos la Hidra de Lerna representa la *antifragilidad* porque mejora ante el desorden, se beneficia con la negatividad que se ejerce sobre ella. El héroe griego *Heracles* fue quien, en el segundo de sus famosos doce trabajos, consiguió matar a la *Hidra de Lerna.* Para ello, *Heracles,* a medida que iba cortando con su espada las cabezas, cauterizaba el cuello con fuego para que no pudiesen regenerarse, y así, finalmente la *Hidra* murió.

---

[102] Antes de la introducción de la vacunación que desarrolló el médico británico Edwar Jenner (1749-1823) se realizaban diferentes métodos de variolización que consistían en la inoculación de cepas de virus con mortalidad baja para crear inmunidad. Los primeros indicios de esta práctica se remontan al siglo X en China y la India, llevándola a cabo mediante la insuflación nasal de pústulas molidas, o posteriormente, la inoculación o puesta en contacto con heridas abiertas de pus proveniente de la viruela de las vacas.

De una manera similar, si privamos a todo ser vivo o sistema complejo de elementos de desorden o estresores, –lugares que les permiten crecer y evolucionar– se les elimina cualquier capacidad de adaptación, por lo tanto, se vuelven frágiles o terminan atrofiándose. Los seres vivos necesitan retos que superar para poder aprehender, la sobreprotección mediante la eliminación de cualquier elemento de negatividad provoca una incapacidad para hacer frente a cualquier cambio inesperado. Si se restringe toda exposición a la incertidumbre, no se crean aprendizajes que puedan servir como experiencia ante sucesos futuros.

Por ejemplo, nuestro sistema inmune se fortalece gracias a la superación de enfermedades creando anticuerpos y luchando contra toxinas, y no con la sobreprotección. La vacunación –en una descripción genérica–, se basa en introducir microorganismos de enfermedades en un estado debilitado para que el cuerpo humano las combata, aprenda y reconozca, quedando así preparado para superar la enfermedad que hubiese podido ser letal previamente. La vacunación es una autonegatividad que nos infringimos. También, desde tiempos remotos, se ha utilizado como medicina sustancias que son tóxicas pero que dependiendo de la dosis (*hormesis*) actúan de forma beneficiosa o curativa. O el *mitridatismo* que realizaba el personaje de la novela de Dumas el *Conde de Montecristo (1844)*, quien tomaba paulatinamente pequeñas dosis de venenos con el fin de quedar inmunizado ante posibles envenenamientos.[103]

El cuerpo humano requiere de estresores para mejorar, con el ejercicio los músculos se desarrollan y fortalecen. La estructura ósea tampoco es un elemento rígido y estático como en un principio puede parecernos, según describe la ley de Wolff (1892) "La forma y estructura de los huesos en crecimiento de los adultos, depende del estrés y la tensión – esfuerzos– a los que están sometidos. Alterando las líneas de tensión, la forma de los huesos puede ser cambiada"[104]

---

[103] Tanto a la *hormesis* como al mitridatismo y la restricción calórica, Taleb los pone como ejemplo de *protoantifragilidad*, mostrando que privar a los sistemas de estresores, no es algo necesariamente bueno y puede ser perjudicial. En TALEB, Nassim Nicholas, *Antifrágil, op. cit.*, pp. 60-63
[104] WOLFF, Julius, *The law of Prone Transformation*, [Disponible en:] https://articulos.sld.cu/cimeq/?p=5569

ANTIFRAGILIDAD Y LA NECESIDAD DE LO NEGATIVO Y LAS LIMITACIONES

{El motor de la evolución se alimenta de los conflictos. Eliminar el desorden fragiliza todo sistema que vive en el cambio.} [T12]

Bernard Tschumi. *Rope and Rules. Advertisements for Architecture* 1976-77.[105]

La pasividad atrofia, el *no hacer* debilita y anquilosa. Por el contrario, asumir negatividades fortalece. El cerebro requiere de elementos de cambio para no aburrirse y aprender, o lo que es lo mismo, evolucionar. Los seres humanos hemos evolucionado dentro de un ambiente aleatorio, donde la superación de conflictos ha sido clave para nuestro progreso y que también, ha servido para forjarnos a nosotros

---

[105] ʻMíralo de esta manera: El juego de la arquitectura es un intrincado manejo de reglas que puedes romperlas o aceptarlas. Estas reglas, como tantos nudos que no pueden ser desatados, tienen el significado erótico del bondage: cuantas más numerosas y sofisticadas son las restricciones, más grande es el placer. Las pasiones más excesivas siempre implican un juego de reglas. ¿Por qué no disfrutarlas?)

mismos. El aprendizaje se basa en el estímulo del descubrimiento, en la superación de negatividades y los errores cometidos. El pintor Georges Braque decía que los medios limitados son los que engendran las formas nuevas, invitan a la creación y conforman el estilo.[106] La resistencia ante las limitaciones nos obliga pensar nuevas soluciones y encontrar otros caminos – toda evolución requiere de la dialéctica entre prueba y error–.

Para los arquitectos Mansilla y Tuñón las condiciones de límite de la realidad sirven para catalizar las ideas que han servido inicialmente de *motor de arranque,* y que conducen finalmente en la configuración del proyecto. Es, a través del rozamiento entre la idea abstracta y la realidad, lo que hace que el proyecto se formalice. Los problemas reales los podemos entender como *negatividades*, al enfrentarse a unas ideas previas –o por lo menos generan un desorden sobre el pensamiento apriorístico del proyecto–, pero en lugar de ser elementos reductores de ideas, más bien se convierten en oportunidades, direcciones creativas por las que encauzar unas primeras intuiciones de proyecto.

De esta manera se adquiere una postura *antifrágil* mediante la incorporación de elementos de presión –el desorden de las negatividades de la realidad– sobre las ideas que sirven para impulsar y dirigir el proyecto arquitectónico, ese tránsito que parte de las *ideas* y que desemparca en los *objetos*. Integrar negatividades exteriores de una manera creativa hace que se supere el factor limitante, estimulando la exploración de ideas imaginativas que impulsan la creación. En palabras de Mansilla y Tuñón, "paradójicamente, es en la limitación donde la libertad se multiplica, porque al reducir las posibilidades, no sólo nos vemos obligados a exprimir lo poco que tenemos, sino que insospechadamente se nos abren otros caminos que no hubiéramos ni siquiera imaginado"[107].

Las limitaciones que se desprenden de lo real, es decir, los datos con lo que el proyecto queda *informado*, debido a su infinidad y a la diversidad

---

[106] BRAQUE, Georges, *El día y la noche*, Editorial Acantilado, Barcelona, 2001, p.21
[107] MANSILLA, Luis Y TUÑON, Emilio, *Arranque y oscilación. Sobre embudos y duchas*. El Croquis n°106-107, p. 26

de situaciones en las que pueden presentarse, su incorporación *ad hoc*, sirven también como seguro de originalidad dotando al proyecto de un carácter único, el *aura* perdida de nuestra época.

Genpei Akasegawa, *The Canning of the Universe* (1964, recreado en 1994)[108]

El pensamiento inquisitivo se interpone contra la uniformidad y la pasividad, contra la inercia que nos lleva a la aceptación fácil e irreflexiva de ideas preconcebidas simplificadoras, las ideologías. Toda búsqueda de conocimiento sobre la realidad es un desorden sobre un estado de pensamiento de grado cero, y que se vuelven necesario para superar la simple asunción de ideas recibidas,[109] las ideas tranquilizadoras que solo resuelven falazmente la tensión ante lo desconocido y que proyectan una falsa sensación de control.

---

[108] En *The Canning of the Universe*, Genpei Akasegawa invierte la etiqueta de una lata hacia su interior, transformando el exterior del objeto en el contenido enlatado. Este gesto subversivo plantea una paradoja: el universo, lo infinito y externo, queda metafóricamente encapsulado dentro de la lata. Al redefinir los límites entre interior y exterior, Akasegawa invita a repensar nuestra percepción del espacio (lo contenido y lo contenedor), desafiando nuestras nociones de la realidad.
[109] En referencia al "Diccionario de ideas recibidas" (publicado en 1911) donde el escritor Gustave Flaubert recopila de forma satírica, ideas convertidas en clichés, frases hechas y lugares comunes, que suelen ser aceptados como cierto por la mayor parte de la sociedad, pero sin ningún respaldo lógico-crítico, y fundamentados mayormente en prejuicios, sesgos o en hechos parciales.

Contrariamente al pensamiento inquisitivo se sitúa el pensamiento positivo. El filósofo contemporáneo Byung-Chul Han habla de la actual ansia de nuestra sociedad por eliminar cualquier rasgo de negatividad, un forzado camino hacia lo únicamente positivo. Una sociedad controlada y pulida que se convierte en transparente, al abandonar cualquier elemento no previsto y vaciándola de impedimentos que dificulten una visión directa.

La sociedad de la transparencia según Han, es aquella que se despoja de lo negativo, de la singularidad; y entonces, todo queda uniforme y allanado para poder "insertarse sin resistencia en el torrente liso del capital, la comunicación y la información".[110] Por tanto, ya todo tiene que ser mesurable, cuantificable, reducido a números, todo debe quedar previsto en el desierto de lo igual.

Sin embargo, paradójicamente un mundo hipercomunicado deviene en un mundo más homogéneo y uniforme, de un orden más simple. El aumento en la capacidad de comunicación y la rápida transmisión de información no devienen en un aumento de diversidad de pensamiento —como pudiera pensarse— al tener disponible un mayor *pool* de datos e ideas; sino que sirve para reforzar unos mismos pensamientos mediante la proliferación de expresiones idénticas, clichés y dogmas, que se repiten vírica e irreflexivamente, en un juego de información y desinformación al mismo tiempo.

Una igualdad dictada bajo el designio efímero de la moda, donde se establece lo considerado como ideal para pasar a rechazar enérgicamente todo lo que quede fuera de ésta, y de esta forma el mundo deviene en bipartito. Todo debe quedar ordenado e igualado a dos posiciones excluyentes y narcisistas en sí mismas: la de lo uno sin lo otro. Una situación que se despoja de cualquier crítica y únicamente permite el *"me gusta"* o la inacción de la no existencia o autocensura.

---

[110] HAN, Byung-Chul, *La sociedad de la transparencia,* Heder Editorial, Barcelona, 2013, p.11

Quino. *Guernica, 1982*. [La búsqueda de orden de la *sociedad positiva*]. Publicado originalmente en Viva, revista del periódico Clarín.

Existe el peligro de caer en una bipolaridad sin posibilidad de reencuentro, sin diálogo posible porque todo narcisismo es ciego para ver el otro. Por eso, en la comunicación digital se puede bloquear y eliminar al otro, ejerciéndose un control absoluto de relación con el otro. Se hace desaparecer todo lo que se confronta con el propio ideal positivo, lo que conlleva a una igualación. Como destacaba el filósofo Zigmunt Bauman, las redes sociales son una trampa, porque "no se usan para ampliar horizontes, sino al contrario, para encerrarse en zonas de confort, donde el único sonido que se oye es el eco de su voz, donde lo único que ven son los reflejos de su propia cara"[111]

---

[111] BAUMAN, Zygmunt, *Las redes sociales son una trampa,* En El País, [Consultado 09/01/2016]

Para el narcisista contemporáneo su imagen del mundo se reduce a un plano final, el telón de fondo del *selfie*, –lo que ocurre tras de sí–. La distancia con la que se mira al mundo es la medida del *palo del selfie* (90 cm aproximadamente), una distancia demasiado corta para observar la realidad y poder abarcar algo más que el propio retrato, y por extensión, más allá de las ideas preconcebidas que todos acarreamos. Por lo que, irremediablemente, todo acaba midiéndose en cuanto a uno mismo, lo que imposibilita cualquier tipo de alteridad, impidiendo apreciar lo distinto en toda su dimensión, y no únicamente la imagen simplificada de la *otroriedad*.

Así, la simplificación y el rechazo a lo distinto, junto con la predisposición que tenemos a crear entidades desde la abstracción de las ideas, desemboca en una cosificación de elementos de la realidad. Y que, en su reiteración, da lugar a la aparición de perjuicios, que son la simplificación máxima en la representación de *lo otro*. Cuando los perjuicios son compartidos por un grupo se crea una identidad, un nexo de común denominador. Pero esta identidad nacida de la eliminación de lo considerado como negativo, se conforma más como contraposición (a lo negativo) que, por sus características propias, es decir, no se definen por *lo que son* sino por *lo que no son*. La expulsión de todo elemento de desorden que pueda romper con la homogeneidad deviene en una actitud de cierre, un sectarismo que proclama como negativo todo lo ajeno a sí mismo, donde "la negatividad de lo completamente distinto cede a la positividad de lo igual, de lo otro que es igual"[112]. Bajo esta búsqueda de uniformidad e igualación, "la actitud positivista" busca la construcción de un orden simple y homogéneo, y que permite, tras una falsa imagen de perfección, un control fácil y rápido.

Es este control el verdadero interés último, y que subyace en toda actitud de erradicación absoluta de negatividades; purgar o purificar suelen ser vocablos que están presentes en su lenguaje, en ambas caras de la misma moneda, la del totalitarismo.

---

[112] HAN, Byung-Chul, *La expulsión de lo distinto*, Heder Editorial, Barcelona, 2017, p.39

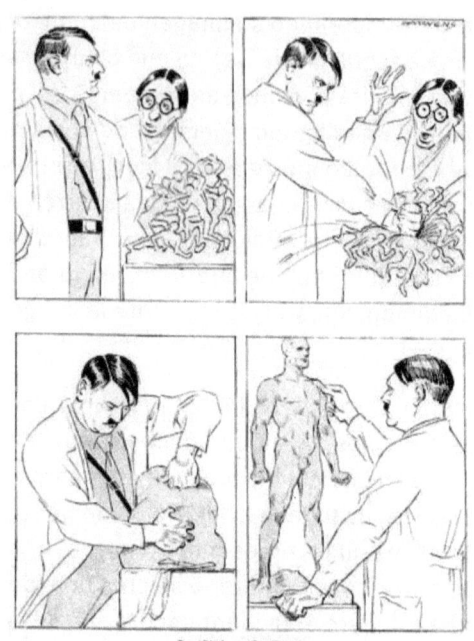

Caricatura nazi, 1933.[113]

Nuccio Ordine en su libro *La utilidad de lo inútil* (2013), advierte de la expulsión actual en nuestra sociedad de todo aquello que no ofrezca créditos a corto plazo. Una sociedad utilitarista que según Ordine, está más interesada en la *quantitas* que en la *qualitas*[114] de los elementos que priman en la vida. Todo parece medirse mediante un malentendido baremo de utilidad, superficial y cortoplacista. Por lo que todo aquello que no responda a una ventaja económica inmediata, se considera como algo negativo –inútil– y que sencillamente debe eliminarse.

---

[113] Se presenta a Adolf Hitler como un escultor que crea al superhombre, un ser perfecto, sin defectos, donde cualquier aspecto negativo ha quedado eliminado y, por lo tanto, representa la pureza de lo ideal.
(En Noah Harari, Yuval. 2014. Sapiens, de animales a dioses. Barcelona: Ed. Debate. p.262)
[114] ORDINE, Nuccio, *La utilidad de lo inútil,* Ed. Acantilado, Barcelona ,2014, p.15

El problema que expone Ordine se enmarca en una crisis en la valoración actual entre lo verdaderamente útil y lo superfluo. ¿Cuántas cosas que se consideran útiles hoy en día, están vacías y carentes de cualquier transcendencia? Podría resumirse sintéticamente en la común confusión que se presenta, por un lado, entre ser y tener; y por otro, entre valor y precio.

Se elimina toda profundidad a las cosas al reducirlas a un sentido único de utilidad práctica o beneficio monetario. Ordine defiende que también necesitamos de lo inútil para vivir completamente, y que la belleza, el arte, la poesía y tantas otras cosas que elevan nuestro espíritu, hunden sus raíces en el mundo de la inutilidad, de lo no simplemente útil. Si nos olvidamos de esto, si eliminamos toda negatividad de lo considerado como inútil, "solo seremos capaces de producir una colectividad enferma y sin memoria que, extraviada, acabará por perder el sentido de sí misma y de la vida"[115]. De esta manera, al restar toda complejidad y eliminar todo valor no inmediato, todo adquiere el valor de lo fácil y lo ligero, una *insoportable levedad,* por usar las palabras de Kundera.

Incluso los ideales más utópicos quedan tristemente reducidos y ensombrecidos, cuando únicamente operan en un sentido práctico, cuando aspiran a gestionar mediante un ideal, los múltiples y diversos aspectos de la vida. Algo queda siempre fuera de todo orden exclusivamente funcional y práctico, un *algo* tan inefable como sustancial para los seres humanos. Como exclamaba Lewis Mumford sobre la incapacidad de las utopías para acoger íntegramente la riqueza y complejidad de la vida: ¡Queda tan poco de significativamente humano una vez resueltos los problemas de la organización mecánica y política![116]

Si algo nos ha ido enseñando la historia es que detrás de las ilusiones que muestran las sociedades más perfectas se esconden agazapados los monstruos del totalitarismo.

---

[115] *Ibídem*, p.25
[116] MUMFORD, Lewis, Historia de las Utopías..., *op. cit.*, p.117

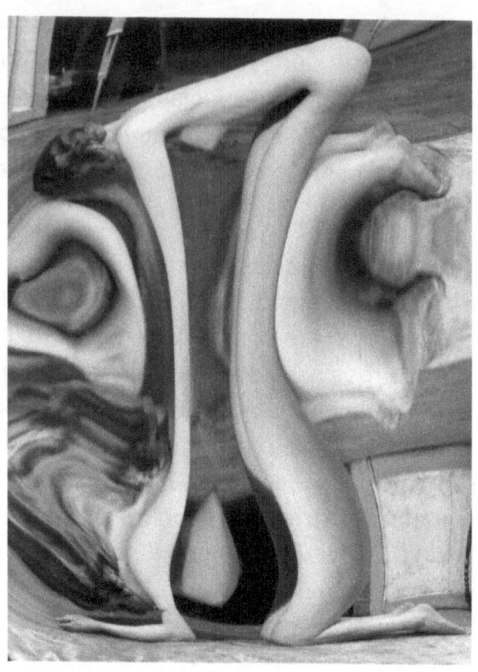

André Kertész. *Distortion n° 128* (1933). La distorsión y la deformación como fuente de creatividad y belleza

Para el poeta John Keats (1795-1821) la poesía nace de sumergirse en la realidad, donde el poeta debe ser capaz de alejarse de sí mismo y de sus propios intereses, para convertirse en un mero vehículo de la expresión poética. Adentrarse en una realidad contradictoria donde deben primar más los sentimientos y una percepción abierta que la formulación racional de las cosas. A esta habilidad, Keats la denominó *capacidad negativa*, comentada en una carta a sus hermanos como cualidad que atribuía a Shakespeare: (...) –me refiero a la *Capacidad Negativa*– es decir, la capacidad de un hombre que es capaz de existir en las incertidumbres, los misterios, las dudas, sin la búsqueda irritable del hecho y la razón."[117]

---

[117] KEATS, John, *Cartas John Keats* citado en MALPARTIDA, Daniel, *De la Capacidad Negativa de Keats a la Capacidad Negativa del Psicoanálisis,* Revista Psicoanálisis, N° 11, Lima, 2013, p.3

Keats aboga por una suspensión del juicio racional, su postergación hasta que no haya rebosado previamente toda la capacidad poética de la realidad, limitándose entonces a la concepción romántica de la "expresión del yo". En una autolimitación, el poeta prescinde entonces de toda certidumbre, y pasa a situarse en un estado emocional caracterizado por la inquietud y la indecisión.

El poeta trabaja con la tensión de mantener en la mente conceptos contradictorios sin llegar a producir un cuerpo abstracto que ordene el pensamiento, pudiendo ofrecer una puerta abierta a la imaginación. Pero Keats no aboga por la anulación de todo pensamiento, sino que más bien, mediante la capacidad negativa se produce un pensamiento más rico y próspero, al no eliminar una parte de la realidad: "El único medio de fortalecer nuestro intelecto es no decidirse por nada, dejar que la mente sea un camino abierto a todos los pensamientos, no una parte selecta..."[118]

La capacidad negativa impide que el pensamiento se simplifique en una idea homogénea e inmediata, permitiendo la incorporación de nuevas ideas gracias a ese estado de certidumbre, un difuso pero fructífero desorden latente de ideas. Porque "mirar la realidad a la luz de determinadas ideas unificadoras tiene la ventaja innegable de darle contorno y forma a nuestras vivencias. Pero también –así nos instruye la manera de mirar moderna– niega la diversidad y la complejidad infinitas de lo real ".[119]

De ahí que, *desorden y negatividad* son aspectos interrelacionados que forman parte de la complejidad de lo real y que no pueden ser eliminados sin provocar cadenas de consecuencias inesperadas –fragilizar–, o simplemente, restar potencialidad a las cosas.

"Es curioso pensar que la mayor libertad surge cuando más condiciones existen, y que si no fuera así habría que inventarlas..." **Luis Moreno Mansilla y Emilio Tuñón en conversación con Enric Miralles.**[120]

---

[118] *Ibídem,*
[119] SONTAG, Susan, *Al mismo tiempo,* Editorial DeBolsillo, Barcelona, 2008, p.133
[120] Luis Moreno Mansilla y Emilio Tuñón en conversación con Enric Miralles. *Apuntes de una conversación informal (2000)*

El arquitecto, como el poeta según Keats, debe situarse más allá de sus intereses personales, capaz de afrontar incertidumbres sin necesidad de simplificar la realidad como un *Procusto* de la racionalidad ni caer en la vacuidad expresiva. "Doy la bienvenida a los problemas y exploto las incertidumbres"[121] manifestaba Robert Venturi que defendía una arquitectura compleja y contradictoria que diera la bienvenida a los problemas y aprovechara las incertidumbres. En su crítica a *"lo puritano y moral de la arquitectura moderna"*, proponía una *"unidad difícil"* que incluyera diversidad y contradicciones, resumida en su célebre frase: "más no es menos"[122], en contraste con el "menos es más" de Mies Van der Rohe.

De manera similar, Louis Kahn sostenía que "la arquitectura debía tener tanto espacios malos como espacios buenos"[123]. Esta idea trasciende la funcional división entre espacios servidores y servidos, proponiendo una visión holística donde lo negativo es esencial en la totalidad de la obra arquitectónica. *Orden y utilidad* no deben excluir la diversidad de significados y complejidad inherente a la arquitectura como reflejo de la realidad.

Rem Koolhaas describe al arquitecto como un "surfista sobre las olas", alguien que navega y enfrenta de forma pragmática y elegante los problemas impuestos por el *capitalismo tardío*. Sin embargo, Enric Miralles lleva esta metáfora más lejos, rechazando la elusión: "No tengo ningún interés en esquivar la ola. Prefiero darle un tortazo y que me pase por encima. Lo que me interesa es ver venir la ola, mezclarme con ella, y salir de no sé dónde"[124] –transformado –. La *actitud antifrágil* es aquella que no rehúye lo negativo, sino que lo utiliza e integra como catalizador para la evolución proyectual; así entonces, las palabras de Heráclito de "lo opuesto coopera", cobran sentido.

---

[121] VENTURI, Robert, *Complejidad y contradicción en la arquitectura*, Ed. Gustavo Gili, Barcelona, 1995, p.25
[122] *Ibídem*, p.26
[123] KAHN, Louis, citado por VENTURI, Robert, *Complejidad y contradicción en la arquitectura*, p.39
[124] MIRALLES, Enric, en MURO, Carles (Editor), *Conversaciones con Enric Miralles*, Ed. GG. Barcelona, 2016, p.36

ANTIFRAGILIDAD EN LOS SERES VIVOS_
EL AZAR CREADOR

{La vida utiliza el desorden para crear diversidad y así, aumentar las posibilidades de superar las limitaciones que impone la realidad. Estas limitaciones marcan la dirección de la evolución de los organismos, impulsando la creación de nuevos órdenes orgánicos.

La vida es antifrágil pues utiliza el desorden para evolucionar. Evolucionar es perseverar frente a la incertidumbre del futuro. Los seres vivos usan el desorden predecible para enfrentarse con el desorden impredecible.

Al homogeneizar y eliminar todo desorden que afecta sobre un sistema vivo lo fragilizamos. Impedimos su diversidad y aprendizaje haciéndolo incapaz de superar las nuevas limitaciones que traerá el futuro.

La muerte en los seres vivos establece el estado de máximo orden. } [T13]

Donax variabilis (coquinas). El Fenotipo es la variación en la expresión de genotipo en relación con un ambiente concreto. Los individuos de la especie de moluscos *Donax variabilis* muestran una extraordinaria diversidad fenotípica, tanto en el color como en el patrón de sus conchas.

Desde un nivel fundamental, los sistemas vivos presentan un estado ordenado y específico de la materia inerte que les confiere una cierta individualidad frente al desorden del medio en el que habitan. Este orden concreto que presenta la materia viva requiere, por una parte, de una estabilidad y continuidad para mantener su identidad como organismo, así como un desarrollo de las relaciones dinámicas entre sus componentes y el entorno. Estas relaciones de orden adquieren mayor profusión, según asciende la escala de complejidad de la vida, desde los seres unicelulares hasta los mamíferos, volviéndose más sofisticadas y estructuradas en infinitas redes de sistemas complejos.

Como veremos más adelante en la definición del concepto de *Neguentropía* o entropía negativa, en un primer momento podemos pensar que estas estructuras autoorganizadas que crea la vida parecerán contradecir la tendencia hacia el desorden que establece la Segunda Ley de la Termodinámica. Sin embargo, los seres vivos son sistemas abiertos que intercambian materia y energía con el medio. Este intercambio permite mantener su organización interna al exportar entropía al entorno. La vida, en este sentido, "roba orden al mundo" para mantenerse autoorganizada, es decir viva, con lo que la entropía global siempre va en aumento como marca la Ley de la Entropía.

Fuera de este nivel más básico y esencial en un uso del desorden como degradación de energía con el objetivo de mantener el alto grado de organización que requiere todo ser vivo, el concepto de antifragilidad se hace más evidente en el propio desarrollo y evolución de los seres vivos, donde el desorden —entendido como azar y contingencia— funciona como motor de creación para la Vida.

Un primer método para la introducción de desorden en los sistemas vivos es la *mutación genética* consistente en cambios en la situación de los genes en el ADN o modificaciones de los nucleótidos que lo componen. Estas alteraciones pueden surgir de errores en la copia o transcripción del código genético, factores ambientales (epigenéticos) o perturbaciones externas, como rayos X,[125] radiación o luz solar. Siendo todas estas variaciones accidentales y fruto del azar.

---

[125] Ver SCHRÖDINGER, Erwin, *¿Qué es la vida?*, p.68

Drosophilia melanogaster (Mosca de la Fruta) y su mutación Antennapedia. (Un mal funcionamiento del Gen Hox aumentando su desorden crean ciegamente innovaciones que puedan incrementar sus posibilidades de supervivencia.)

La propia estructura esencial para la creación de la vida está enraizada con el desorden, y, por tanto, afectada por la entropía; como apunta Monod: "Existe, en fin, a escala microscópica, una fuente de incertidumbre más radical aún, enraizada en la estructura cuántica de la misma materia. Ya que una mutación es en sí un acontecimiento microscópico, cuántico, al que por consiguiente se aplica el principio de incertidumbre. Acontecimiento pues *esencialmente* imprevisible por su misma naturaleza."[126]

Las mutaciones genéticas generan alteraciones en los seres vivos, promoviendo novedad y diversidad. Si una mutación resulta beneficiosa para la supervivencia y propagación hereditaria, será integrada en el acervo genético de la especie a través de la selección natural, impulsando su evolución y desarrollo a lo largo del tiempo. Paradójicamente, la evolución de los seres vivos hunde sus raíces en los errores e imperfecciones azarosas sobre lo que le define, su mecanismo de replicación. La vida mejora a través de un desorden sobre la característica necesaria como la solemos definir en un ser vivo: su capacidad de reproducción, lo que le permite permanecer al otro lado de lo inerte. Podemos decir que todo paso evolutivo se debe a un afortunado error que, al superar las presiones selectivas del entorno, deja de ser considerado un *error* para convertirse en mejora.

---

[126] MONOD, Jacques, *El azar y la necesidad, p.124*

Un segundo método de algunos seres vivos para progresar mediante el desorden es la reproducción sexual. Mediante las recombinaciones de ADN de dos progenitores, creando individuos genotípicamente únicos y diferenciados. A diferencia de la reproducción asexual, que produce clones, copias genéticamente idénticas, la reproducción sexual genera una diversidad genética a partir de un acervo genético existente sin tener que esperar a novedades por mutación.[127]

La descendencia posee una mezcla de genes que hará que se parezca a sus padres manteniendo de esta manera un linaje de genes que han sido sucesivamente seleccionados, pero también, se crea un genoma híbrido y original que permitirá que el nuevo individuo ostente diferencias, quizás mejores en ciertos aspectos ante nuevas situaciones. Esta varianza es importante porque posibilita generar una descendencia que pueda adaptarse de forma más rápida y dirigida, anticiparse y ganar independencia ante elementos impredecibles del entorno mediante esta diversidad selectiva.

Paisaje agrícola monocultivo de trigo.[128]

---

[127] GARCÍA LEAL, Ambrosio, *El Azar Creador. La evolución de la vida compleja y de la inteligencia,* p.136

[128] En muchos países, la agricultura se basa en monocultivos intensivos, donde una única especie, clonada a partir de la misma información genética, domina las explotaciones. Esto homogeniza las cosechas, simplifica el cuidado, y aumenta la eficiencia y productividad. Sin embargo, esta uniformidad genética también conlleva

Si consideramos únicamente la supervivencia y dispersión como factor de medida en el éxito de un organismo podemos considerar que el orden repetitivo de la reproducción asexual tiene mayores ventajas que un tipo de reproducción que requiere de dos organismos. Las bacterias son ejemplo de esto, existen desde hace miles de años y son los organismos más abundantes del planeta. Pero evidentemente esto solo es válido para seres simples, donde el coste energético de reproducción y la información trasmitida a la nueva generación es mínima, pudiendo fácilmente desarrollar un gran número de clones con la misma información genética. Es decir, la estrategia se basa en el alto número de replicaciones para que algunos de ellos sobrevivan ante los estresores del entorno. Sin embargo, los organismos complejos cuyo coste de replicación es alto, requieren de recombinaciones para crear seres más adaptativos, siendo su estrategia la diversidad frente al número.

La diversidad es un método para protegerse frente a circunstancias impredecibles. Aumentando la opcionalidad se confía a que alguna respuesta que conforma todo organismo pueda encajar con la pregunta sin enunciar que depara un futuro incierto. Un alto grado de entropía en el patrimonio genético de cada especie aumentan las probabilidades de éxito frente a agentes negativos externos o a estresores del entorno. Así mismo, pero desde el otro lado de la moneda, podemos decir que las oscilaciones de un entorno variable espolean la creatividad de la vida, animando a la pluralidad de seres que puedan copar todos los posibles nichos ecológicos. Es decir, un entorno cambiante empuja a la creación de diversidad: "Si el mundo no fuera ondulantemente incierto, aún seríamos todos bacterias."[129]

Tengamos en cuenta que la diversidad que ofrecen los errores de copia ocasionales (mutaciones) es totalmente insignificante en comparación con la diversidad originada por la reproducción sexual. La mutación es siempre un elemento aleatorio, sin embargo, la reproducción sexual

riesgos significativos: toda la cosecha comparte las mismas vulnerabilidades frente a enfermedades o plagas, lo que puede resultar en pérdidas devastadoras. La falta de diversidad fragiliza los sistemas naturales, exponiéndolos al riesgo de colapsos completos ante contingencias.
[129] WAGENSBERG, Jorge, *La rebelión de las formas o cómo perseverar cuando la incertidumbre aprieta*, p.119

es completamente dirigida en base a una selección. Al mismo tiempo, el desorden genético que conlleva la recombinación genética entre diferentes individuos sirve como seguro ante la acumulación de mutaciones desfavorables en los genomas. En cada nueva fusión se transmite únicamente la mitad del código genético por cada progenitor, disminuyendo de esta manera las probabilidades de heredar errores genéticos. Es por esto, que las consecuencias negativas que pueden desarrollarse de los cruces consanguíneos, se generan al ser recombinaciones de un material genético similar, con ello incrementando la posibilidad de acumular mutaciones genéticas adversas que generen enfermedades o deficiencias.

> "La naturaleza saca partido de las limitaciones (...) la vida despliega sus colores con virtuosismo, usando las limitaciones como un potenciador, como un mecanismo de enfoque".[130]

Así, ya sean estas favorables o desfavorables, la disolución del genotipo en la descendencia mediante las nuevas combinaciones genéticas que establece la reproducción sexual hace que todo cambio sea gradual y requiera necesariamente de un largo período evolutivo.

Una tercera vía de cómo los seres vivos han innovado utilizando el desorden, ha sido mediante la asociación, no a nivel genético como hemos visto anteriormente, sino mediante la integración de individuos completos. Estas asociaciones crean una organización superior y pueden ser de individualidades de una misma especie (sociedades en sentido amplio) o entre individualidades sin parentesco (simbiosis). Como destaca el biólogo García Leal: "A diferencia de las mutaciones, las asociaciones permiten ascender en la jerarquía de niveles de organización de la materia viva. Las individualidades de orden inferior (células, organismos) sacrifican algo de su independencia a cambio de pertenecer a una totalidad más independiente de la incertidumbre del entorno que sus integrantes por separado".[131]

---

[130] Janine Benyus. *Biomímesis: Cómo la ciencia innova inspirándose en la naturaleza.* Ed. Tusquets. Colección Metatemas nº 119. Barcelona 2012
[131] GARCÍA LEAL, Ambrosio, *El Azar Creador. La evolución de la vida compleja y de la inteligencia,* p.137

La teoría de la simbiogénesis de la bióloga Lynn Margulis defiende que las células con núcleo (células eucariotas) que presentan todos los seres pluricelulares, como los animales y las plantas, provienen de una simbiosis entre varios tipos de células procariotas (bacterias y arqueas) independientes, que se unieron para formar un nuevo ente con mayores ventajas para la supervivencia. Como fabula Jorge Wagensberg: "una bacteria que comía bien, pero se movía mal se tragó a otra bacteria pequeña que se movía muy bien pero que comía muy mal. No obstante, por una vez en miles de millones de años, no acabó de digerirla. Lo que hicieron, en cambio, fue cerrar un pacto: comer como la gorda y moverse como la ligera. Fue sin duda un buen pacto que dio un espaldarazo a la evolución".[132]

No solamente nuestras células provienen de asociaciones de entidades diferentes que un momento decidieron unirse de manera ya irreversible para organizarse en seres más complejos, nosotros mismos somos *holobiontes*[133], esto es, un conjunto formado por un organismo complejo y todos sus microorganismos asociados. Es más, en nuestro cuerpo hay más células bacterianas que propiamente humanas (si es que se puede concretar así teniendo en cuanta que lo definimos como genética humana es fruto de una larga acumulación de genes provenientes de seres "no humanos" como pueden ser los virus).

De acuerdo con lo anterior, sorprendentemente solo el 10% de los genes presentes en nuestro cuerpo son humanos; el resto pertenecen a los microorganismos que nos habitan. Como apunta el científico Lopez Otín: "los humanos somos muy pocos humanos, incluso podríamos calificarnos de inhumanos, al menos en términos genómicos".[134]

---

[132] WAGENSBERG, Jorge, *Teoría de la creatividad. Eclosión, gloria y miseria de las ideas*, p.43
[133] LOPEZ OTÍN, Carlos, *La vida en cuatro letras*, pos. 899
[134] *Ibídem*, pos. 904

Aprendiendo de la Pradera.[135]

Actualmente se están desarrollando investigaciones sobre una agricultura basada en sistemas naturales como es la pradera y su ecología. Tratando de alinearse con los procesos naturales y no enfrentándose de una forma directa mediante instrumentos artificiales cuyo impacto a largo plazo es impredecible. Se busca la capacidad de autoorganización natural mediante la diversidad de plantas y su capacidad de cooperación. Dentro de la gran variedad de plantas de la pradera, hay unas que fijan el nitrógeno, otras fijan el terreno mediante raíces más largas, otras aprovechan al máximo las lloviznas superficiales, plantas resistentes a insectos, etc.

---

[135] La pradera presenta un sistema de autoorganización natural mediante la diversidad de las especies vegetales y su capacidad de cooperación. Cada planta tiene una función diferente e interrelacionada dentro de un sistema complejo similar a un organismo completo.

Cada planta tiene una función diferente e interrelacionada dentro de un sistema complejo similar a un organismo completo. Las plantas perennes protegen al suelo del viento y evita el lavado del terreno por las fuertes lluvias. La propia diversidad hace que las plagas de insectos sean incapaces de avanzar con fuerza, debido a que no todas las plantas le sirven como alimento, sino que debe ir dentro de las variedades compatibles con su dieta. Las plantas que no prosperan dentro de una selección natural del sistema aportarán nueva materia orgánica al suelo.

La nueva agricultura basada en los sistemas complejos de la pradera se denomina "ensamblaje comunitario"[136] en los que se cultiva diversas especies de plantas productoras beneficiándose de sus interrelaciones. Por ejemplo, introducir plantas leguminosas da alimento, pero también fertilizan el campo al fijar el nitrógeno. Los policultivos también ayudan a aumentar el rendimiento por hectáreas, lo que se llama *"overyielding"* donde el crecimiento con plantas mejora al convivir con plantas complementarias. Al tener fases de crecimiento diferentes, el granizo u otras inclemencias del clima se ven minimizadas al no afectar a todo el cultivo por igual. Aumento de entropía como aumento de diversidad para favorecer alternativas puede dar lugar a mejores sistemas.

La autoorganización de los sistemas complejos se basa en un desequilibrio constante, donde cada ser vivo busca maximizarse hasta que choca con los límites que imponen el resto de los seres vivos y las restricciones del propio medio. Los sistemas naturales son antifrágiles al usar la inestabilidad del medio y el azar de las mutaciones genéticas para una mejora selectiva, bajo un sistema general de prueba y error. Gracias a sucesos aleatorios, las especies mejoran y evolucionan a estados de mayor adaptabilidad.

---

[136] BENYUS, Janine M. *Biomímesis. Cómo la ciencia innova inspirándose en la naturaleza*, p.45

Ejemplo de Agricultura *Overyielding*.[137]

Es esta capacidad de adaptación ante los cambios, ya sean naturales o artificiales, el manejo y superación de la incertidumbre del medio, es lo que garantiza su supervivencia.

Es por esto por lo que la diversidad de soluciones adaptativas que puedan desplegar los sistemas vivos busca aumentar las probabilidades de supervivencia, superar las presiones de la incertidumbre del medio a través de la plasticidad fenotípica, esto es, la amalgama de seres que conforman una misma especie. En definitiva, lo que entendemos como el gran equilibrio de la Naturaleza no deja de ser una emergencia motivada por infinidad de individualidades, una sinfonía que es resultado de

---

[137] Esta técnica se basa en los métodos autoorganizativos de las praderas o los sistemas naturales donde el ensamblaje entre las diferentes especies —en este caso de manera artificial—, propician un mayor desarrollo y rendimiento. La diversidad funciona como defensa ante el ataque de plagas, conformando sucesivas barreras biológicas que impiden la fácil propagación de insectos y plagas.

multitud de acciones *egoístas*[138] encaminadas a la transmisión genética, a su replicación como fin último.

Pero en los sistemas naturales no únicamente se transmiten genes de una generación a otra, sino que también se transfiere información. Comportamientos y métodos de conducta son aprendidos por las sucesivas generaciones y que serán elementos clave para el éxito en su prevalencia. Richard Dawkins ha denominado *Meme* a esta unidad de información que se transmite como herencia cultural y que puede dar lugar, análogamente a la genética, a una evolución de la especie.[139]

De la misma manera que la evolución se sirve del desorden genético para generar la creatividad que promueve la evolución de los organismos; las ideas, en su transmisión y selección, actúan también como impulsoras de la evolución cultural de la vida inteligente. Dependerá de la acertada selección de las ideas y el éxito en su transmisión a los individuos, lo que marcará el rumbo hacia donde se encaminan las sociedades. La información transmitida, los *memes* que atraviesan las sucesivas generaciones moldearán la historia y la dirección de la evolución, pero recordemos que evolución no lleva aparejado siempre un concepto de mejora o perfeccionamiento, sino tan solo una prevalencia ante el desorden del mundo, un persistir frente a los sucesos del entorno.

Evolutivamente hablando las bacterias, por su longevidad como especie y alto grado de dispersión, han demostrado tener un mayor éxito que cualquier sistema complejo que representa la vida inteligente, la simplicidad es un arma poderosa para sobrevivir, pero pierde toda la intensidad de vivir.

---

[138] En referencia a lo defendido por Richard Dawkins que propone que el nivel de selección donde actúa la evolución de los seres vivos se realiza en el gen y no a nivel de organismos. Los seres vivos son considerados como meros vehículos para la transmisión genética. Ver DAWKINS, Richard, *El gen egoísta*. Ed. Salvat

[139] Concretamente Dawkins comenta: "La transmisión cultural es análoga a la transmisión genética en cuanto, a pesar de ser básicamente conservadora, puede dar origen a una forma de evolución". Ver DAWKINS, Richard, *El gen egoísta*. Ed. Salvat, p.247

ANTIFRAGILIDAD EN LOS SISTEMAS CULTURALES_ ENTROPOLOGÍA

{La cultura es la información que evoluciona mediante la selección artificial de las ideas. Para crear cultura se requiere el desorden que aportan las nuevas ideas, incluso las falsas, porque a menudo solo es cuestión de tiempo para que se conviertan en verdaderas.

Al homogeneizar y eliminar todo desorden sobre un sistema cultural lo debilitamos, impedimos su diversidad y aprendizaje, haciéndolo incapaz de superar los desafíos impredecibles que se desplegarán con el tiempo.} [T14]

Kintsugi.
(El *Kintsugi*, que significa "unión" o "reparación en oro", es una técnica japonesa para restaurar cerámicas rotas utilizando laca de resina *Urushi* y polvo de oro. Esta práctica no oculta las cicatrices, sino que las resalta, otorgando al objeto una nueva estética que valora lo imperfecto y narra su historia de transformación. El objeto reparado adquiere mayor valor que el original, simbolizando una renovación que abraza el desorden y las adversidades. Materializa la entropía. Así, el *Kintsugi* ejemplifica la antifragilidad al mejorar y evolucionar a través de la ruptura, convirtiéndose en una metáfora tangible de la entropía productiva.)

Decía Popper que la evolución cultural continúa la evolución genética, pero por otros medios;[140] en el mundo de las ideas también se produce una selección natural a través de la refutación o eliminación crítica de los errores y la supervivencia de lo que comúnmente van construyendo en el conocimiento. La epistemología que propugna Popper se fundamenta en el falsacionismo, donde todo aporte de conocimiento sobre realidad, o lo que es lo mismo, para que una teoría pueda considerarse verdaderamente científica, debe poder ser refutada. Entonces, todo postulado debe poseer una apertura ante su propia destrucción en base a la experiencia de los hechos. Así, el conocimiento científico se construye mediante la formulación y comprobación de teorías que, si no describen la realidad con precisión, deben ser descartadas. Sin la apertura a su desmantelamiento, las ideas se convierten en dogmas, no serán científicas ni constituirán un conocimiento objetivo, sino que pertenecerán al mundo de la metafísica y de las creencias, transitando hacia el inmovilismo de las ideologías, donde desaparece la crítica racional y se perpetúan los prejuicios.

Cualquier progreso requiere de un cambio de orden, y la verdad, como descripción y explicación de un hecho constitutivo de la realidad, debe siempre poderse cuestionar a través del método científico basado en la objetividad, esto es, la necesaria distancia entre el modelo formulado y lo real. Esto no debe llevarnos hacia un relativismo simplista que ponga en duda la existencia de cualquier conocimiento verdadero. La verdad existe, pero quizás es menos duradera de lo que nos gustaría y más inestable de lo que deseamos. Tan solo poseemos verdades parciales, aproximaciones a una verdad que no puede ser definitiva, tan solo provisional, pues siempre está abierta a ser negada, a convertirse en error en el camino al conocimiento.[141]

El progreso en el mundo de las ideas se fundamenta por tanto en un racionalismo crítico que utiliza el *desorden dirigido*, esto es, la refutación, para eliminar aquellas teorías que comprobamos como inadecuadas. El desorden de lo negativo como cincel de lo verdadero, ampliando gradualmente los límites del conocimiento mediante la selección de las

---

[140] POPPER, K. en POPPER, Karl R. y ECCLES, John C., *El yo y su cerebro*, p. 55-56
[141] Ver POPPER, Karl R., *La sociedad abierta y sus enemigos*, p. 786 y siguientes.

ideas. En este sentido, el saber científico muestra un carácter antifrágil pues requiere de un cambio de elementos que se suponen estables, rompiendo con el orden cerrado de las ideas preestablecidas a través de la experimentación y su confrontación con la realidad.

> *"La destrucción es construcción;*
> *la construcción es destrucción.*
> *No hay destrucción y construcción:*
> *ambas son solo uno y lo mismo".*[142]

Para Thomas Kuhn, es a través de la acumulación de anomalías, hechos que rompen con la regla e incumplen con la predicción que ofrece una teoría, lo que empuja a la ciencia a realizar nuevas investigaciones extraordinarias, romper con el paradigma aceptado y buscar nuevas formulaciones que expliquen mejor la realidad: "La decisión de rechazar un paradigma conlleva siempre simultáneamente la decisión de aceptar otro, y el juicio que lleva a tal consideración entraña la comparación de ambos paradigmas con la naturaleza y entre sí".[143] El progreso en el conocimiento no es entonces lineal y acumulativo, sino que se produce más bien a saltos, momentos de rupturas intercedidos por largos períodos de "calma" entre medias que Kuhn consideraba como *ciencia normal*. El fracaso de las reglas existentes es el preludio de la búsqueda de otras nuevas. Es el desorden de las anomalías las que desatan la crisis, rompiendo con el *statu quo* de lo establecido, e impulsando, en último término, *las revoluciones científicas*.

Para el pensamiento occidental el desorden se ha considerado un elemento a eliminar, aspirando siempre a remplazarlo por modelos ordenados —ideas que configuren cadenas causales, ya sean estas objetivas, abstractas o religiosas— pero que pudiesen ofrecer una explicación sobre lo sucesos que acontecen en la realidad. Explicaciones en consonancia con los valores culturales de una sociedad y que inevitablemente siempre pertenecen a un tiempo y un lugar. A diferencia de la occidental, para la filosofía oriental, el desorden se ha entendido más bien como un hecho constitutivo de la propia realidad, orden y desorden

---

[142] Chuang Tzu. Siglo IV a C.
[143] KUHN, Thomas S. La estructura de las revoluciones científicas, p. 210

configuran el mundo y, por tanto, no puede ni debe eliminarse una única parte sin socavar todo el conjunto. Y así, al igual que la luz requiere de la sombra para mejor evidenciarse, la filosofía oriental establece una realidad como dialéctica entre opuestos. La más evidente representación de esta concepción es el símbolo taoísta *taijitu*, el *yin* y el *yang*, que literalmente en chino significan el lado umbrío y la solana de un monte. Estos opuestos representan las polaridades de la realidad: día y noche, masculino y femenino, mente y cuerpo, bien y mal. Pero como menciona Luis Racionero, para el pensamiento oriental estos opuestos "no son dualidades —cosas separadas— sino polaridades o estados extremos de una misma cosa, como las dos puntas de un bastón".[144] La realidad se establece como una interacción entre opuestos, una síntesis que arroja un difícil equilibrio dinámico, a expensas siempre de las embestidas del azar, pero que finalmente se requilibra, todo queda armonizado. Por tanto, se trata de una realidad siempre en continua transformación, simbolizada metafóricamente por el agua, por su fluir continuo y por su capacidad informe de adecuación para alcanzar el equilibrio.

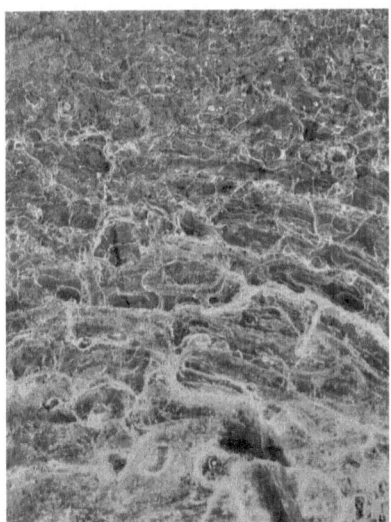

Detalle del proceso de oxidación sobre chapa de acero cortén. 2022. Fotografía del autor B.L.

[144] RACIONERO, Luis, *Textos de estética taoísta*, p. 17

Volcando nuestra mirada al mundo del arte y de la estética, vemos como la concepción del mundo según el pensamiento oriental en cuanto a la aceptación del desorden transciende a los objetos. Un buen ejemplo es el *Kintsugi,* la técnica ancestral japonesa para reparar cerámicas dañadas mediante el uso de laca de resina con polvo de oro. Esto hace que, tras su reparación, el objeto posea mayor valor que la pieza original. La unión dorada entre los fragmentos se resalta en lugar de ocultarse y disimularse, incorporando al objeto la historia, es decir el tiempo y el acontecimiento del accidente. Su reparación materializa la entropía, no solamente se acepta el desorden o la negatividad de la rotura, sino que se utiliza como un valor estético de primer orden. Las cicatrices de la reparación evidencian la transformación que conlleva someterse a las fuerzas de la vida y salir airosos. Es por esto por lo que también se le confiere un valor filosófico que relacionamos aquí con la antifragilidad, al evocar la superación del desorden y del azar como parte integradora de una nueva reconversión.

Un sentimiento estoico de aceptación de la realidad tal y como es, una visión holística de un mundo armonioso en continuo flujo entre orden y desorden, o el coloquial pensamiento de hacer de la necesidad virtud, parecen recorrer a lo largo del tiempo toda la filosofía oriental. Desde la profunda aceptación de la negatividad que conduce a la eliminación del deseo como fuente de todo dolor para el budismo, o la "no acción" del taoísmo; hasta las consideraciones estéticas que podemos englobar en el término japonés *wabi-sabi*, que viene a definir "la belleza de las cosas imperfectas, mudables e incompletas"[145], la belleza de las cosas humildes, aquellas que aceptan con sinceridad los procesos naturales de la realidad, el desgaste, el inevitable paso del tiempo, y podemos añadir aquí, la entropía de la vida.

Wabi-sabi alude a que una estetización de la entropía no formaría parte inherente de las cosas, sino que más bien es una proyección sentimental, y requiere de una mirada sensible hacia los procesos entrópicos de la naturaleza. Es, por tanto, una valoración de las interacciones espontáneas e ininterrumpidas que se producen entre los objetos de la realidad. Este concepto estético sirve de guía en diversos campos de la cultura oriental

---

[145] KOREN, Leonard, *Wabi-Sabi para artistas, diseñadores, poetas y filósofos*, p.7

como son el diseño del jardín japonés, la poesía (haiku), las composiciones de los arreglos florales (ikebana) o el cuidado de los bonsáis; pero especialmente se manifiesta en la ancestral ceremonia del té donde los antiguos maestros definieron y dieron forma a muchas de sus actuales consideraciones y sensibilidades. Su estética transcendente presenta una evidente continuidad con el budismo zen y sus principios espirituales-filosóficos, basados en una concepción holística y espiritual del mundo.

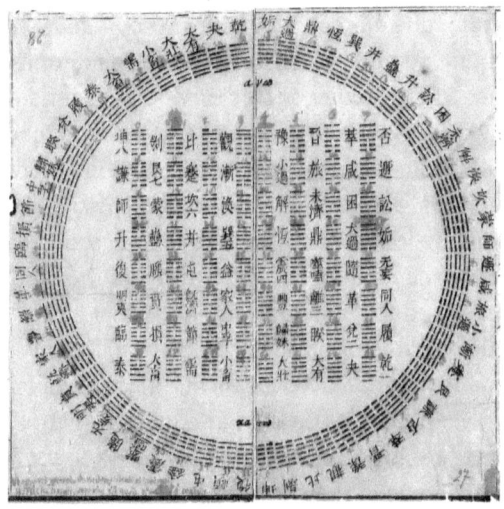

Diagrama de los Hexagramas del *I Ching*. Propietario: Gottfried Wilhelm Leibniz, 1701

El *wabi-sabi* ofrece una estética que reclama un estado meditativo y reflexivo sobre la temporalidad e impermanencia de las cosas. Esta transversalidad con múltiples derivaciones conceptuales hace que sea considerado como un sistema estético global, una cosmovisión que "proporciona una aproximación integrada a la naturaleza esencial de la existencia (metafísica), el conocimiento sagrado (espiritualidad), el bienestar emocional (estado de ánimo) el comportamiento (moralidad) y la visión o percepción de las cosas (materialidad)".[146] Para la filosofía

---

[146] KOREN, Leonard, *Wabi-Sabi para artistas, diseñadores, poetas y filósofos*, p.41

oriental el concepto de azar o los eventos de la realidad sin una línea causal conocida por el hombre, se ha considerado como parte integrante de un mundo entendido como un tejido armonioso, resultado del difícil equilibrio de opuestos. El libro oracular y ancestral chino del *I Ching* (alrededor del 1.200 a.C.) es una muestra de concepto, pues es el azar de una tirada de varillas o monedas lo que sirve para encontrar los sucesos del destino. En un mundo armonioso donde todo se encuentra relacionado, lo que sucede aquí —en el presente por azar—, sucederá allí —en el futuro por designio—. Las ideas mutan, se dispersan y evolucionan bajo la selección artificial que ejercen individuos y sociedades. Los sistemas culturales trazan una compleja e intrincada red de múltiples relaciones espaciotemporales, donde toda concreción o la necesaria delimitación para su comprensión o explicación conlleva una simplificación. Establecer un marco en las ideas acarrea una mutilación, una inevitablemente tala de diversas cualidades, así como otras perspectivas que limitan un conocimiento pleno de lo aquí tratado. ¿Acaso no podemos establecer continuidades que transcienden los años entre las filosofías orientales y su concepto de desorden con el pensamiento occidental? Ya Hegel, gran conocedor de escritos orientales como el *Tao Te Ching*, establecía una concepción de la realidad a través de su famosa triada dialéctica de tesis, antítesis y síntesis, y que presenta una evidente similitud con la síntesis taoísta entre los opuestos del *ying* y el *yang*.[147] O la filosofía de Schopenhauer con sus números nexos en común con el budismo y el hinduismo. Para Schopenhauer "todo lo que existe para el conocimiento, es decir, el mundo entero, solo es objeto en relación con el sujeto, percepción del que percibe; en una palabra: representación"[148] y esta concepción del mundo se relaciona con el *Velo de Maya* del hinduismo, donde la realidad se presenta como una imagen ilusoria, un *velo* que se interpone ante nosotros y nos impide ver la esencia verdadera de las cosas, avocados a percibir tan solo apariencias. El *Velo de Maya* es tan solo una proyección, producto de la percepción material y de nuestros propios pensamientos, un espejismo que nos oculta la verdadera realidad.

---

[147] Para mayor desarrollo sobre esta relación ver RACIONERO, Luis, *Textos de estética taoísta*, p. 17 y HAN, Byung-Chul, *Filosofía del Budismo Zen*, p. 13 y siguientes.
[148] SCHOPENHAUER, Arthur, El mundo como voluntad y representación, p.31

"Una tirada de dados jamás abolirá el azar".
(aunque lanzado en circunstancias eternas)
"Todo pensamiento es una tirada de dados".[149]

Un mundo indisociable de coexistencia entre la realidad empírica de la percepción (voluntad) y la idealidad trascendente (representación) que el filósofo alemán veía presente en otras cosmovisiones orientales: "Los sabios de la India, en cambio, conocieron muy tempranamente esta verdad fundamental, la cual se alza ya como principio básico de la filosofía *vedanta* atribuida a *Vyasa*"[150] Para Schopenhauer el concepto de *voluntad* (*Wille*) pertenece a la fenomenología sobre la materia, el conocimiento objetivo de las cosas a través de la acción del mundo corpóreo, llegar a la esencia de las cosas "desde el interior" y no desde las imágenes o representaciones mentales que conformaría un "fenómeno desde el exterior". La *voluntad* no solamente es una acción volitiva del ser humano o de instinto animal, como podemos entenderlo comúnmente, sino más bien, presenta una concepción mucho más universal u holística, más parecida a lo que la filosofía China denomina *Chi*, esa energía vital que impulsa y actúa sobre todas las cosas de la naturaleza. Una fuerza que para Schopenhauer presentaba diferentes fenómenos pero que de una única esencia interior: "(...) la fuerza que impulsa y vegeta en la planta, incluso la fuerza por la cual el cristal cristaliza, la que orienta el imán hacia el Polo Norte, aquella que se le manifiesta como una descarga en el contacto de metales heterogéneos, la que en las afinidades electivas de la materia se manifiesta como huida y búsqueda, separación y reunión, y por último incluso la gravedad, que tan poderosamente afecta a toda materia, atrayendo a la piedra hacia la Tierra y a la Tierra hacia el Sol".[151]

No podemos dejar de establecer una cierta analogía del concepto de *voluntad* de Schopenhauer con la ley de la entropía, que al igual que esta, conforma una fuerza universal que impulsa los fenómenos

---

[149] Stéphane Mallarmé. *Un coup de dés jamais n'abolira le hasard (1897). (Ed. Armand Colin. París)*
[150] SCHOPENHAUER, Arthur, *El mundo como voluntad y representación*, p.32
[151] *Ibídem*, p.138

naturales, marcando la irreversibilidad de las "afinidades electivas de la materia" y estableciendo como consecuencia, la dirección de la evolución del tiempo. Bajo estos postulados y empleando la terminología de Schopenhauer podríamos decir entonces que la entropía de la termodinámica es en realidad la *voluntad del mundo*.

En un salto de tiempo y de lugar, y retomando el mundo del arte como guía para reflexionar sobre el uso del desorden como elemento operativo en los sistemas culturales, será el movimiento dadaísta, especialmente las figuras de Marcel Duchamp y Jean Arp quienes mejor representará, en los inicios del siglo XX, el uso del azar y la contingencia de las cosas como elementos a incorporar en la creación artística. El dadaísmo buscaba en lo aleatorio y en lo irracional una manera de subvertir una realidad que consideraban limitada por los procesos lógicos y mecanicistas, el mundo queda cercenado si solo se le concibe desde una mirada de orden y de perfección racional.

Hannah Höch. *Corte con el cuchillo de cocina Dadá.* Collage, Berlín 1919/1920. Staatlichen Museen zu Berlin

Dadá emplea una *irracionalidad creadora*, y toma el caos y el desorden como vía de escape frente a la tradición, esa red de ideas estéticas y culturales establecidas que consideraban asfixiantes y reduccionistas- En este sentido, Richard Huelsenbeck, uno de los fundadores del grupo dadaísta berlines escribía: "Dadá ha dejado pasar las ideologías entre las puntas de los dedos, dadá es el espíritu danzarín por encima de las morales de la tierra. Dadá es el gran fenómeno paralelo a las filosofías relativistas de nuestro tiempo, dadá no es un axioma, dadá es un estado de espíritu, independiente de escuelas y teorías, que interesa a la propia personalidad sin atropellarla. Dadá no se puede reducir a unos principios".[152]

La rotura con cualquier régimen estilístico heredado —o más bien su indiferencia— y el activismo contra una Europa en pie de guerra de los expresionistas, sirvieron como telón de fondo donde se perfilaron las actitudes dadaístas.[153] Mediante la disolución de las relaciones tradicionales entre sujeto y objeto, los dadaístas establecen un nexo de conexión con las filosofías orientales y su concepción, como hemos expuesto anteriormente, de una realidad entre polaridades que se aúnan en un todo completo y circular. También para los dadaístas la negatividad del desorden forma parte de una realidad que es imposible de conocer y abarcar completamente por la racionalidad humana, y por ende, el lado espiritual que posee todo individuo debe guiar la creación artística y las acciones de la vida. Continúa Huelsenbeck en su introducción: "Dadá no se puede comprender, dadá hay que vivirlo. Dadá es directo y natural. Se es dadaísta cuando se vive. Dadá es el punto de indiferencia entre contenido y forma, mujer y hombre, materia y espíritu, es el vértice del triángulo mágico que se alza sobre la polaridad lineal de las cosas y los conceptos humanos. Dadá es el lado americano del budismo, grita porque puede callar, actúa porque está en calma".[154]

El artista Jean Arp, miembro del grupo dadaísta de Zúrich, experimentó con el azar, el automatismo y lo arbitrario como herramientas para la creación artística. Dejaba caer piezas de formas irregulares sobre una superficie, estudiando los resultados obtenidos accidentalmente y

---

[152] HUELSENBECK, Richard, *Almanaque Dadá*, p. 17
[153] Ver MARCHÁN FIZ, Simón, en el prólogo de HUELSENBECK, Richard, *Almanaque Dadá*, p. 9
[154] HUELSENBECK, Richard, *Almanaque Dadá*, p. 17

relaborando los diferentes ordenamientos a modo de una interpretación visual del azar. Las piezas ameboides guardaban una autonomía respecto a un fondo vacío, no respondían a ningún esquema de composición general, sino que establecían unas relaciones de distancia y de concavidad y convexidad que presentaban las diferentes curvas, así las formas convocaban un nuevo *orden sensible* creado por la entropía.

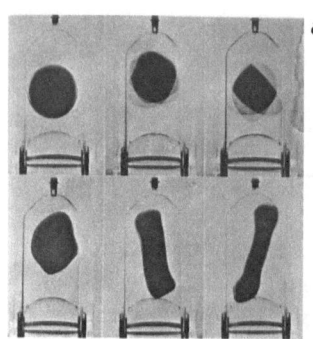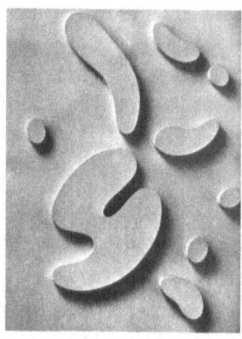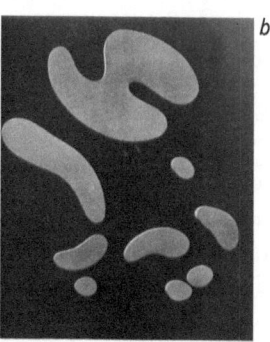

a. Formas que adquiere un líquido en un ensayo en gravedad cero. (Scientific American). *b.* Jean Arp, Tres constelaciones de las mismas formas. (dos del tríptico original)

Arp creaba formas de inspiración biológica y encontraba un nuevo orden que las interconectaba mediante el uso del desorden casual del azar y su capacidad creadora. Rudolf Arnheim, en su ensayo *Arte y Entropía* estableció un interesante paralelismo entre las composiciones encontradas por Arp y los órdenes espontáneos de los experimentos científicos de gases y líquidos en condiciones de gravedad cero. En estos ensayos, tras agitar los contenidos de las probetas (introduciendo desorden), los líquidos alcanzaban todo tipo de formas accidentales, frutos de las fuerzas y movimientos transmitidos, pero, cuando cesaban estas interferencias externas, las fuerzas intrínsecas de los líquidos se organizaban en formas equilibradas de tensión mínima, esto es, volvían a configurar formas esféricas regulares, que es la forma más simple posible.[155]

---

[155] ARNHEIM, Rudolf, *Hacia una psicología del arte. Arte y entropía,* p.338 y siguientes.

El desorden que promueve el azar parece actuar como una fuerza operativa que trasciende las barreras de la causalidad y lo racionalidad, libera el subconsciente y se erige como una herramienta para la producción y el hallazgo de nuevas experiencias y formas artísticas. "Me dejo llevar por la obra que está naciendo, confío en ella. No pienso. Las formas vienen, afables o extrañas, hostiles, inexplicables, mudas o adormecidas. Nacen por sí mismas. Me parece que no hago por mí mismo más que desplazar las manos. El azar por ejemplo que guía nuestros dedos cuando rasgamos un papel, las figuras que aparecen entonces nos dan acceso a misterios, nos revelan los senderos profundos de la vida".[156]

Para Marcel Duchamp el azar era un instrumento de primer orden para la creación y la exploración, para olvidar "la mano", contra la realidad lógica y convertir el trabajo del artista en un proceso intelectual, abriendo las puertas al desarrollo del arte conceptual. En *Les trois stoppages-étalon (1913-1914)* Duchamp deja caer desde un metro de distancia, como si de un experimento físico se tratase, tres hilos de un metro de longitud sobre unas tiras de tela azul, fijando finalmente las formas arbitrarias que adquirían, un "azar en conserva"[157] como él mismo lo definía. Mediante esta experiencia Duchamp introduce como colaborador el mundo de fuerzas que nos rodea, la gravedad y la fricción del aire y la deformabilidad de las fibras del hilo hace que se produzcan un alto grado de posibles formas —o estados— y, por tanto, cuantas más variables se pongan en juego más alta será la entropía del sistema. Duchamp, siempre atento a lo que le rodea, emplea esta entropía que comúnmente denominamos como azar para encontrar nuevas formas o incluso, como el caso de sus famosos *ready mades*, objetos banales y cotidianos que se convierten en obra de arte mediante la mirada demiúrgica del artista.

---

[156] ARP, Jean, Basta con bajar los párpados en el catálogo Jean Arp. Retrospectiva 1915-1966, p. 167
[157] CABANNE, Pierre, *Conversaciones con Marcel Duchamp*, p.40 [Mis *Trois stoppages-étalons* están representados por tres experiencias, y la forma es algo distinta en cada una de ellas. Conservo la línea, pero tengo un metro deformado. Se trata de un metro en conserva, si usted quiere, se trata del azar en conserva. Es divertido conservar el azar.]

Marcel Duchamp. *Le Grand Verre (La Mariée mise à nu par ses célibataires, même.) 1915-1923.* (Redibujado de las líneas de las roturas por el autor, B.L)

Duchamp estuvo trabajando en su célebre obra *El Gran Vidrio* durante ocho años, desde 1915 a 1923, la obra era un cúmulo de experiencias que quedaban recogidas entre sus dos hojas de vidrio. La tituló *"La novia desnudada por sus solteros, incluso"*, y es más collage de objetos dibujados que pintura y quizás más escultura que collage. En su parte superior del vidrio se encuentran unas formas estilizadas a modo de gran insecto que simbolizan a la novia junto a una pieza nubosa grisácea que Jean Suquet denomina la Vía Láctea. Los solteros se reúnen en la parte inferior junto a un molinillo y piezas mecánicas (*La Machine Célibataire*) que parecen tener un movimiento cíclico, sin que alcance nunca a la novia aislada en el marco superior. Una "frustrante máquina de amor" que puede tener relación con el amor que sentía el artista hacia una persona casada y la tensión del deseo irremediable hacía lo inalcanzable. Duchamp siempre se cuidó de no explicar claramente el significado exacto, o quizás, dejó demasiadas lecturas, pistas falsas o información cifrada que reunió en *La caja verde (*1934), para dejar siempre abierta la puerta a infinidad de lecturas y a la interpretación del propio espectador.

Para Duchamp era necesario que esta obra se expusiese de modo exento, esto es, que se pudiese contemplarla todo alrededor, y que estuviese junto a una ventana para que la luz natural la alcanzase, creando un juego de reflejos y transparencias y, sobre todo, para que proyectase la sombras en el suelo. Estas sombras en continua transformación nos hablan de la introducción del tiempo como cuarta dimensión, algo que tanto preocupó a Duchamp[158] y que podemos apreciar desde sus primeras obras como *Desnudo bajando la escalera* (1912) el tiempo es representado mediante la repetición y desplazamiento de imágenes superpuestas de una figura en movimiento. Esta representación de un tiempo sobre el espacio bidimensional del cuadro partía de la influencia de los hallazgos de los *futuristas* su preocupación por velocidad, así como el desarrollo de la tecnología fotográfica que permitía estudiar el movimiento de los cuerpos gracias a la velocidad fotográfica consiguiendo una rápida secuenciación de instantes como mostraban primeramente los trabajos de Muybridge y sobre todo, y de influencia más directa por su similitud, las cronofotografías de Étienne-Jules Marey cuyas series fotográficas de instantes se aunaban en una única imagen.

En el *Gran Vidrio* el paso del tiempo no se muestra de forma tan evidente, no responde a congelar y superponer estados fijos del movimiento para representar el flujo del tiempo. Las secuencias, proyecciones cambiantes, se encuentran "eternamente en vuelo". Es entonces en el juego inestable de las sombras que recorren el tiempo de los días donde los solteros pueden alcanzar, al fin e ilusoriamente, a la aislada y lejana novia.

---

[158] CABANNE, Pierre, *Conversaciones con Marcel Duchamp*, p.33

Robert Smithson. *Un recorrido por los monumentos de Passaic,* Nueva Jersey, 1967

En un traslado en 1926 tras su primera exposición pública, la obra sufrió un accidente y sus vidrios se rompieron. Duchamp no sustituyo los cristales por unos nuevos, sino que los pegó cuidadosamente en su estado originario, mostrando sus grietas y fisuras e incorporando el accidente como elemento poético de la obra. El azar como entropía fue quien concluyó la obra: después de más de ocho años de trabajo y reflexión, tras el accidente, Duchamp dio la obra por oficialmente concluida.

Esta operatividad de la entropía interesó especialmente al artista Robert Smithson, su capacidad para la creación de nuevas formas e imágenes que modifican el paisaje y los lugares a través de la transformación que impulsa a lo largo del tiempo. El paulatino cambio que construye la entropía por medio del desorden, la erosión y el desgaste que se produce sobre toda materia, el cambio irreversible que actúa sobre todas las cosas. Para Smithson, quien se considera a sí mismo como un *"entropólogo"*, la entropía era tiempo impreso en materia, visibilizándose en las transformaciones que se producen sobre el paisaje. Su evolución o, mejor dicho, su metamorfosis, no es más que un diálogo del lugar con el tiempo, los procesos naturales y las acciones de la sociedad. Es por tanto que aquellos lugares que presentan una mayor alteración y descomposición bajo las fuerzas destructivas de la industrialización fuesen los que centraron más su atención: canteras y minas abandonadas, suburbios de zonas industriales, lagos creados por la mano del hombre, etc. Paisajes todos ellos donde se habían producido grandes alteraciones morfológicas, lugares baldíos o desolados donde la entropía se hace más visible[159] y sobre los que Smithson configuró toda una reinterpretación estética evocativa de lo *pintoresco*.

Para Smithson, como describe Iñaki Ábalos, "La deformidad introducida por la máquina es susceptible, también, de adquirir una forma de belleza si la mirada hace el ejercicio de comprenderla".[160] Será esta mirada, alejada de una naturaleza estereotipada o de corte ecologista, la que guiará en su *Recorrido por los monumentos de Passaic*[161], realizado en 1967. Smithson recorre la ribera del río Passaic, un entorno suburbial cercano a la casa donde creció, por lo que el paisaje contiene ya un depósito afectivo con el que Smithson fácilmente puede identificarse y ofrecer, una nueva reinterpretación cultural del lugar. Passaic muestra las huellas de las transformaciones sobre el paisaje que son producto del urbanismo y la industrialización, tuberías que vierten al río, cañerías que serpentean por la ribera, pontones, una caja con arena o el puente de acero y madera; elementos todos ellos pertenecientes a un paisaje deteriorado pero que, mediante la mirada artística, se convierten en unos nuevos monumentos de la sociedad moderna.

---

[159] SMITHSON, Robert, *Entropy made visible* en SMITHSON, Robert, *The collected writings*, p. 301
[160] ÁBALOS, Iñaki, *Atlas pintoresco Vol2: los viajes*, p.210
[161] Publicado originalmente bajo el Título "The Monuments of Passaic. Has Passaic replaced Roma as the Eternal City" en la revista Artforum, December 1967, p.48-51

Robert Smithson. *Partially Buried Woodshed*, Ohio 1970.

Solo la sublimación artística puede trasmutar lo mediocre y lo insignificante en un valor cultural, encontrar belleza en lo demacrado y dotar de *heroicidad* a los, en realidad, *anti-monumentos*, testigos mudos de la erosión y de la entropía del progreso. Si Roma posee sus monumentos y sus ruinas como legado de la historia y la cultura que se depositan en un tiempo y en un lugar, Smithson en Passaic cuestiona cuáles son entonces los monumentos que ofrece la modernidad, cómo pueden surgir unas ruinas imposibles sobre un mundo en permanente transformación. Todos los comienzos constructivos se asemejan a estados finales de ruina, al resultado del feroz paso de la entropía.

Smithson nos propone una mirada sobre la ruina de un tiempo que todavía no ha acaecido, evocando a unas arqueologías del futuro y así lo expresa:

"El nulo panorama parecía contener ruinas al revés, es decir, toda la nueva construcción que finalmente se construiría. Esto es lo contrario de la "ruina romántica" porque los edificios no caen en ruinas después de haberse construido, sino que alcanza el estado de ruina antes de construirse. Esta puesta en escena antirromántica sugiere la idea desacreditada del tiempo y muchas otras cosas 'desfasadas'. Pero los suburbios existen sin un pasado racional y sin los 'grandes acontecimientos' de la historia".[162]

El paisaje entrópico que nos desvela Smithson adquiere un nuevo significado, los *nuevos monumentos* lo son y dejan atrás su carácter ordinario para ofrecer una nueva reflexión, al igual que los *ready made* de Duchamp: tomando un objeto de la vida diaria y colocándolo de tal manera que el significado habitual desaparece, dotándolo de un nuevo sentido al insertar un pensamiento o consideración sobre un elemento de la realidad; es decir, *objetivando una subjetividad*.[163]

Si en el paseo de Passaic Robert Smithson sublima la entropía que observa a través de las alteraciones del territorio, en su obra *Partially buried woodshed* será el propio artista quien genere la entropía, creando el desorden necesario para que suceda esa transformación irreversible que arremete sobre todas las cosas. Para ello, amontonó tierra sobre un cobertizo abandonado de madera hasta que la viga central se quebró. Con esto, Smithson no hacía más que acelerar la entropía, manifestándola objetivamente, sobre lo real.

Es un *forward* cinematográfico, un avance del tiempo y de los sucesos que acaecerán sobre todo orden artificial; comprimiendo en una acción lo que tardaría años en suceder. Smithson juega con la entropía y la empuja hacia el desorden, como si recitase unas frases de un guion todavía por escribir, remarcando el eterno e irreversible diálogo entre tiempo y materia.

---

[162] SMITHSON, Robert, *The collected writings*, p. 72.
[163] En relación con lo que el filósofo Markus Gabriel propone como definición general para el arte bajo su propuesta de pensamiento que denomina *Nuevo Realismo*: "El arte es una subjetividad objetivada, un pensamiento que se piensa en la realidad por intermedio de objetos que desencadenan la autorreflexión" en GABRIEL, Markus, *El poder del arte,* p. 59

"Al mirar inyectamos algo en los lugares, algo que también se porque solo cada uno es capaz de asociarlo. Se inyectan cuestiones reales y psicológicas porque todo está vacío esperando que alguien introduzca un estado, un ánimo, un color. Un desenfoque".[164]

Anteriormente, *Asphalt Rundow*, el *trabajo terrario (earthwork)* que Smithson realiza en 1969, exploraba, mediante un sencillo gesto, esta capacidad de transfiguración que sobre el paisaje poseen las acciones humanas y el doble potencial de la entropía, que construye al mismo tiempo que destruye. *Asphalt Rundown* es una demostración de lo que Smithson llamó la *"estructura cristalina del tiempo"*: argumentó que el tiempo no pasa, sino que se construye sobre sí mismo. En una cantera en las afueras de Roma, Smithson vertió un camión lleno de asfalto caliente por un terraplén empinado, que se enfrió y endureció a medida que caía. La obra resultante puede verse como un *tiempo congelado,* la paralización de un flujo irreversible, o como otra capa sedimentaria en la acumulación infinita de tiempo.

En la antigüedad, las acciones humanas que implicaban una gran modificación del territorio, principalmente la agricultura, eran entendidas como un ordenamiento del desorden de la naturaleza, presentando una profunda dimensión sagrada. "Al trabajar la tierra desértica, repetían simplemente el acto de los dioses que habían organizado el caos dándole una estructura, formas y normas".[165] Por tanto, los procesos entrópicos que transformaban el paisaje de la mano del hombre eran considerados como una *consagración*, un *imatatio dei*, la emulación de las acciones divinas. La renovación cíclica de las cosechas y la repetición de las estaciones del año implicaba un tiempo sin fin, esto es, el tiempo eterno que únicamente pertenece a lo sagrado. Los rituales religiosos servían para generar esa interminable renovación, estructurando el tiempo y ordenando sus períodos.

---

[164] Federico Soriano. *Un viaje con las miradas. La arquitectura como relato.* (Ed. Abad. Madrid 2016)
[165] ELIADE, Mircea, *Lo sagrado y lo profano*, p.28

Sin embargo, la modernidad revierte estas dos consideraciones, por una parte los procesos artificiales que ejerce toda actividad humana implica ahora un desorden sobre el medio natural, una *profanación* del orden profundo de la Naturaleza —considerada ya como recurso o como algo que no nos pertenece y que lógicamente debemos conservar—; y por otra parte la sustitución del tiempo cíclico y eterno por el tiempo irreversible, el tiempo mortal de la entropía, donde todas las acciones son el reflejo de un desorden que conlleva una duración que encamina hacía un final definitivo. Esta temporalidad irreversible de las cosas es la que Smithson nos presenta, revelando culturalmente a través del arte, la transformación dinámica y *sin vuelta atrás*,[166] de los procesos naturales y artificiales que configuran un paisaje y le otorgan su impronta.

David Nash. *Wooden Boulder,* Gales 1978-2003

Umberto Eco, en su escrito *Obra Abierta (Opera Aperta, 1962)* ya señalaba el camino que las ideas culturales habían emprendido hacia lo ambiguo y lo indeterminado, donde "el arte contemporáneo se ve en la necesidad de contar con el Desorden. Que no es el desorden ciego e incurable, el obstáculo a cualquier posibilidad ordenadora, sino el desorden fecundo cuya positividad nos ha mostrado la cultura moderna; la ruptura de un Orden tradicional que el hombre occidental creía inmutable y definitivo e identificaba con la estructura objetiva del mundo".[167]

---

[166] "Pienso que las cosas simplemente cambian de una situación a la siguiente, en realidad no hay vuelta atrás" en SMITHSON, Robert, *The collected writings*, p.309
[167] ECO, Umberto, *Obra Abierta,* p.24

Para el artista David Nash, el *desorden fecundo* es la potencialidad y capacidad operativa que la entropía impone, empleándolo como herramienta exploratoria en la búsqueda de unas nuevas expresiones estéticas que surgen bajo el azar o la contingencia de los acontecimientos en el medio físico. El artista se establece como testigo o mediador de las fuerzas naturales que se despliegan en el tiempo. Fuerzas que establecen un proceso de transformación y cambio que todo lo moldean, desde el deterioro que sufren los objetos hasta las evoluciones que configuran nuevos paisajes. Su obra *Wooden Boulder* consistía en un enorme tocón de madera de roble que Nash talló en 1978, redondeando las aristas y luego depositándolo en el cauce de un pequeño río cercano. Durante años esta "piedra de madera" como él la denominaba se fue desplazando impulsada por el agua, como si fuera un canto rodado, hasta que a finales de 1995 llegó al río Dwryd, hasta que finalmente, en 2003, desembocó y se perdió en el mar. Durante veinticinco años, pacientemente, Nash fotografió y documentó todos los desplazamientos, registrando el proceso del recorrido que muestran los cambios sufridos sobre el propio objeto, pero también, las alteraciones del paisaje de Gales durante todos esos años.

Así, la escultura que Nash abandona en manos de la entropía, muestra un tiempo con resonancias a Heráclito y su continua transmutación de las cosas, ofreciendo un viaje fugitivo de erosión, en el que, como describe Javier Maderuelo, "se aprecia la evolución de la obra, sus cambios de posición, la mutación de sus texturas, pero, sobre todo, se aprecia el entorno, los parajes que se ha recorrido, las riberas, la vegetación, la nieve, sirviendo a la obra para mostrar las cualidades de los distintos paisajes por los que ha ido pasando la gran bola".[168]

La utilización proyectiva de la entropía, es decir, facilitar ciertos acontecimientos de desorden que presentan alta probabilidad, pero cuyos resultados finales no están cerrados ni son completamente previsibles, marca también la obra del artista contemporáneo Walead Beshty.

---

[168] MADERUELO, Javier, *La idea de espacio. En la arquitectura y el arte contemporáneos, 1960-1989*, p.290

Walead Beshty. Diversas obras de la serie *FedEx* (2005-2014).

La serie *FedEx* consistía en la creación de piezas de vidrio que se ajustan a las medidas específicas de los diferentes embalajes de la compañía norteamericana de mensajería, las cuales eran enviadas a galerías de arte y exposiciones por todo el país. Durante su transporte y debido a un manejo poco delicado, las piezas se rompen, fragmentan y fisuran de manera imprevisible pero no imprevista. Las frágiles esculturas llevan como título el código del envío, que incluye datos como fecha, destinatario y número de registro. La obra encuentra su belleza en el desorden sufrido y el accidente, donde la rotura planeada materializa la entropía del viaje y su tránsito como la obra final.

El autor se sustrae como realizador de la obra y pasa a ser un planificador, concibiendo un trabajo proyectivo en el que el azar y la incertidumbre son elementos colaboradores para la creación. Beshty traslada el proceso creativo a las fuerzas externas que intervienen en la obra, registrando los acontecimientos que configuran las fisuras de la materia y dotan de significado a las esculturas.

¿Puede la arquitectura crear unos espacios que permitan que la vida rompa con belleza?

DEL DESORDEN A LA ENTROPÍA_
DISIPACIÓN E IRREVERSIBILIDAD

{El aumento en el desorden del mundo establece una dirección privilegiada e irreversible. Las cosas suceden siempre hacia el futuro según la flecha del tiempo que marca el aumento de entropía.} [T15]

La ciudad de Dubái vista desde el desierto. El sometimiento de la entropía de lo natural sobre el difícil orden de lo artificial.

Como hemos visto, la *antifragilidad* define aquellas cosas que se benefician de la incertidumbre y lo aleatorio, y que se suele englobar resumidamente en el concepto de desorden, al ser estos elementos que rompen con el orden esperado de lo predecible. Pero bajo una mirada más precisa deberíamos referirnos a la noción de *entropía*, no únicamente atendiendo a su definición clásica como medida de desorden de un sistema, sino por su capacidad de explicar mediante un único concepto fenómenos de la realidad con los que la arquitectura debe interactuar y que son objeto de esta investigación

La formulación científica del concepto de entropía parte de la segunda ley de la Termodinámica realizada por el físico Rudolf Clausius (1822-1888) quien desarrolló los estudios iniciados por Sadi Carnot (1796-1832) sobre la transferencia de calor. Esta ley afirma que la energía se degrada en sus sucesivas transformaciones disipándose en forma de calor. La primera ley establece la conservación de la energía en cualquier proceso o intercambio de calor, del que se desprende el conocido principio de que la energía ni se crea ni se destruye, solo se transforma.

Pero si la primera ley nos dice que la cantidad total de energía debe ser siempre la misma, la Segunda ley nos restringe en la calidad de esa energía, siendo cada vez más baja tras cada transformación. Esto hace imposible la construcción de una máquina cíclica perfecta (la máquina ideal de Carnot), que es aquella que pudiese convertir absolutamente todo el calor en trabajo, por lo que operaría de forma infinita sin necesidad de aporte de energía. Irremediablemente, en cada intercambio o trabajo se producen pérdidas de calor, una cesión irreversible que hace que parte de la energía ya no sea aprovechable; se produce una degradación de la energía y que viene representada por la entropía (S).

La segunda ley establece que en todo sistema aislado (sin aporte de energía exterior), la entropía siempre aumenta hasta alcanzar su valor máximo, adquiriendo su mayor equilibrio hasta un máximo desorden. Extrapolando esto a un nivel cósmico según propuso Lord Kelvin, cada transformación que se produce en el universo hace que la entropía aumente irreversiblemente hacia su valor máximo, el estado final del universo al que inexorablemente nos encaminamos denominado "muerte térmica"[169]. Un estado de equilibrio final en el que no se puede dar ningún tipo de transformación, dado que toda la energía habrá quedado completamente degradada en una homogeneidad absoluta.

---

[169] LOMBARDI, Olimpia, *¿Existe la flecha del tiempo?: Ilya Prigogine: entre la ciencia y la filosofía*, Ed. Logos, Argentina, 2015, pos.306

Representación de la entropía. *Disolución gota de tinta en agua*

Curiosamente, en este último estado final se solapan dos situaciones contradictorias, la del máximo desorden pues toda la energía se habrá disipado, y la de máxima homogeneidad, al quedar toda la materia con la misma temperatura. No obstante, aunque *Entropía* en griego significa *"transformación"*, se produce la paradoja que, en su imparable evolución desde lo ordenado al desorden, cuando la entropía alcance su valor máximo, ninguna transformación será ya posible. No podrá tener lugar ningún tipo de acción o proceso, –y por lo que entiendo– en ese instante el tiempo se parará.

En cambio, a diferencia de las leyes clásicas de la ciencia que no distinguen entre pasado y futuro, un elemento clave que introduce la entropía es la *'irreversibilidad'*. Toda transformación en un sistema aislado recorre un camino que va de un estado a otro de manera asimétrica, estableciéndose una dirección de sucesos que apunta siempre hacia el aumento de entropía.

Un pequeño ejemplo de esto sería la gota de tinta que cae en el vaso de agua donde se diluirá hasta que todo el líquido adquiera una tonalidad uniforme. Una vez diluida, aunque agitemos el vaso no podremos ver el proceso inverso, no podemos ver nuevamente la gota de tinta sin diluir en su estado inicial. Lo que resulta entonces en un proceso irreversible, una transformación que marca una dirección hacia un mayor desorden de la tinta diluida frente a un orden mayor que puede distinguir entre las moléculas de agua y las de la tinta por separado.

La disipación de energía en forma de calor que representa la entropía establece una tendencia hacia donde se dirigen los procesos de transformación, maximizando siempre la entropía y nunca disminuyéndola. De igual manera, el calor siempre fluye desde el cuerpo caliente hacia el más frío y no a la inversa. Un frigorífico, en realidad no enfría, no aporta frío a los productos que contiene, lo que hace es quitar calor mediante la compresión y su posterior expansión de un líquido refrigerante por el serpentín que posee en su parte posterior. El frigorífico es máquina que roba calor, disipándolo y aumentando la entropía.

Toda acción aumenta la entropía, un ordenador disipa calor al procesar información, un pensamiento o incluso mientras se leen estas líneas, se está aumentando la entropía universal. El cerebro requiere un consumo energético proveniente de fuentes de alimentos que representan estados altamente ordenados. Cada vez que se crea una *apariencia de orden* en cualquier punto de la Tierra o del universo, esto sucede a costa de crear un desorden aún mayor en el ambiente circundante.[170]

> *"La flecha del tiempo es, simultáneamente, el elemento común del universo y el factor de distinción entre lo estable y lo inestable, entre lo organizado y el caos."*[171]

El aumento de desorden es siempre mayor que el aumento de orden, cualquiera que sea éste, marcando la dirección hacia la disipación de energía. Esta dirección privilegiada de los sucesos es la que marca la famosa *"flecha del tiempo"*[172] como la denominó el físico británico Arthur Eddington, porque la entropía marca la dirección del paso del tiempo hacia el futuro y de manera irreversible. Retornar al pasado es

---

[170] RIFKIN, Jeremy, *Entropía. Hacia el mundo invernadero...op. cit.*, p.13
[171] Ilya Prigogine. *El desorden creador. Opt. cit*
[172] BEN-NAIM, Arieh, *La entropía desvelada. El mito de la segunda ley de la termodinámica y el sentido común*, p.197

un imposible, rompería con la Segunda ley de incremento de desorden, una prohibición que explica por qué no vemos en la realidad pedazos de vasos rotos recomponiéndose ellos solos en el suelo y saltando hacia atrás sobre la mesa, como ejemplifica Stephen Hawking.[173]

Para Hawking, hay al menos tres flechas del tiempo diferentes pero apuntan en la misma dirección. La primera es la *flecha termodinámica*, que es la dirección del tiempo en la que el desorden o la entropía aumentan; la segunda es la *flecha psicológica*, que refleja nuestra percepción del tiempo al recordar el pasado, pero no el futuro; y la tercera es la *flecha cosmológica*, la dirección del tiempo, relacionada con la expansión del universo en lugar de su contracción.[174] El tiempo avanza siguiendo la flecha termodinámica, coincidiendo con la disipación de energía y el aumento de entropía en el cosmos desde el punto inicial de la creación del tiempo a partir del *Big Bang*.

Pero ¿qué ocurrirá si el universo dejase de expandirse y empezase a contraerse? ¿se invierte la *flecha del tiempo*? En un primer momento, Hawking llegó a pensar erróneamente que en una fase contractiva del universo se produciría una inversión temporal de la fase expansiva. "La gente en la fase contractiva viviría sus vidas hacia atrás: morirían antes de nacer y rejuvenecerían conforme el universo se contrajese".[175] Sería vivir en continuo *déjà vu*, realizando nuestros recuerdos para olvidarlos inmediatamente. Esta bella concepción de un tiempo simétrico, –y en cierta manera, también esperanzadora por su condición y oportunidad de retorno– es claramente imposible, –como advirtió el propio Hawking– al entender que el colapso del universo sería muy diferente al de expansión. Cada suceso conforma una bifurcación irreversible; en una realidad multidimensional la contracción llevaría a nuevas bifurcaciones a su vez, y debido a su infinidad de posibilidades, sería imposible retornar por el mismo camino que el empleado en la ida, el desorden seguiría aumentando y creando nuevas realidades.

---

[173] HAWKING, Stephen, *Historia del tiempo: Del Big Bang a los agujeros negros, op. cit.*, p.221
[174] *Ibídem*, p.222
[175] *Ibídem*, pp.229 y 230

ENTROPÍA_
EL EMPUJE HACIA LOS ESTADOS PROBABLES

{El tiempo discurre hacia el futuro porque contiene un mayor número de estados posibles. Todo envejece porque estadísticamente es más probable que rejuvenecer.} [T16]

a. Mark Bishop *"Solubility_entropy"*; *b.* Fórmula para la entropía de Boltzmann[176]

Comúnmente, asociamos la entropía a esa tendencia natural hacia la degradación de la materia, su erosión y envejecimiento. La explicación termodinámica de la entropía solo da respuesta a cambios observables a los sistemas como un todo, sin atender a sus razones básicas[177]. Hasta ahora, hemos visto la entropía como un elemento que describe los sucesos de la realidad, pero ¿Cuáles son las causas para que todo tenga una inclinación en un único sentido?, ¿por qué las cosas tienden hacia el desorden y por qué el tiempo avanza hacia el envejecimiento? Para contestar a esta pregunta es necesario remitirnos al destacado científico Ludwig Boltzmann (1844-1906), quien introdujo y fue pionero en la interpretación estadística para la entropía y que sintetizó en su famosa fórmula:

---

[176] Cuatro partículas producen solo cuatro organizaciones en estado sólido y, sin embargo, en el estado gaseoso se producen ciento veintidós posibles variaciones menos organizadas.
[177] BORJA, Enrique F. *Entropía. La reina del desorden,* Ed. Batiscafo, Barcelona, 2016 p.19

S= k log W, (siendo W todos los estados posibles que contiene un sistema dado).

Boltzmann relaciona la entropía con las posibilidades de configuración de un sistema, es decir el número de situaciones o estados que se pueden alcanzar. Durante los procesos reales, un sistema puede cambiar a tantos estados compatibles con las leyes de la naturaleza tenga según su grado de complejidad. Cuantos más estados accesibles haya, mayor será la entropía. De este modo, el desorden tenderá a aumentar con el tiempo si el sistema estaba sujeto a una condición inicial de orden elevado[178]. Por ejemplo, para entenderlo fácilmente, si en un cajón tenemos diversos objetos ordenados, estos tenderán a desorganizarse fácilmente porque el orden tiene pocos estados compatibles frente a infinitos estados desordenados que pueden adquirir los objetos.

Las cosas se desordenan, se degradan por la sencilla razón de que todas las partículas adquieren posiciones estadísticamente más probables y el orden es solo un estado improbable dentro del caos. Esto tiene que ver con por qué los vuelos de todas las compañías aéreas tienen más posibilidades de retrasarse y casi nunca de adelantarse, o también por qué los cables de los auriculares siempre se enredan en lugar de permanecer perfectamente enrollados; y en general, por qué hay más cosas inesperadas que previstas.

Los estados ordenados requieren de una mayor energía para mantenerlos frente a la entropía natural, un mayor esfuerzo para mantener su linealidad frente al desorden. Según la interpretación de Boltzmann, la reversibilidad en los procesos de transformación no es algo imposible, sino que simplemente es algo improbable, cumpliéndose de esta manera con la ley de aumento de entropía para cualquier sistema cerrado.

---

[178] HAWKING, Stephen, *op. cit.*, p.131

Yunya Ishigami. *KAIT Center (Kanagawa Institute of Technology)*, Tokyo, 2010. (Cuadro de los 305 pilares con las diferentes orientaciones.)[179]

Según lo postulado por Boltzmann, podríamos volver al pasado, pero la probabilidad de esta regresión es prácticamente nula. Volver a *convertir el humo y las cenizas en un árbol*[180] es una reconversión posible, pero de probabilidad nula, debido a la infinidad de bifurcaciones en estados posibles en los que se han reordenado –o deberíamos decir, desordenado– las partículas de la materia y la energía. Retornar por los mismos microestados que se han ido produciendo durante la combustión del árbol es algo que se nos antoja imposible.

---

[179] La estructura de una sala hipóstila es la que ordena el espacio, una estructura de mayor entropía (número de estados posibles) en este caso, orientaciones, situación y dimensiones, genera un espacio entrópico que ofrece un alto número de diferentes ordenamientos posibles. Un espacio que podemos definir como *antifrágil*, según su definición como aquellos elementos que se benefician del desorden.
[180] En referencia al texto: «Los dos sabemos que la entropía no puede revertirse. No puedes volver a convertir el humo y las cenizas en un árbol» en ASIMOV, Isaac, *La última pregunta*

Una vez que avanzan los procesos por el camino de la entropía, la reconstrucción de todos los microestados posibles –al igual que veíamos con la teoría del caos– resulta imposible, por la magnitud de sus números, y a pesar de que incluso puedan ser acciones tremendamente simples. La tranquilizadora simetría[181] que impone la primera ley de la conservación de la energía sigue siendo válida para cualquier proceso, pero queda limitada por la irreversibilidad de la segunda ley, creando así una asimetría.

La reversibilidad y la recurrencia que postulaba el teorema de Poincaré, donde se demostraba matemáticamente la existencia de sistemas que, *después de un tiempo suficiente largo pero finito, todo volvería a un estado a un estado* muy cercano, si no exactamente igual al estado inicial. Retornar al estado inicial es algo que va en contra al aumento de desorden y la entropía. Pero, según la probabilística de Boltzmann, la recurrencia de Poincaré es teórica y matemáticamente cierta, aunque seguramente sea imposible de observar en la realidad, pues ese tiempo *suficientemente largo* que requería según Poincaré para su retorno anti-entrópico, en realidad tiende al infinito, incluso para sistemas originarios simples con un numero de partículas muy bajo.[182]

Que algo viaje al pasado, invirtiendo la *flecha del tiempo*, paradójicamente, requeriría una eternidad, haciéndolo entonces imposible.

La belleza de lo planteado por Boltzmann es que explica, aunque sea solo parcialmente, nuestra experiencia íntima de lo irreversible y el paso del tiempo. Y así, podríamos explicar que envejecemos por una mera cuestión estadística, al ser el orden complejo de la vida, menos probable que las partículas desordenadas que componen lo inerte, el polvo en el que nos convertiremos.

---

[181] Para la concepción simétrica de la conservación de las magnitudes físicas en toda transformación, fueron fundamentales los trabajos de la tristemente olvidada matemática y física de origen judío Emmy Noether (Podcast de ciencia y genios, cienciaes.com: Emmy Noether: La física correctamente simétrica y BORJA, Enrique F. *Entropía. La reina del desorden,* pp.24-25)

[182] Para un gramo de gas de hidrógeno que parte de una esquina de un recipiente de un centímetro cúbico, su recurrencia, es decir, para volver a verlo en esa misma esquina de forma natural, Boltzmann calculó que requeriría alrededor de 10^{20} segundos, es decir, 10 veces más que la vida de nuestro universo. BORJA, Enrique F, *op. cit.,* pp.78 y siguientes.

NEGUENTROPÍA_
ENTROPÍA NEGATIVA DE LOS SISTEMAS VIVOS

{El orden preciso que presentan los sistemas vivos se
mantiene gracias a exportar desorden al resto del mundo.} [T17]

Orden natural vs desorden/orden artificial.[183]

Todo organismo vivo presenta un orden específico, una configuración estructurada que le confiere una identidad frente al indiferente desorden exterior. Mantener esa configuración ordenada y perseverar ante a la incertidumbre del medio es casi sinónimo de definir que algo está vivo.

El orden de lo vivo se enfrenta continuamente a la ley del aumento de desorden, la vida no deja de ser un estado improbable extrañamente

---

[183] Los sistemas vivos presentan una estructura de orden complejo que requieren de un aporte continuo de energía para mantener su orden (identidad) frente a la entropía del medio. Las configuraciones de orden basados en reglas abstractas son estados únicos de orden simple que presentan una menor capacidad de interacción entre sus elementos.

ordenado. Como apunta el físico Enrique Fernández-Borja, parece sorprendente y casi imposible que en el universo donde la entropía crece (y por tanto los sistemas tienden a configuraciones muy desestructuradas), se hayan generado sistemas que son capaces de organizarse y reproducirse a sí mismo.[184]

La complejidad y el orden de lo biológico se mantiene gracias al intercambio de energía con el medio. Los organismos vivos no son sistemas aislados, sino que son abiertos, sistemas alejados del equilibrio con el ambiente. Necesariamente, todo ser vivo, para mantener su orden local (un estado de baja entropía), necesita consumir grandes recursos energéticos del exterior, por lo que está aumentando la entropía del medio en su cómputo global, cumpliéndose con la ley de aumento de la entropía.

La muerte supone desestructurarnos, perder la capacidad de mantener un ordenamiento continuo de la materia a través de exportar entropía, sin embargo, es fundamental que ese orden sea inestable, es más bien el resultado de una autoorganización de la materia viva mantenida y al mismo tiempo dinámica. Alcanzar un estado de equilibrio máximo significa morir, la estabilidad de lo inerte.

Cualquier ser vivo se enfrenta a la degradación, a la tendencia natural de las cosas hacia el equilibrio y para ello, exporta entropía al medio mediante el metabolismo, y de esta manera mantiene su elevado nivel de orden. A este flujo de entropía negativa necesario en todo ser vivo, Schrödinger la denominó Neguentropía[185], y que representa el proceso en el que los organismos roban orden de su entorno disipando energía a su vez.

El suministro de baja entropía es la luz solar, la energía que mueve todos los procesos de la vida y causa principal de todas las dinámicas presentes en el planeta. El sol hace que nuestro planeta no sea un sistema aislado, cuenta con un acceso libre y continuo de energía libre, un flujo continuo en disipación por el cosmos.

---

[184] BORJA, Enrique F, *op. cit.*, p.123
[185] SCHRÖDINGER, Erwin, **¿Qué es la vida?,...** *op. cit.*, p.107 y siguientes, capítulo "Orden, desorden y Entropía". El término *neguentropía* como entropía negativa es utilizado por Jorge Wagensberg en la presentación del libro, p.8

John Philip Falter. *Sunday Gardening,* 1961. (Todo orden artificial requiere de un gasto energético, una entropía negativa capaz de mantener un estado de orden de muy baja probabilidad.)

La radiación solar, impulsa el flujo de entropía negativa que requiere el metabolismo de todos los seres vivos. Pero, a pesar de que la radiación solar supone una fuente de energía inagotable, los recursos materiales del planeta son limitados, o por lo menos, cada vez más inaccesibles debido a la degradación en los procesos que requieren alta entropía. Nicholas Georgescu-Roegen, en su conocida obra La ley de la entropía y el proceso económico (1971) defiende que los procesos económicos se rigen también por la tendencia hacia la disipación de energía, como establece la segunda ley de la termodinámica. En un planeta con recursos limitados, el crecimiento económico no puede mantenerse ilimitadamente, la entropía de todos los procesos hace que cada vez, los recursos materiales sean más difíciles de extraer y a su vez, se generen una mayor cantidad de residuos por la degradación que conlleva todo proceso de transformación.

La economía clásica presentaba una visión mecánica de los procesos como resultado de transformaciones cíclicas sin límite; sin embargo, con la crítica que aporta Georgescu el límite en el stock de recursos naturales del planeta hace que una economía no pueda estar en crecimiento continuo eternamente, las acciones del presente limitarán las posibilidades del futuro. Surge de esta manera, un paralelismo semejante a la restricción que supuso la ley de entropía a la conservación de la energía: no es solo un problema cuantitativo sino cualitativo.

La presión demográfica y la limitación de los recursos terrestres hacen que el desarrollo económico de alta entropía conduzca, según Georgescu a un escenario futuro de terrible escasez, apenas mitigado por el aumento de eficacia que brindan los avances tecnológicos.[186]

Los procesos de alta entropía iniciados con la industrialización y que definen la actual era del Antropoceno, generan grandes efectos perniciosos como la emisión de gases a la atmósfera que aumentan el efecto invernadero, contribuyendo al calentamiento global. Evitar, o más bien mitigar, es urgente hoy en día; es necesario reducir el consumo de recursos sobre el planeta y focalizarnos en el aprovechamiento de las energías renovables: solar, eólica, marina, etc. Todas ellas, directa o indirectamente provenientes de la radiación solar, nuestra única fuente de baja entropía gratuita.

---

[186] GEORGESCU-ROEGEN, Nicholas. *La ley de la entropía y el proceso económico*, Ed. Fundación Argentaria, Madrid, 1996, pp.377-378. Es pertinente señalar que en la época en la que Georgescu escribió estas conclusiones sobre este sombrío futuro, las tecnologías de captación energética utilizando fuentes de energía renovables no estaban suficientemente desarrolladas y presentaban unas ratios de baja eficiencia, en cuanto al coste de energía para su fabricación y la cantidad de energía obtenida.

ENTROPÍA GENERADORA DE ORDEN_
SISTEMAS EMERGENTES

{En los sistemas complejos el desorden impulsa nuevos reordenamientos, emergencias con cualidades diferentes a la suma de los elementos que la componen.

Es lejos del equilibrio cuando emergen nuevas formas.
Los órdenes complejos nacen de un desorden necesario.

Una propiedad emergente es algo nuevo que no era inherente al orden originario.} [T18]

Turbulencia en el vórtice generado por el paso de un ala de avión, revelado con humo coloreado. NASA Langley Research Center (NASA-LaRC), La turbulencia es un fenómeno altamente estructurado, en el cual millones y millones de partículas se insertan en un movimiento coherente.

Hasta ahora, hemos visto cómo la ley de aumento de entropía ofrece una explicación para la degradación, el envejecimiento y la tendencia natural de las cosas hacia el caos y el desorden, todo ello parece ofrecer una mirada destructiva sobre la entropía, como algo que incansablemente parece desbaratar nuestra máxima aspiración por el orden y lo estable. Y, sin embargo, la entropía posee también un carácter constructivo que será clave para definir elementos *antifrágiles*, situaciones en las que el desorden entrópico conforme un motor productivo para la evolución de las cosas.

Ilya Prigogine, mediante sus estudios de sistemas irreversibles y no lineales (estructuras disipativas), fue quien abrió las puertas del conocimiento para entender el carácter creativo de la segunda ley de la termodinámica. La física clásica respondía principalmente a sistemas aislados, sin intercambios de energía desde el exterior, sin embargo, en situaciones en las que se producen grandes fluctuaciones, sistemas que están *lejos del equilibrio*[187] –como él mismo los denominó– aparecen situaciones de orden emergente, estados de autoorganización que aparecen fruto de la interacción de muchos elementos en desorden.

Al llevar un sistema estable lo bastante lejos del equilibrio, entra en una situación de inestabilidad en la que aparecen nuevos comportamientos de la materia, a estos puntos de inflexión o cambio, Prigogine los llama "puntos de bifurcación"[188], saltos en los que se producen nuevas estructuras de orden y que no responden a simples ecuaciones lineales; no hay una proporcionalidad directa en la respuesta a una perturbación que desestabiliza un sistema complejo.

Prigogine muestra un camino inverso, un camino creador para la entropía que parte desde el caos y conduce al orden. La disipación de la energía que marca la entropía se convierte en una fuente de orden cuando un conjunto desordenado empieza a comportarse como un todo coherente. Un ejemplo sencillo de esto es la aparición de vórtices en espiral en las turbulencias en el aire o en el agua según la siguiente secuencia: aparece una perturbación sobre el flujo continuo de partículas produciendo una desorganización caótica; dentro de ese desorden, en un momento dado (punto de bifurcación), aparece una autoorganización de todas las partículas conformando un movimiento en rotación en espiral que comúnmente llamamos remolino.

---

[187] PRIGOGINE, Ilya, *¿Tan sólo una ilusión? Una exploración del caos al orden...*, op. cit., p.26
[188] Ibídem,

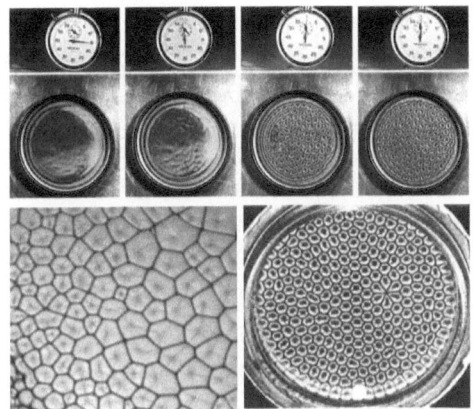

Inestabilidad de Bénard (autoorganización fluidodinámica).[189]

A pesar de la escasa capacidad de interrelación entre las partículas de aire que se reduce a las que cada una tiene en su área próxima, es sorprendente la coherencia de todo el sistema para alcanzar una forma común, una sincronicidad a distancia de todas ellas como si cada molécula estuviese "informada" del estado global del sistema.[190]

El ejemplo que utiliza Prigogine para mostrar la aparición espontánea de un orden es la llamada "inestabilidad de Bérnard"[191], se trata de la aparición de una geometría similar a las celdas de Voronoi en la capa superficial de un líquido, fruto de la convección de calor que, pasado un punto crítico, las moléculas comiencen a moverse conjuntamente creando esta bella organización espacial en forma de celdillas hexagonales.

Lógicamente, esta configuración ordenada de conjunto posee una improbabilidad mayor que el estado caótico que se alcanza cuando el

---

[189] Cuando se calienta por su base un líquido, la convección del calor hace que el sistema evoluciona desde una situación de desorden de las moléculas del líquido para pasar a un estado de autoorganización en celdas con una geometría de Voronoi llamadas celdas convectivas de Bénard.
[190] PRIGOGINE, Ilya y STENGERS, Isabelle, *La nueva alianza. Metamorfosis de la ciencia,* Ed. Alianza, Madrid, 2004, p.194
[191] PRIGOGINE, Ilya, *¿Tan sólo una ilusión? Una exploración del caos al orden...*, op. cit., p.310

agua termina evaporándose. La aparición de un orden espontáneo que requiere de la cooperación de un gran número de elementos arroja una menor probabilidad de configuración, por lo que se enfrenta como Prigogine destaca[192], al principio de orden propuesto por Boltzmann.

La aparición de un estado ordenado en un flujo de desorden entraría dentro de lo denominado por David Bohm como *orden implicado*. Un *orden plegado hacia dentro*, escondido en una región a la que no podemos acceder, y que contrasta con el orden explicado que es el que nos muestra el conocimiento, el cual se despliega a nuestra percepción. Esta aparente contradicción que muestra la aparición de un orden de baja probabilidad nos indica que falta todavía conocimiento y nos avisa que únicamente tenemos explicaciones parciales de una realidad que funciona como un todo continuo. Una existencia no fragmentada que Bohm definía como un "movimiento fluyente no dividido y sin fronteras".[193]

Efectivamente, en las estructuras disipativas nos topamos –una vez más– con el desconocimiento y la incapacidad para poder explicar completamente situaciones de órdenes emergentes; desde situaciones que a simple vista nos parecen convencionales, como en el caso de los remolinos, hasta desarrollos más complejos como la aparición de inteligencia colectiva que presentan los insectos sociales como las abejas, hormigas y termitas. Donde se crea un comportamiento global que no puede ser únicamente descrito a través de sus componentes, mediante la suma de individuos simples, sino que emerge una nueva entidad colectiva que representa el superorganismo.

> *"Bien se podría decir que el eterno misterio del mundo es su comprensibilidad. (...) El hecho de que sea comprensible es un milagro".*[194]

---

[192] PRIGOGINE, Ilya y STENGERS, Isabelle, *La nueva alianza. Metamorfosis de la ciencia..., op. cit.*, p.165
[193] BOHM, David, *La totalidad y el orden implicado..., op. cit.*, p.240
[194] Albert Einstein. *Mis ideas y opiniones*, 1936. (Ed. Antoni Boch. Barcelona 2011. Título original: *Ideas and Opinions*)

En sistemas alejados del equilibrio, la entropía no solamente presenta su lado destructivo, sino que puede adquirir una capacidad productiva de nuevos órdenes, ser una fuerza que impulsa fenómenos de autoorganización espontánea, abriendo de esta manera el camino hacia la complejidad y la diversidad. Los sistemas que presentan un cierto grado de entropía se establecen como "el dominio en donde las cosas nacen y mueren o se transforman en una historia singular, que tejen el azar de las fluctuaciones y la necesidad de las leyes".[195]

Donde todo es estable y homogéneo nada puede suceder. Toda evolución requiere de un desorden necesario, un reordenamiento que permita la adaptación a cambios, siempre se requiere de cierta inestabilidad (alejarnos del equilibrio) para dar oportunidad al progreso. Pero lo contrario, donde todo es azar y caos, tampoco puede construirse nada, todo conocimiento requiere de cierto orden, el desorden completo supone también una homogeneidad en su indiferenciación. La complejidad que muestran todos los sistemas vivos o los sistemas emergentes se produce en un punto intermedio entre lo completamente ordenado y lo completamente aleatorio.[196]

El biólogo francés Jacques Monod, en su libro *El azar y la necesidad* (1970) exponía que la evolución biológica era el resultado de los efectos combinados del azar y la necesidad; el azar de las mutaciones genéticas en los seres vivos y la necesidad que marca la selección natural, la supervivencia de los seres con mayor capacidad de adaptación al medio.

Para Monod, el azar es un evento independiente sin ninguna relación causa-efecto –es un azar puramente ciego– así como el elemento originario de toda vida: "sólo el azar está en el origen de toda novedad, de toda creación en la biósfera. El puro azar, el único azar, libertad absoluta pero ciega, en la raíz misma del prodigioso edificio de la evolución";[197] por lo que el fenómeno de la vida desde la perspectiva de

---

[195] PRIGOGINE, Ilya y STENGERS, Isabelle, *La nueva alianza. Metamorfosis de la ciencia ...*, op. cit., p.299
[196] LEWIN, Roger, *Complejidad. El caos como generador del orden*, Ed. Tusquets Editores, Barcelona, 1995, p.23
[197] MONOD, Jacques, *El azar y la necesidad*, Ed. Metatemas. Tusquets Editores, Barcelona, 1981, pp.125-126

Monod es un hecho singular, algo realmente improbable y contingente, un suceso fortuito e inesperado en el universo.

Y, sin embargo, a través del marco conceptual propuesto por Prigogine, sobre la capacidad de generar orden a través de la entropía y los procesos irreversibles, viene a modular el papel del azar como simple elemento ciego (interacciones morfogenéticas aleatorias), como punto originario y contingente en la aparición de la vida y la posterior restricción de la selección natural para la evolución de los seres vivos.

> *"A partir de sus orígenes, la ciudad puede ser descrita como una estructura equipada especialmente para almacenar y trasmitir los bienes de la civilización, ... que le permita encontrar lugar para las nuevas necesidades y las formas más complejas de una sociedad en crecimiento y su legado social acumulativo".* [198]

Las estructuras ordenadas que se presentan en la naturaleza, como son los seres vivos o las morfologías cristalinas que Monod consideraba como una excepción, al ser también elementos que se auto estructuran, "máquinas que se construyen a sí mismas"[199]; no son entonces, únicamente el resultado de una singularidad y un azar improbable, sino más bien algo esperable, un factor de orden natural como respuesta a situaciones de gran inestabilidad y alta interactividad.

En palabras de Prigogine "Si comparamos la vida con un fenómeno de autoorganización de la materia en evolución hacia estados cada vez más complejos, es esas circunstancias bien determinadas, que no parecen ser una excepción, la vida es predecible en el Universo y constituye un fenómeno tan «natural» como la caída de un cuerpo".[200]

---

[198] Lewis Mumford. *La ciudad en la historia*, 1961 (Ed. Pepitas de Calabaza, 2014)
[199] MONOD, Jacques, *El azar y la necesidad*, p.23. Monod sostiene que, a pesar del desorden, hay orden que subyace: "Azar captado, conservado, reproducido por la maquinaria de la invariancia y así convertido en orden, regla, necesidad" p.107
[200] PRIGOGINE, Ilya y STENGERS, Isabelle, *La nueva alianza. Metamorfosis de la ciencia...*, op. cit., p.219

Cuando aparece un elemento de orden general en un sistema dinámico no lineal se le denomina *emergencia*, en un sistema emergente aparece un comportamiento global fruto de la organización de una serie de elementos simples. El sistema adquiere unas propiedades generales y diferentes –ausentes en sus elementos o componentes– a partir de la interacción de un cierto número de individuos. Una masa crítica y superado un cierto grado de entropía, el sistema adquiere una nueva identidad, que, como hemos mencionado más arriba, en el caso de los insectos sociales se denomina superorganismo, pero que también responden a fenómenos más simples como los huracanes o los tornados.

En el caso de los ecosistemas, también muestran una autoorganización como propiedad natural y ordenada a partir del desorden de los múltiples comportamientos de las diferentes especies: "la interacción de las especies en el seno de la comunidad podría conferirle cierto grado de estabilidad; por ejemplo, una resistencia a los estragos de un huracán o a la invasión de una especie extraña. La estabilidad en este contexto sería una propiedad emergente".[201] Un orden que se establece de una forma desjerarquizada y ascendente, desde su base compuesta por los comportamientos individuales.

La ciudad es también un sistema emergente extraordinario. La interacción múltiple entre individuos sociales que permitieron las ciudades generó la emergencia de una inteligencia colectiva, un depósito de ideas que se condensan y arremolinan en el concepto de civilización, cuya etimología remite directamente a esto, a las cosas o saberes que son propias de las ciudades y que no hubiesen podido cristalizar en otros lugares.

---

[201] LEWIN, Roger, *op. cit.*, p. 26

Ciudadela de Erbil (Irak).[202]

Posiblemente la ciudad es el elemento más complejo que hemos podido crear los seres humanos, y al mismo tiempo, la ciudad nos ha creado a nosotros mismos. En realidad, nos hemos construido como seres a base de construir ciudades. Como remarca el divulgador Steven Johnson, "Las ciudades reúnen mentes y les asignan un lugar coherente", por lo que, a lo largo de la historia, han sido espacios claves en la comunicación de ideas y saberes. Las ideas y los bienes fluyen dentro de estos conglomerados en una "polinización cruzada" productiva, asegurando que las buenas ideas no mueran en el aislamiento rural. Los resultados de este almacenamiento de información en las ciudades propiciaron la generación de cultura y los avances tecnológicos. Johnson añade: "De acuerdo con algunos registros, el cultivo de grano, el arado, el torno de alfarería, el barco de vela, el telar, la metalurgia del cobre, la abstracción matemática, la observación astronómica exacta, el

---

[202] Erbil (la antigua Arbela), en el noroeste de Irak, a unos 300 km al norte de Bagdad y al pie de las montañas del Kurdistán. El *Tell*, en el centro de la fotografía, ha sido ocupado de modo más o menos continuo desde hace 6.000 u 8.000 años. La densa trama celular compendia la forma urbana debida a un crecimiento orgánico desarrollado a lo largo de toda la historia de la civilización humana.

calendario, son todos inventos durante los primeros siglos de existencia de las poblaciones urbanas originarias. Es posible, incluso probable que grupos o individuos aislados hayan desarrollado dichas tecnologías con anterioridad, pero no llegaron a formar parte de la inteligencia colectiva de la civilización hasta que las ciudades comenzaron a almacenarlas y transmitirlas".[203]

Así, el verdadero valor de la ciudad como sistema son las condiciones emergentes que aparecen fruto de la interacción entre sus componentes, sus ciudadanos. Algo obvio, pero que parece haberse olvidado bajo una pesada capa de necesidades funcionales, burocráticas y beneficios económicos. La simplificación de la ciudad, como advirtió Jane Jacobs en su fundamental obra *Muerte y vida de las grandes ciudades* (1961), hace que pierdan su propósito fundamental. Al eliminar las dinámicas y el aparente desorden de un urbanismo diverso y complejo, se pierde lo que ella denominaba el *ballet intricado*,[204] ese delicado y fascinante juego de interacciones entre los ciudadanos, que se despliegan sobre el escenario de la ciudad, y que conforman la verdadera esencia de la vida urbana. Bajo estas circunstancias de homogeneización, la ciudad pierde su carácter antifrágil, no se beneficia de las oportunidades que brindan el azaroso desorden del *ballet ciudadano* que promulgaba Jacobs.

Por todo esto, la ciudad representa un espacio de oportunidad donde personas diferentes coexisten, un lugar que ha permitido mediante un ensamblaje común, la transferencia de conocimiento y conexión social a lo largo de nuestra historia. Una *complejidad organizada* cuyas emergencias, esos retales de orden que nacen del desorden entrópico de interconexiones, han forjado nuestra cultura y lo que somos.

---

[203] JOHNSON, Steven, *Sistemas Emergentes. O qué tienen en común hormigas, neuronas, ciudades y software*, Editorial Turner. Fondo de Cultura Económica, Colección Noema, Madrid 2008, p.97
[204] JACOBS, Jane. *Muerte y vida de las grandes ciudades*, Editorial Capitán Swing. Madrid 2011 p.78

ENTROPÍA CATABÓLICA Y ANABÓLICA

{La entropía contiene dos fuerzas antagónicas pero complementarias, destruye al mismo tiempo que construye. Así, todo acto de destrucción es un acto de construcción y viceversa.}   [T19]

> "No podemos prever el porvenir de la vida, o de nuestra sociedad, o del universo. La lección del segundo principio es que este porvenir permanece abierto, ligado como está a procesos siempre nuevos de transformación y de aumento de la complejidad. Los desarrollos recientes de la termodinámica nos proponen por tanto un universo en el que el tiempo no es ilusión ni disipación, sino creación".[205]

Comúnmente, la entropía se considera como algo negativo, relacionada con la degradación y el envejecimiento de todo lo material, y le otorgamos un carácter destructivo. Sin embargo, situaciones de orden que aparecen espontáneamente en los sistemas *alejados del equilibrio* como mostraba Prigogine, así como las nuevas propiedades de autoorganización de los sistemas emergentes, confieren también a la entropía unas cualidades constructivas, capaz de generar nuevos órdenes.

Es en el tiempo donde la entropía recoge mejor ambas situaciones antagónicas. El tiempo, en su camino irreversible bajo la dirección del aumento de entropía, se convierte en el principal vector de destrucción, y al mismo tiempo, de construcción. Es *el Tiempo ese gran escultor* en palabras de Yourcenar, propiciatorio de una belleza involuntaria asociada a los avatares de la historia. Todo avance del tiempo posee una función creativa mediante su capacidad de reordenar elementos, así, el tiempo se convierte en el principal agente transformador de la realidad. En este juego de antagónico destructivo-constructivo de la entropía recordamos la proclama de Picasso: *Todo acto de creación es ante todo un acto de destrucción*; y podemos añadir: todo acto de destrucción es también un acto de creación.

---

[205] Ilya Prigogine. *El nacimiento del tiempo,* 1988. (Ed. Tusquets. Colección Metatemas. Barcelona 2005. p 98)

Orden y desorden son elementos relativos que mantienen un juego complejo de interdependencias, un proceso dinámico entre la estructura de orden percibido y el sujeto quien lo percibe. El binomio orden-desorden depende tanto del objeto en sí como de quien lo observa.

Como veíamos al principio de este capítulo, ignoramos si el desorden es algo intrínseco a la realidad, un azar sin causalidad como defendía ya el filósofo griego Epicuro, o es una causalidad oculta, implicada, y que, al ser nuestro conocimiento limitado, no somos capaces de establecer su orden, de encontrar el patrón. Al observar el cielo nocturno, unos ven estrellas, otros, constelaciones; solo quienes poseen el conocimiento de cómo se agrupan los astros en el orden específico de las constelaciones, son capaces de "unir los puntos", de relacionar las estrellas en patrones concretos. Pero ¿puede haber elementos de desorden que no contengan ningún tipo de relación de orden, un mero ruido azaroso, estrellas dispersas sin constelación?

Hans Haacke. *Condesation Cube 1965-Actualidad.*[206]

---

[206] El agua que contiene el cubo de plexiglás se evapora y condensa según las diferentes temperaturas del ambiente. Por lo que la obra artística es un sistema abierto que se construye y deconstruye continuamente en interacción con la temperatura del entorno, e incluso, por propia presencia del observador. Las gotas de agua nunca son iguales ni presentan una misma configuración, la obra muta incesantemente de identidad, presentando una evolución entrópica. En palabras de su autor: *"La imagen de la condensación no puede preverse con precisión. Cambia libremente, determinada*

Rudolf Arnheim, en su libro *Arte y entropía* (1966), toma el concepto de degradación de la energía de la termodinámica para desentrañar cuestiones de orden y desorden en el arte. La noción de entropía, en su faceta más negativa de destrucción (*catabólica*) pierde su hegemonía frente a una consideración como elemento productivo (*anabólico*). En el arte, al igual que en los sistemas alejados del equilibrio, la entropía también sirve como motor para la creación de nuevos conceptos estéticos.

Toda obra de arte se mueve en un delicado juego entre las formas ordenadas y fácilmente cognoscibles, y los fenómenos de desorden que se circunscriben a lo inédito, la sorpresa y lo inesperado. Según Arnheim, la perfección que representa "el orden definitivo de utopías y paraísos", no deja de ser un *punto muerto* que conduce irremediablemente a la monotonía y el aburrimiento. La ausencia completa de entropía supone un orden cerrado que conduce a una situación estática en la que nada más puede suceder, por lo que la obra se cierra y pierde vida.

Pero, por otra parte, demasiado desorden lleva a la indiferencia de lo arbitrario, pasado cierto tiempo, nos acostumbramos a las disonancias y el ruido se convierte en tedio y aburrimiento, como mencionábamos anteriormente la entropía máxima del caos absoluto se convierten en monotonía por ausencia dialéctica; nuestro cerebro no encuentra ningún patrón, se cansa y finalmente desconecta. Arnheim defendía que el orden es algo necesario, aunque no una condición suficiente para la excelencia estética se requiere siempre de cierto orden estructural que permita la comprensión de una "visión genuina, verdadera y profunda de la vida".[207]

Así mismo, las dos vertientes de la entropía –catabólica y anabólica– forman parte de la arquitectura. En su parte constructiva, donde todo edificio requiere exportar entropía para crear el orden que configura su realidad; y la otra vertiente, que supone el enfrentamiento contra

---

únicamente por límites estadísticos. Me gusta esta libertad".
[207] ARNHEIM, Rudolf, *Hacia una psicología del arte. Arte y entropía*, Ed. Alianza Forma, Madrid 1980, p. 374

los procesos catabólicos de la entropía. Un denodado enfrentamiento de la *firmitas* arquitectónica que busca perdurar contra los *bocados de Cronos*, esa fuerza natural que devora y consume la materia, y que para la arquitectura, queda representada en los efectos meteorológicos que desgajan los materiales, o el desgaste provocado por el uso –o el abuso– de las acciones humanas sobre los edificios y sus espacios.

Esta acción catabólica y destructiva de la entropía ha sido siempre una realidad incómoda que, al igual que la vejez, la enfermedad o la muerte se oculta bajo la positividad de la imagen atemporal y el olvido de lo eternamente joven. Como advierte el arquitecto Eduardo Prieto, "en el caso de la arquitectura, se rehúye enajenando a los edificios de su vida real para conservarlos ilusoriamente en la probeta del plano, del dibujo, de la maqueta o como mucho, de la fotografía resplandeciente de edificio recién terminado. Pero ¿qué ocurre después? Ocurre que el edificio comienza a degradarse, (...) pero que inevitablemente conduce a la ruina o, en el mejor de los casos, a la decorosa decadencia"[208].

> *"Cuánta arrogancia hay oculta en la perfección. Por qué luchar por la precisión, la pureza, cuando nunca pueden ser alcanzadas. La decadencia que comienza inmediatamente cuando se termina la obra, es para mí bienvenida"*[209]

En efecto, en el actual presentismo que muestra nuestra disciplina, pocas veces o ninguna se visitan edificios pasado cierto tiempo, y así, poder valorarlos más allá de la imagen icónica –y a menudo falsa– que se ofrece a los medios de comunicación digital. De esta manera se pierde la posibilidad de reflexionar y aprehender sobre la capacidad de perdurar que muestran algunos edificios ante el paso del tiempo o ante requisitos cambiantes, y que al menos, les permita envejecer dignamente.[210]

---

[208] PRIETO, Eduardo en Atlas Entropía #Madrid. Eduardo Prieto, Juan Rodríguez, Jacobo García -Germán(ed.), p.s/n
[209] Jean Arp. *On my way: Poetry and Essays, 1912-1947* (Ed. Literary Licensing Publishers, Whitefish. 2013)
[210] Una excepción a esta carencia es el libro -en gran parte olvidado- de *Stewart Brand: Cómo aprenden los edificios. Qué ocurre después de su construcción* de 1944.

Fernández-Galiano introduce el concepto de "Las arquitecturas del segundo principio", diferenciando dos enfoques: la "arquitectura solar pasiva", donde flujos de energía establecen su relación con el entorno a modo de un "organismo artificial"[211]. Es decir, al igual que un ser vivo, que mantiene su orden frente a la entropía mediante un intercambio de energía, pagando por su propia individualidad con un aumento de entropía global (neguentropía). Y, por otra parte, en la otra faceta de la entropía, la "arquitectura de rehabilitación", que considera la degradación del tiempo no solo en la materia, sino también como portadora de memoria e historia. Una arquitectura fundida en la historia y depositaria de cultura.

Ciertamente, el tiempo, aunque lleva al deterioro y derrumbe, también posee una dimensión constructiva, depositando sobre la materia, al mismo tiempo que la retira, un valor cultural y un componente estético que, especialmente desde el Renacimiento, se fue condensando en el valor y concepto de la ruina. El tiempo, a medida que avanza, presenta una doble condición destructiva y constructiva al mismo tiempo, y que recuerda a la antigua historia de Naram-Sin, rey de Acad quien ordenó destruir la ciudad sublevada de Ebla, hace más de cuatro mil años. Paradójicamente, el fuego que arrasó la ciudad coció las tablillas de arcilla de sus archivos, preservando su historia para la posteridad. Así, mientras destruía Ebla, Naram-Sin, le hizo el regalo de jamás ser olvidada, garantizando su eterna memoria.[212]

La ruina ofrece el vestigio de un tiempo pasado, un medio de comunicación a través del tiempo que transfiere al presente, información del pasado, de ahí la importancia que adquirió como fuente para el aprendizaje de la antigüedad y los cánones de la época clásica que se habían perdido en la época medieval.

Donde se hace un estudio de cómo ciertos edificios se han adaptado al paso del tiempo y ante nuevas necesidades, resaltando las características principales que lo han hecho posible. Ver, *BRAND, Stewart, How buildigs learn. What happens after they're built,* ED. Penguin Books, New York, 1994
[211] FERNÁNDEZ-GALIANO, Luis, *El fuego y la memoria. Sobre arquitectura y energía,* Alianza Editorial, Madrid, 1991, p.123
[212] JOUNNAIS, Jean-Yves. *El uso de las ruinas. Retratos obsidionales,* Editorial Acantilado. Barcelona 2017 p.21

ENTROPÍA_
LA DESTRUCCIÓN Y CONSTRUCCIÓN DE LA RUINA

{La entropía socava la materia, pero construye la ruina.

Valoramos cómo nuestras creaciones, a diferencia de nosotros, sobreviven ante las dentelladas del tiempo. }   [T20]

Gian Lorenzo Bernini. *Ponte Ruinante*. Palazzo Barberini. Roma, 1630.[213]

Desde épocas remotas, el lado constructivo que ejerce el tiempo sobre la materia en objetos y construcciones ha sido un elemento de fascinación, y que movió a los seres humanos a atesorarlos o admirarlos, simplemente porque sobrevivir al naufragio del tiempo ya es un valor en sí mismo. Pero también, su apreciación transciende al mero sentido de supervivencia y acumulación de tiempo, y el culto hacia "los placeres ruina" responde a un complejo mundo de ideas y pensamientos.

[213] Este pequeño puente que une un ala del palacio con los jardines diseñado por Bernini fue originalmente construido simulando ser una antigua ruina romana, con parte de las dovelas de los arcos desplazadas, fingiendo su rotura o directamente ausentes, como si el paso del tiempo las hubiese borrado. Pasados ya tantos siglos, podemos defender que esta falsa ruina ha devenido en original. Pero ¿Cuántos años necesita la entropía para que la materia quede informada por el valor y sentido de la ruina? ¿En cuánto tiempo se crea una verdadera ruina?

El *Ponte Ruinante* diseñado por Bernini, y construido originalmente simulando ser una antigua ruina romana, sirve como temprano testimonio de la fascinación de la ruina y su capacidad evocadora, ya en época Barroca. Pero fue especialmente en el Romanticismo, con la aparición de las nuevas condiciones estéticas del *pintoresquismo* y la reconsideración del antiguo concepto de lo *sublime,* establecido por el escritor griego Longino, cuando las ruinas adquirieron un nuevo significado. Más allá de informar sobre el pasado, se convirtieron en *memento mori,* un recordatorio acuñado en la propia materia de la fugacidad de la vida y la temporalidad de la condición humana.

Así, la materia degradada, construye a su vez la nostalgia por unos tiempos pasados que son valorados, no tanto desde una perspectiva cronológica en cuanto a hechos históricos, sino que forman un constructo mental subjetivo sobre el que proyectar los sentimientos e inquietudes de quienes contemplan los estragos del tiempo sobre la materia. Un campo de ideas que, al igual que la memoria, no puede entenderse de una manera estática e inmutable, sino que la evaluación que establecemos sobre todo tiempo pasado presenta una condición dialéctica con las inquietudes del presente. Cada generación vuelve su mirada al pasado para encontrar diferentes significados y motivaciones según las circunstancias y valores vigentes en cada época.

Es la ruina, por tanto, un concepto cultural construido en sí mismo, más que una realidad material destruida, vestigios de una memoria que evocan sentimientos encontrados entre la melancolía por la irreversibilidad del tiempo y la esperanza del presente en el progreso. De ahí que su autenticidad, fuese en muchas ocasiones algo secundario frente a su capacidad evocadora, como muestran la infinidad de ruinas simuladas y falsas arquitecturas derruidas que han transitado por la historia de la arquitectura hasta nuestros días. Donde los casinos de la ciudad de Las Vegas –el casino *The Venetian* sea quizás el más representativo–, o los parques temáticos y turísticos, conforman la imagen contemporánea más característica en la replicación de una falsa entropía que, en la actualidad, enterrada ya toda aura bajo el automatismo del mercado de consumo, quedan suscritas al ámbito de lo retro o lo *fake.*

a. Giambattista Piranesi. Restos del templo del dios Cánope en la Villa Adriana de Tívoli. Vedute di Roma. Gabriele Basilico, fotografía (2010); *b*. Vista del templo del dios Cánope en la Villa Adriana de Tívoli.

La sublimación de la degradación de la materia para construir el valor cultural de la ruina ha sido objeto de numerosos tratados y ampliamente estudiado a lo largo de la historia de la arquitectura, aquí únicamente convocamos algunas pinceladas que muestren el carácter proactivo que puede desplegar la entropía mediante el paso del tiempo. Un continuo quehacer que permite, como apuntaba George Simmel, que "la arquitectura regrese a la naturaleza"[214].

Quizás son los grabados del italiano Giovanni Piranesi (1720-1778) los que conforman las imágenes más conocidas sobre el culto y recreación en la *tradición de la ruina*. En sus grabados confluyen esta doble vertiente, el traslado y representación de edificios antiguos y desvencijados por el tiempo; y la recreación de elementos ilusorios, ofreciendo en sus imágenes un interesante juego entre lo real y lo imaginado. Es aquí, al conectar ambas vertientes, donde su trabajo cobra el mayor interés: su faceta arqueológica, en la que incluye información fidedigna de los monumentos, y la faceta arquitectónica, más proyectiva, donde Piranesi crea construcciones e imagina espacios que inventan lugares.

---

[214] GONZÁLEZ-VARAS, Ignacio, *Las ruinas de la memoria*, Ed. Siglo XXI Editores, México, 2014, *pos.4092*

Piranesi supo plasmar la ruina como un estado intermedio en la evolución de las formas ordenadas de la arquitectura, hacia el desorden de lo informe y la materia socavada por el tiempo, en su lento camino de demolición hasta su completa reintegración en la naturaleza. De ahí, que la entropía provoca una transgresión irreversible y desvirtuadora de las formas ideadas, como describe Eduardo Prieto, "los edificios se desvisten, así, de su esplendor geométrico, y conforme caen sus revestimientos bajo la acción del agua y el sol, la materia bruta se va mostrando para devenir forma y sustituir con sus blandas y retorcidas figuras lo que en su tiempo había sido la perfección rigurosa de una columna o un frontón, de un obelisco o una pirámide".[215]

Piranesi destacó la belleza de esta constante destrucción y reconstrucción, valorando las cualidades estéticas de las formas desgastadas y la evocación que generan tanto las ruinas como las obras inacabadas, reflejo de una misma incompletud. Su colección *Carceri d'Invenzione* (1745-1760) es un ejemplo notable, mostrando interiores complejos y profundos, caracterizados por una gran profusión de diferentes planos y perspectivas yuxtapuestas, y una intrincada articulación de claroscuros. Estos espacios laberínticos, misteriosos, metafísicos no solo proyectan inquietud, sino que influyeron en el pintoresquismo romántico y el expresionismo.

Louis Kahn. *Asamblea Nacional de Bangladés,* 1961-82

[215] PRIETO, Eduardo; RODRÍGUEZ, Juan; y GARCÍA -GERMÁN Jacobo (ed.) *Atlas Entropía #Madrid*, Catalogo la casita azul, Centro Cibeles, Madrid, 2016.

Es desde la perspectiva del tiempo y bajo su condición irreversible, donde la entropía muestra de forma más evidente su doble condición catabólica y anabólica, como el dios bifronte Jano, construyendo culturalmente a medida que se produce su decaimiento físico y natural. La ruina no es algo concluso, no es una parada final, sino un estado transitorio dentro del imparable proceso de destrucción. Por ello, por su transitoriedad, la ruina asemeja a una obra en proceso de construcción, tanto el colapso final como el proceso inicial de la obra comparten una misma forma inacabada, un orden incompleto.

Una curiosa anécdota ilustra esta similitud ruina-construcción en proceso: el Palacio de la Asamblea de Dhaka de Louis Kahn se estaba construyendo cuando estalló el conflicto bélico entre Bangladés y Pakistán. Durante los bombardeos, los pilotos pakistaníes confundieron la construcción, que estaba paralizada, con un conjunto de antiguas ruinas, desestimándola como blanco de sus proyectiles.[216] Seguramente, desde el aire, la atemporal arquitectura de Kahn, con sus formas geométricas y su disposición circular a medio hacer, parecería una antigua ciudadela fortificada abandonada. Gracias a esta confusión que deriva de la semejanza entre ruina y obra incompleta, el edificio sobrevivió para convertirse en el símbolo de la nueva capital del país.

El *valor de la ruina* se vincula al cambiante *zeitgeist*, el hegeliano espíritu de cada tiempo que es reflejo de una sociedad en cada época. Siempre dependiente de las propias vivencias, recuerdos y aspiraciones de cada generación para reconstruir su pasado, y así establecer su propia mirada –más o menos nostálgica– sobre la ruina. Se deposita en ella, los valores culturales, pero siempre desde un presente que condiciona la construcción del pasado, como en la teoría cuántica, el observador modifica lo observado, o más bien, su mirada forma parte del hecho real. Para recordar el pasado lo reconstruimos con piezas del presente, formando una nueva entidad.

En cualquier caso, al ser la destrucción el destino cierto hacia el que se encamina toda construcción, para la arquitectura, y en especial,

---

[216] Ver, CIDES, Roberto, *Una historia en dos movimientos.* Revista Digital Engawa n° 25

aquellas obras colectivas que mejor han servido de símbolo para una sociedad o época han depositado sus esperanzas en la posibilidad de la ruina como un último camino de salvación. De ahí que la ruina, por su valor intangible y cultural, crea la ilusión de superación del tiempo sobre la inexorable degradación de la materia, y así, sentir que podemos transferir algo de nosotros a un futuro que ya no será nuestro. Transcender nuestra mortalidad, o al menos alojar parte de nosotros – nuestra memoria– sobre la materia inerte, quien puede enfrentarse a la imparable entropía del tiempo mejor que la carne.

Joseph Michael Gandy. *Bank of England as a ruin,* 1830. (Dibujo en perspectiva seccionada de cómo el edificio del Banco de Inglaterra de John Soane quedaría en ruinas.)

La ruina establece un delicado juego entre el tiempo del mundo físico y el tiempo humano, presentando diferentes sincronías las cuales sirven como elemento de enlace imaginario fuera de la continuidad irreversible del tiempo.

El dibujo del Banco de Inglaterra que encargó John Soane a su pupilo Michael Gandy para una exposición en la Royal Academy de Londres en 1830, representa cómo serían las ruinas del edificio, así como muestra la preocupación de Soane no solamente por cómo afecta el tiempo a las construcciones, sino también, el anhelo por formar parte del legado histórico de la arquitectura que tanto había admirado en su *Gran Tour* por

Italia. Soane sucedió a Sir Robert Taylor como arquitecto conservador del Banco de Inglaterra, en el que trabajaría durante prácticamente toda su vida.

La planta del edificio puede leerse como una colección de arquitecturas clásicas, un *collage* de salas inspiradas en la antigüedad romana que van colmatando toda la manzana que conforma el edificio. Si las ruinas sirvieron de inspiración y aprendizaje para Soane, es evidente que mostrara interés por especular sobre la capacidad que tendría sus propias creaciones para devenir también ellas en vestigios de su tiempo. El proceso que lleva a cabo Soane, de conservar, modificar y crear nuevos espacios, muestra un trabajo en continua relación con el transcurso del tiempo y su carácter constructivo-destructivo.

Su famosa casa-museo de Lincoln's Inn Fields, sigue una misma lógica de construir como acumulación a base de retazos de historia. Soane construye su presente mediante una colección de pasados, trozos de tiempo que el arquitecto reúne y pone en relación. Un apilamiento y asociación de tiempos, objetos e ideas, que se podría representar metafóricamente con el conocido grabado de Piranesi de la "forma urbis" donde se muestra un mapa antiguo de Roma mediante fragmentos de mapas dibujados sobre pedazos de mármol. La evocación de la ruina y la interpretación del paso del tiempo es algo que también Soane reflejó en escritos como en *History of my House* en el que, "imaginando su propia casa en ruinas, especulaba, disfrazado de anticuario, sobre su forma y su origen, como si su pasado, su obra de toda la vida, careciera de sentido y pudiera imaginar no tanto que no existió como que de alguna forma le era ajena".[217]

El arquitecto Gottfried Semper lo denominaba *Ruinenwerttheorie* "teoría del valor de las ruinas" en el siglo XIX, y que más tarde Albert Speer haría suya para los proyectos y delirios de Hitler. Según esta teoría, toda nueva construcción debería ser pensada con el objeto de producir en el futuro unas *hermosas ruinas.*[218]

---

[217] MANSILLA, Luis, *¿Quién traicionó a Sir John Soane?*, Revista Arquitectura 1991. Nº 289, p.5. (http://oa.upm.es/45923/)
[218] JOUNNAIS, Jean-Yves, *op. cit.*, p.25-26

Bernardo Bellotto. *Vista de Varsovia desde la terraza del Castillo Real* (detalle), 1773. Vista aérea de Varsovia destruida, enero 1945.[219]

La irreversibilidad de tiempo hace que la ciudad real se cree en base a la pretérita mirada del artista, que, a pesar del realismo de sus cuadros, no deja de ser una visión ideal, por lo que la Varsovia reconstruida no tiene por qué coincidir con la realidad histórica de la ciudad. Ante la regresión imposible de la entropía, solo cabe la posibilidad de ruina o la reconstrucción ideal, o lo que es lo mismo, la simulación de lo real.

Speer defendía que el edificio debía convertirse en unos vestigios que representasen la grandeza de un pasado, como lo hacían las ruinas de la antigüedad romana o egipcia. Al parecer esto entusiasmó a Hitler quien ordenó que todos los principales edificios se construyeran de acuerdo con la "ley de ruinas". A pesar de que la ruina –en su necesaria e inherente destrucción– suponía la decadencia de su recién inaugurado *imperio de los mil años,* por lo que suponía una contradicción con las aspiraciones del Tercer Reich; sin duda, el valor sentimental de la *ley*

---

[219] Las *vedute* que realizó Bellotto de Varsovia servirán como unas de las principales fuentes de información para la reconstrucción de Varsovia, ciudad que quedó completamente arrasada tras la Segunda Guerra Mundial. Varsovia se reconstruye con sus propios escombros y copiando una obra de arte que se realizó dos siglos antes.

de ruinas[220] se emparejaba muy bien con la megalomanía de Hitler y su demente aspiración de crear un nuevo orden. Tanto el empleo de un lenguaje neoclásico como la referencia a monumentos del pasado, buscaba conseguir una asociación con valores de esplendor y grandeza de la antigüedad, que eran utilizados como propaganda. Como describe sobre esto el escritor Jean-Yves Jouannais, "Se manifiesta aquí un sueño violentamente desvirtuado del romanticismo, consistente en manipular, como si se tratara de marionetas, a los espectros de una gloria desvanecida en el escenario de un teatro futuro, teatro esperado, casi deseado, que solo podrá edificar la muerte".[221]

Parece imposible trazar una línea precisa que separe la ruina de lo que podrían ser meros escombros, materiales desordenados y carentes ya de cualquier identidad. Como hemos apuntado anteriormente, la ruina responde prioritariamente a un concepto cultural y no simplemente a una cuestión temporal, aunque sea necesario el valor que confiere el paso del tiempo para que adquiera su concepción plena, su "autenticidad" que la haga transcender en la historia y la memoria sobre el tiempo.

Esto nos plantea la pregunta, ¿Puede la época contemporánea crear ruinas modernas o solamente dejaremos escombros, entropía no productiva sino mera disipación de energía? Andreas Huyssen, en su escrito *La nostalgia de las ruinas* defiende la imposibilidad de la ruina moderna: "El cemento, el acero y el vidrio no sufren la erosión como la piedra. La arquitectura moderna rechaza el regreso de la cultura a

---

[220] En 2017 visité el *Zeppenlinfeld* en Nuremberg, obra que tomó Albert Speer para ilustrar su 'teoría del valor de la ruina'. Los acabados pétreos, caídos dejaban al descubierto el ladrillo sobre el que están construidas las gradas y la tribuna, siendo esta solución constructiva un tanto contradictoria con el anhelo de duración en el tiempo. Difícilmente el edificio será, en un futuro lejano y desde una mirada estética, una "bella ruina". La inmaterialidad de los reflectores antiaéreos con sus luces verticales, la "*catedral de luz*" que se desplegaban alineados sobre el lugar, revela que la propaganda y la puesta en escena prevalecieron sobre la verdadera trascendencia. Lo que el tiempo ha construido sobre el edificio es el recuerdo de una época infame y su realidad basada en la ficción, advirtiendo el peligro de los totalitarismos, que despliegan como ideales. Su ruina encarna la información que la entropía ha depositado sobre su forma y materia.
[221] JOUNNAIS, Jean-Yves. *El uso de las ruinas...*, op. cit., p. 27

la naturaleza. Más aún, la verdadera catástrofe del siglo XX sólo dejó escombros, pero no ruinas, aunque algunos de estos escombros fueron embellecidos. La era de la *ruina auténtica* ha concluido. Podemos escribir su genealogía, pero no resucitarla."[222]

Ruinas del World Trade Center, 2001. Nueva York

Para Huyssen, esta imposibilidad se debe a que la ruina auténtica se construye a través de su materialidad, que requiere de los lentos procesos entrópicos acumulados: a través de las agresiones del tiempo y su fusión con el mundo material, de ahí que surge la nostalgia, el anhelo por algo del pasado que ya es inalcanzable. La ruina se contrapone con la actual época marcada por el consumo, donde la ley de mercado impone ciclos breves de uso y destrucción, por lo que no queda nada a lo que se le brinde la oportunidad de la ruina. Incluso el tratamiento actual de las ruinas auténticas del pasado se ha mercantilizado, congeladas en el tiempo y usadas de diferentes maneras con fines económicos.

En la sociedad utilitaria los vestigios, o se eliminan, al rebajarlos a escombros; o se explotan, si muestran capacidad comercial. Pero en

---

[222] HUYSSEN, Andreas. *Nostalgia for Ruins,* Grey Room, No.23, The MIT Press, 2006, p.40

la *ruina auténtica*, su utilidad hace que se desactiven como ideal, la comercialización se contrapone con el encuentro natural, pierde su capacidad alegórica haciendo ya inalcanzable la misma consideración de la ruina que desarrolló el romanticismo. Como Huyssen añade, "vivimos en la época de la preservación, la restauración y el remake auténtico, que cancelan la idea de una auténtica ruina que, en sí misma, se ha vuelto histórica."[223]

La rápida obsolescencia de las cosas impide el reposo necesario para la formación de la ruina. No se otorga una oportunidad a la entropía natural y a la consolidación de la ruina. Como afirma González-Varas, "La ruina necesita de ciclos largos para entregarse al abrazo letal de la naturaleza, para que el monumento abandone el mundo humano y regrese a la naturaleza. Pero la propia naturaleza parece hoy incapaz de devorar las obras humanas, pues precisamente se observa cómo la acción humana destruye a la propia naturaleza. Ya no existe la naturaleza sublime…"[224]

La necesidad del tiempo en la creación de la ruina conllevaría una coexistencia que hoy se torna imposible. Ya desde tiempos remotos se evidencia esta difícil convivencia, y no pocas ruinas sucumbieron a su uso como canteras y reutilización de su materia, solo la paz que brinda el olvido y el abandono permitieron su supervivencia.

Tras los atentados del 11S de 2001 contra las Torres Gemelas ¿Podría la Zona Cero de Nueva York haberse convertido en unas ruinas auténticas? ¿Podrían sus restos tener la capacidad de desencadenar la experiencia estética de lo sublime que provocan las ruinas? Vestigios de un tiempo anterior donde los hierros retorcidos de la estructura metálica, que aún se alzaban en el lugar, fueran testimonios de su historia para las futuras generaciones.

---

[223] *Ibídem*, p.40
[224] GONZÁLEZ-VARAS, Ignacio, *Las ruinas de la memoria, op. cit.*, pos.4175

ENTROPÍA DE LA RUINA Y FALSA ENTROPÍA

{La cultura trasciende a la materia y, por tanto, no se rige por las leyes físicas.

La ruina auténtica deja paso a la ruina fetichista, la ruina artificial es independiente del transcurrir del tiempo y queda congelada en lo cultural.} [T21]

Anselm Kiefer. *La Ribotte*, Barjac, 2018

El paraguas que ofrece la creación artística le permite a Anselm Kiefer explorar los límites entre la construcción de la ruina y la destrucción de los escombros, el fruto de rotura de ese orden artificial que representa todo objeto construido. *La Ribotte* es un complejo artístico donde se van sucediendo diferentes obras del artista alemán, esculturas, grutas, un anfiteatro y construcciones de hormigón, torres que se elevan sobre el paisaje y que su falta de estabilidad y aplomo hace que algunas partes se hayan ya derribado; seguramente, su futuro más probable sea que acaben todas finalmente colapsando.

El pasado de Kiefer inunda de sentido toda su obra artística. Nacido en 1945 en el sótano de un hospital mientras su casa era bombardeada por los Aliados. Tuvo una infancia marcada por la destrucción que dejó la guerra, su campo de juego serían las ruinas de la ciudad devastada en la que creció: "Las ruinas son lo más hermoso, y como los niños no juzgan, las toman simplemente y juegan con ellas. Para mí no son un final sino un comienzo. Es hermoso ver una torre, de la cual se ha eliminado la piedra angular, que refleja si quiere caer cómo vacila; entonces todo va muy rápido y con gran estruendo hasta el suelo."[225]

La creación de la ruina para Kiefer es la reconstrucción de un pasado difícil. Influenciado por quien fue su maestro Joseph Beuys, el plomo, el hormigón en bruto y el acero oxidado, recorren sus diferentes obras, donde los materiales se convierten en elementos que alojan una memoria marcada por sucesos traumáticos, producto de la entropía del desastre. Así, el presente se reconstruye con los mimbres del pasado, y el artista, como en la alegoría del *Ángelus Novus* que realiza Walter Benjamin, sobrevuela horrorizado las cenizas que arroja el pasado y el cúmulo incontenible de sus ruinas, al tiempo que no puede escapar del futuro, como el ángel que dibuja Paul Klee: "Él ha vuelto el rostro hacia el pasado. Donde ante nosotros aparece una cadena de datos, *él* ve una única catástrofe que amontona ruina tras ruina y las va arrojando ante sus pies. Bien le gustaría detenerse, despertar a los muertos y recomponer lo destrozado.".[226]

La continua reconstrucción del pasado desde el presente mediante el ciclo de construcción y destrucción dirigido por la entropía del tiempo, enarbola para Kiefer la construcción vital de su obra. "Lo nuevo surge de la memoria",[227] la catástrofe y las construcciones en proceso de decadencia sirven, no solamente como recreación de recuerdos o una simple metáfora, sino como la oportunidad para despertar nuevas experiencias tejiendo pasado y futuro.

---

[225] KIEFER, Anselm, Entrevista por Elena Cué. [consultado en:] Blog: Alejandra de Argos (28/10/2018)
[226] BENJAMIN, Walter, *Sobre el concepto de historia,* [consultado en:] https://www.circulobellasartes.com/benjamin/termino.php?id=13
[227] KIEFER, Anselm, Entrevista por Elena Cué... *op. cit.,*

Xavier Delory. *Sacrilege*, Villa Savoye, 2014.[228]

A pesar de estas aportaciones, fuera del ámbito artístico, la ruina auténtica parece ya imposible, tanto físicamente –que requiere de un tiempo no otorgado– como también conceptualmente. Ahora la ruina se ve como la evidencia de un fracaso, el reproche y la vergüenza de lo ineficaz y la carencia de conservación. Sus escombros y estructuras destartaladas son el recordatorio material de lo obsoleto y lo caduco. Como los desvencijados edificios de la Habana que reflejan la incapacidad y pobreza del régimen cubano, o el paisaje desolador de la ciudad de Detroit que se alza como símbolo de la caída de la industria del automóvil, elemento vertebrador de la ciudad y que impulsó su origen. Más que del pasado, hablan del presente y su fiasco, la ruina se

---

[228] *Sacrilegio*, el título que lleva esta imagen con la icónica Villa Savoye (1929) de Le Corbusier vandalizada y en estado de abandono, expresa una búsqueda de confrontación con la actual mirada fetichista que establecemos sobre elementos culturales del pasado. Esta imagen de ruina creada digitalmente, para alguien que desconozca la relevancia del edificio, apenas supondrá un anodino edificio deteriorado similar a otras construcciones tan presentes en los barrios degradados de nuestras ciudades. Sin embargo, un arquitecto se sorprenderá al ponerse en crisis la imagen impoluta, al confrontarse con la imagen icónica a la que estamos acostumbrados de la celebrada obra maestra de la modernidad.

experimenta como mera destrucción y abandono sin sublimación alguna, especialmente cuando la habitan todavía la pobreza y la necesidad.

Charles Jencks sugería que se deberían haber conservado las ruinas del famoso y fracasado proyecto de Pruitt-Igoe, un gran conjunto de bloques de viviendas situado en la ciudad norteamericana de San Luis. Diseñado en 1945 por Minoru Yamasaki según los ideales más progresistas de la arquitectura moderna promulgados en el CIAM. Las directrices generales del proyecto recogían las enseñanzas de Le Corbusier, quien abogaba por una planificación urbana de orden racionalista, donde los diferentes usos y actividades quedaban claramente ordenados y segregados, según las medidas higienistas de "sol, espacio y zonas verdes."

El proyecto aspiraba a impulsar una renovación urbana guiada por el ideario moderno donde "La bondad de la forma haría bueno el contenido o por lo menos haría que se portase bien; la planificación inteligente del espacio abstracto promocionaría un comportamiento sano".[229] A pesar de esto, la delincuencia y vandalismo hicieron que el proyecto de Pruitt-Igoe fracasase, y, a pesar de que las causas de su descalabro no pueden reducirse únicamente a motivos arquitectónicos sino que también influyeron problemas sociales y económicos, su rápida decadencia, así como la insalvable distancia entre los altos ideales que lo promovieron y el desastre de su resultado, le sirvió a Jencks, como el elemento paradigmático sobre el que lanzar sus críticas de una arquitectura racionalista que según él, pecaba de conductista, ingenua y tremendamente simplificadora.

Para Jencks, la Arquitectura Moderna había muerto, y su defunción se produjo cuando finalmente el complejo Pruitt-Igoe acabó siendo derribado en aquella famosa fecha del 15 de julio de 1972 a las 3:32 de la tarde (más o menos), donde se puso fin a su miseria. *Bum bum*[230].

---

[229] JENCKS, Charles. *El lenguaje de la arquitectura postmoderna,* Editorial Gustavo Gilli, Barcelona, 1981, p.10
[230] *Ibídem,* p.9

"Los edificios podrían programarse para tener una decadencia planificada digna. (...) Imaginar lo inverso (...) ¿Qué impacto tendrán las ruinas de una torre de vidrio? (...) Planificar una secuencia de demolición también aportaría premisas interesantes al proyecto".[231]

Las ruinas del Pruitt-Igoe, según afirmaba Jencks, hubieran servido como recordatorio del fracaso y desastre de unos ideales y el reflejo de una experiencia ganada, haciendo suyas las palabras de Óscar Wilde quien decía que "la experiencia es el nombre que damos a nuestros errores"[232]. Los restos y escombros esparcidos de las edificaciones reflejarían el aprendizaje obtenido por medio de los errores cometidos; y no como elementos de sublimación estética. En este sentido, la entropía adquiere un carácter pedagógico, al inscribir su lección sobre la materia destruida, proporcionando unos "recuerdos instructivos de anteriores vanidades y glorias" que sirvan como advertencia a futuras generaciones.

La ruina moderna o –de forma más precisa– el edificio abandonado, se entiende hoy como la evidencia de un fracaso, el desilusionante portador de un mensaje de impotencia debido a su pérdida y abandono. Más como triste reproche, que como fuente de inspiración, reflexión o evocación de unos sentimientos. En una sociedad volcada en lo útil y lo eficiente, la ruina de todo edificio contemporáneo se convierte en un elemento incómodo debido a su carencia de uso, su inutilidad. Socialmente se convierte en una asignatura pendiente que reclama urgentemente el derribo o una nueva funcionalidad, así aparecen términos como reactivación, reutilización, renovación, etc. La inmediata resurrección y puesta en uso de toda construcción abandonada imposibilita la creación de la *ruina auténtica,* la construcción por parte de la entropía de testimonios materiales que nos hablen de un tiempo pasado con sus aciertos y fracasos. O tan solo, la simple posibilidad de contemplación nostálgica de su silencioso abandono. Llenarlos de contenido

---

[231] Kevin Lynch. *Echar a perder, Un análisis del deterioro.* 1990 (Ed. Gustavo Gili. Barcelona 2014)
[232] *Ibídem,*

dotándolos de una funcionalidad, deja fuera esa "experiencia que solo puede producirse a través de unas trazas incompletas, mediante las que el hombre puede imaginar, evocar los ecos del pasado".[233]

En la actualidad, ruina y naturaleza se racionalizan, quedando de esta manera simplificadas y patrimonializadas. Se produce un aislamiento que imposibilita ese reencuentro que señalaba Simmel entre lo artificial del mundo de los hombres y su retorno al mundo de lo natural. En un mundo globalizado, ya no hay naturaleza ilimitada a la que regresar sino tan solo espacios de conservación, lugares acotados de naturaleza segregada. La sublimación de la ruina, y su consideración como tal, dependerá entonces de la importancia mediática y representatividad para quien la observa. Del constructo cultural que la información y los medios de comunicación han dotado de valor performativo, independiente del transcurso del tiempo y su realidad.

a b

a. Jeff Wall. *The destroyed room*, 1978; b. Eugène Delacroix, *La mort de Sardanapale*, 1827.[234]

---

[233] MARRODÁN, Esperanza, *De la fascinación formal a la nostalgia. La ruina industrial en el paisaje contemporáneo.* p.108
[234] Jeff Wall crea *La habitación destruida* mediante objetos destartalados cuya disposición se basa en la composición del cuadro de Delacroix. La imagen no es simplemente la mera representación de un desorden, una verdad, sino que es la construcción de una ruina dramática, la creación artificial de una realidad teatralizada y caótica como elemento expresivo y artístico.

El encuentro y culto de la ruina fetichizada en un mundo mediatizado se abre a una nueva reedición del conocido *síndrome de Stendhal,* el surgimiento apasionado de un estado sentimental y de gran emoción, sin que importe su genuina antigüedad o el valor histórico objetivo de lo contemplado, sino que su consideración recaerá en la coincidencia con lo imaginado y lo fabulado, y no necesariamente con la necesidad cronológica del concepto de ruina como evocadora del pasado.

En nuestra época *hipermoderna*, la ruina arquitectónica adquiere más un carácter fetichista asociado al imaginario colectivo sobre construcciones del pasado, que como fruto de una circunstancia material y temporal. El deterioro que marca el tiempo hoy puede simularse o fingirse, como muestra la actual adoración de lo retro y lo vintage. El pasado ya no se interpreta como un hecho real acontecido, sino como una construcción mediática que se proyecta sobre la realidad física. Así, la ruina contemporánea se proyecta más que se construye. En un mundo que se dirige cada vez más hacia el *simulacro de lo real*, la creciente suplantación de lo real por modelos de representación, atendiendo a las palabras de Jean Baudrillard: "No se trata ya de imitación ni de reiteración, incluso de parodia, sino de una suplantación de lo real por lo signos de lo real, es decir, de una operación de disuasión de todo proceso real por su doble operativo".[235] Premonición que cobran mayor sentido ante la digitalización masiva y la creación de un *metaverso*, un espacio virtual diseñado para comunicarse y *vivir* en un espacio sin soporte físico.

De ahí que, la ruina contemporánea no depende ya de la entropía, como desgaste y devastación del tiempo que construye el valor de la ruina al mismo tiempo que socava su materia. Hoy, la ruina se consolida a través de la información que sobre ella se comunica en los medios, la ficción que es proyectada por el imaginario colectivo. Ya no hay oportunidad para la *ruina auténtica,* como realidad creada a través del tiempo, vaciada de su esencia, se da paso a la *ruina fetichista,* que es evocada y convocada por medio de lo digital sin la necesidad de someterse a los procesos naturales que rige la entropía.

[235] BAUDILLARD, Jean. *Cultura y simulacro*, p. 11

ENTROPÍA DE LA PÁTINA_
LA SUCIEDAD QUE CONSTRUYE

{La pátina expresa el tiempo inscrito en la materia.

Inevitablemente la materia de los edificios está sujeta a las fuerzas de la entropía, pero lejos de ser algo simplemente a evitar (suciedad), puede ser utilizado como recurso para el proyecto arquitectónico (expresividad estética). Proyectar la pátina es pensar en la intersección del tiempo y la materia de la arquitectura.} [T22]

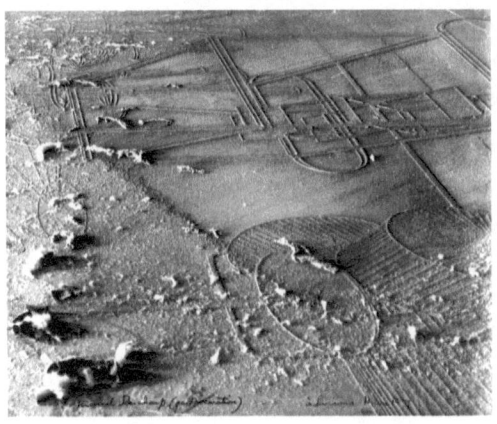

Man Ray y Marcel Duchamp. *Élevage de poussière* (Criadero de polvo). Nueva York, 1920

"(...) te mostraré el (miedo) tiempo en un puñado de polvo".[236]

Cuando en 1920 Man Ray visitó el estudio de Duchamp en Nueva York, vio en una esquina junto a una ventana una enigmática obra, una gran placa de vidrio cubierta de polvo sobre unos caballetes que presentaban unas extrañas marcas unos relieves que se asemejaban a un lejano paisaje precolombino, dibujos arqueológicos similares a las líneas de la ciudad peruana de Nazca que más tarde se descubrirían. Se trataba de su

---

[236] ELIOT, T.S, *Tierra Baldía*, p.23

famosa obra del *Le Gran Verre, o La novia desnudada por sus solteros*, en la que estuvo trabajando durante años y que Duchamp había permitido que se acumulara toda una capa de polvo o suciedad, una topografía de la indeterminación, entre el azar que mueve a las partículas y la necesidad de los elementos y situaciones que las fijan. Man Ray relató el momento: "Enfoqué la cámara y miré desde arriba. Parecía un extraño paisaje a vista de pájaro. Había polvo sobre el vidrio, los restos del algodón y servilletas usados para limpiar las partes acabadas le daban un aire aún más misterioso. Desde luego, pensé, estos son los dominios de Duchamp. Como la exposición iba a ser muy larga, abrí el obturador y nos fuimos a cenar".[237] En un primer momento Man Ray tituló la fotografía como *Vista tomada desde un aeroplano*, algo que añadía una capa más de confusión o extrañamiento ante la imagen y fueron uno años más tarde, en 1934, cuando Duchamp la tituló oficialmente como *Criadero de polvo (Élevage de poussière)*.

Tiempo, extrañeza, orden y desorden, lo intencionado y lo fortuito, confluyen y transitan por esta fotografía, emergen y desaparecen como por arte de magia, dotándola de una atractiva ambigüedad. Una belleza de la entropía que nos lleva a preguntarnos ¿Quién es en realidad el verdadero artífice de esta obra?, ¿Acaso es Man Ray al ser él quien elige y aprieta el botón de la cámara o es Duchamp al permitir que se acumule el polvo sobre su obra? En sentido estricto ni Duchamp ni Man Ray son los que *cometen* la obra, como mucho, la *revelan*.[238] La entropía que guía el polvo y lo sedimentan o incluso, y en última instancia, la luz que fija el negativo fotográfico, sirve para dar una respuesta completa a la autoría.

El *Criadero*, como expone Javier Montes, "se zafa de los candados de los antiguos juicios de gusto (¿es bella esta obra?), calidad y tradición (¿es buena?), autoría (¿quién hace la obra?) y significado (¿qué quiere decir?) que aherrojaban el arte retiniano para ceñirse a nuevos criterios que cambian la partida, las reglas y el juego mismo".[239]

---

[237] Man Ray citado en MONTES, Javier, *El Misterioso caso del asesinato del Arte Moderno*, p.47
[238] MONTES, Javier, *El Misterioso caso del asesinato del Arte Moderno*, p.49
[239] *Ibídem*, p.62

William Hogarth. *El tiempo ahumando una pintura*
Londres, 1761 (Edición de John y Joshia Boydell, 1790-1810)

La inclusión de elementos como el azar y los procesos de cambios que arrastra el paso del tiempo y la apertura a considerar elementos cotidianos cómo objetos artísticos bajo la mirada demiúrgica del artista, hace que esta obra sea al mismo tiempo un ejemplo de la destrucción que socava las bases artísticas compendiadas desde sus remotos orígenes, pero también, y al mismo tiempo, sirve de catalizador para la creación de nuevas corrientes y adscripciones artísticas.

Volvemos a encontrarnos con situaciones ambivalentes, que presentan, como el dios bifronte Jano, dos caras en un mismo cuerpo; una entropía catabólica que destruye y, en un mismo acto, una entropía anabólica que regenera y construye. Así lo indica Montes, quien ve en esta obra un arma que asesta *un golpe mortal* contra el Arte Moderno, pero también sirve como herramienta para encontrar nuevos caminos y abrirse a nuevas posibilidades artísticas, "el Criadero es heraldo de la destrucción y agente de la renovación. Como todas las muertes que abren paso a lo nuevo, alegra y apena. Su devastación, su feracidad, se suceden y renuevan al ritmo de nuestro desconcierto".[240]

---

[240] MONTES, Javier, *El Misterioso caso del asesinato del Arte Moderno*, p.58

Para el ámbito de esta investigación, es la utilización que Duchamp hace de la entropía lo que reviste de mayor interés. El uso proyectivo de la entropía, un desorden que sabemos que sucederá pero que desconocemos en todas sus características finales y, por tanto, conllevará siempre una exploración hacia las formas que el tiempo y los sucesos construirán. Quizás podamos resumirlo todo en el epitafio de Man Ray, "*Despreocupado, pero no indiferente*" (*Unconcerned but not indifferent*). Despreocupados por un control absoluto de las cosas, pero no indiferentes ante la energía de los procesos que presenta la realidad y la belleza de sus resultados.

La entropía esculpe la materia y empuja a toda obra humana, desde el momento en el que se la considera finalizada, a una imparable metamorfosis. Ya lo dijo Goya, *el tiempo también pinta*, a medida que el tiempo pasa, los pigmentos pierden vitalidad, los tonos claros se ensucian y los oscuros se desvanecen. Como muestra el grabado de Hogarth, con Cronos, sentado sobre unas esculturas rotas, ahúma y destruye con la guadaña un cuadro.

A través del tiempo, las partículas que transporta el humo así como una infinidad de partículas de polvo, que es como denominamos genéricamente a una materia compuesta por todo tipo de elementos, desde seres vivos como los ácaros hasta *trozos* de nosotros mismos, como son las células epiteliales muertas de nuestra piel, son arrastradas y depositadas sobre la superficie de las cosas.

De esta manera y bajo esta unión cronológica entre la obra y las partículas que flotan en el ambiente se van constituyendo las pátinas, ese *halo* que dota de tiempo y antigüedad a los objetos.

Robert Filliou. *Polvo del polvo (Poussière de poussière de l'effet...)* París, 1977

Este juego entre tiempo, deshecho y valor cultural lo emplea el artista del grupo Fluxus Robert Filliou quien, en 1977 fue al Louvre y, sin que lo advirtieran los vigilantes de seguridad, se dedicó a recoger el polvo con gamuzas blancas que pasaba sobre las obras maestras que expone el museo, vendiéndolas posteriormente en unas cajas de cartón junto con la fotografía polaroid en la que aparece el autor *desempolvando* el cuadro. Filliou tituló a esta obra serial *Polvo de polvo*,[241] en irónica alusión al tiempo como polvo depositado y también como crítica al fetichismo con el que envolvemos las obras artísticas que cuelgan en las paredes de un museo. El aura que Benjamín otorgaba a las obras originales hace que, incluso sus restos y deshechos, por diminutos e inservibles, se convierta en objetos valiosos y atesorables.

Para el pensamiento oriental, la pátina que adquieren los objetos ha sido siempre un elemento de singular valor, tanto que ha sido y es todavía frecuente, crearla artificialmente empleando té sobre documentos o empleando betunes y lacas para crear un aspecto falsamente envejecido. El ennegrecido que produce el tiempo es deseable, una valiosa pátina

---

[241] En MONTES, Javier, *El Misterioso caso del asesinato del Arte Moderno*, p.56

como nos lo hace ver Tanizaki en El elogio de la sombra: "Nosotros también utilizamos hervidores, copas, frascos de plata, pero no se nos ocurre pulirlos como hacen ellos. Al contrario, nos gusta ver cómo se va oscureciendo su superficie y cómo, con el tiempo, se ennegrece del todo".[242] También el uso frecuente de los objetos cotidianos produce un *lustre*, un desgaste que les dota de una imagen diferenciada una estética desigual a los objetos nuevos y seriados, fruto del contacto con las manos y el tiempo. Pero Tanizaki también nos advierte que esos poéticos "efectos del tiempo" en realidad es suciedad: "el contacto de las manos durante un largo uso, su frote, aplicado siempre en los mismos lugares, produce con el tiempo una impregnación grasienta; en otras palabras, ese lustre es la suciedad de las manos."[243]

Lustre y pátina, es cuando la suciedad pasa a ennoblecer el carácter de su soporte y, a través de su sublimación, convierten la mugre y la inmundicia en características que deben conservarse valiosamente, transmutándose en un ingrediente fundamental de la belleza de las cosas.

En el caso de la arquitectura la pátina responde principalmente a los efectos de la meteorología y a la polución de la atmósfera, al depósito residuos y acumulación de todo tipo de partículas que afecta al exterior de los edificios, más que a un desgaste por contacto, que solo se advierte, lógicamente, en las zonas donde friccionan personas y materiales.

a. Filippo Calendario. *Palazzo Ducale*. Venecia, 1340-1419.
b. Michelozzo di Bartolomeo. *Palazzo Medici-Riccardi*, Florencia, 1444

[242] TANIZAKI, Junichiro, *El elogio de la sombra*, p.28
[243] *Ibídem*, p.31

El valor estético de la pátina presenta dos vertientes, una meteorológica, la sedimentación de suciedad que se adhiere a la piel de la arquitectura, y por otro, una cronológica, producto de la erosión, del "mordisco de la entropía que quiebra las formas originales de los edificios para destruir su supuesta perfección formal y hacer aflorar en ocasiones el simbolismo inherente a los materiales" como indica Eduardo Prieto en *Cronos y Entropía*.[244]

Una vez finaliza la construccción de un edificio, comienza una vida de imparable transformación. Según avanza el tiempo, la entropía impulsa el desgaste y la disolución de toda organización material, recordemos que allí donde percibimos el deterioro o envejecimiento, en realidad estamos presenciando un reordenamiento de las estructuras de la materia hacia los estados de orden más probables. Así, las esquinas se redondean, los salientes se rompen y los contornos se diluyen; aquellos enclaves que presentan una mayor exposición a las fuerzas ya sean estas meteorológicas o de uso, son los que más posibilidades tengan de sufrir desgaste que asociamos con el paso del tiempo.

El clima y el tiempo propicia por un lado la rotura de los materiales, "deterioro funcional" y por otra, la aparición de la mancha y la pátina como "deterioro estético" según sean agradables o desagradables a la vista.[245] El viento arrastra partículas y las deposita sobre los salientes y los alféizares de los edificios donde se acumulan hasta que la lluvia lo dispersa. El agua produce lavados sobre las fachadas y salientes arrastrando suciedad y trazas de sales minerales que generan manchas y dibujan todo tipo de patologías. La arquitectura clásica y tradicional ha tenido en cuenta estas situaciones e incorporó como motivos ornamentales o de diseño, diferentes elementos arquitectónicos que se servían majestuosamente de las fuerzas naturales que *presionan* la materialidad de los edificios.

---

[244] PRIETO, Eduardo, *Cronos y Entropía. Sobre la prueba de tiempo en la arquitectura*, en Atlas Entropía #Madrid. Eduardo Prieto, Juan Rodríguez, Jacobo García-Germán(ed.) Catálogo de La Casita Azul. CentroCentro Cibeles. Ayuntamiento de Madrid. 2016.
[245] Ver MOSTAFAVI, Mohsen y LEATHERBARROW, David, *On Weathering. The life of buildings in time*, p.32

De esta manera podemos hacer una lectura sobre soluciones constructivas que empleaban como frontones, cornisas, capiteles, plintos y escocias como sistemas de protección frente al deterioro o el empleo de texturas y materiales que aceptaban noblemente el paso del tiempo y favorecían la creación de la pátina. Las pátinas y la acumulación de suciedad que se produce en la arquitectura clásica coinciden con sus sombras; no es algo casual, sino que procede de un largo aprendizaje y reflexión sobre las condiciones físicas de los edificios y cómo son afectados por el paso del tiempo. Cornisas, columnas e impostas evitan la entrada del agua sucia por los huecos de las fachadas repartiendo el flujo del agua, permitiendo que el lavado remarque los frentes y haciendo, de esta manera, más expresivas unas sombras que acentúa la volumetría general.

a. Marcel Breuer. *De Bijenkorf Department Store.* Rotterdam, 1955-1957.
b. Tadao Ando. *Vitra Conference Pavilion,* Basilea, 1993

Hornacinas y bajorrelieves funcionan a la inversa, ahondan más su profundidad al recoger la sombra de la luz y la suciedad.[246] Las esculturas que presiden las fachadas de los edificios clásicos siguen esta misma condición, las pátinas hacen que sus sombras se intensifiquen, mientras quedan ensalzadas las zonas más expuestas al lavado de la lluvia, este contraste en luz y oscuridad permite que las esculturas adquieran una expresión más dramática.

En contraste, la arquitectura moderna, en su camino hacia la abstracción de las formas, eliminó estos elementos, desatendiendo la interacción con la entropía natural. La tersura y planeidad de las fachadas y los materiales poco duraderos de muchos edificios modernos, los envejeció rápidamente, revelando una desconexión con las condiciones climáticas del entorno específico. Impolutas fachadas blancas parecen aspirar al eterno presente que únicamente ofrecen las fotografías, viviendo una perfección platónica en el tiempo congelado de la imagen.

Ejemplos como las manchas en las piezas rectangulares y hexagonales de travertino en los grandes almacenes diseñados por Breuer ilustran este conflicto. Aunque visualmente nos puedan parecer estéticamente atractivas, probablemente se perciban como un deterioro indeseado por parte de usuarios y propietarios, más que una bella huella de un tiempo depositado. Por otro lado, en el edificio de Tadao Ando para la compañía Vitra, hojas atrapadas en los encofrados dejaron impresiones en el hormigón, creando una accidental interacción entre en la materia inerte del hormigón y viva del árbol. Si bien esta pátina no fue intencionada, su belleza evoca un diálogo con el tiempo y así con la entropía.

La entropía es inevitable, así como el envejecimiento de todas las cosas, y sin embargo, la pátina, como ya lo hicieron las arquitecturas clásicas del pasado, puede proyectarse. Es tarea de la arquitectura incorporar en el diseño esa energía en movimiento que nos rodea para conseguir la antifragilidad, que los edificios mejoren con el desorden que impone los *efectos del tiempo.*

---

[246] Ver PARICIO, Ignacio, *Pátina o suciedad,* p.54 y siguientes.

ENTROPÍA PRODUCTIVA_
ORDEN A TRAVÉS DEL DESORDEN

{Entre el orden y lo arbitrario o lo meramente contingente, existe un desorden productivo, un campo de acciones probables que, pese a su incertidumbre, podemos incorporar al proceso del proyecto arquitectónico.} [T23]

Allan Kaprow. *Yard*, 1967, Pasadena Art Museum.[247]

El filósofo Zygmunt Bauman recordaba la barrera que supone entender la realidad bajo un estricto orden bipolar, un mundo que responde únicamente a conceptos mutuamente excluyentes en donde las ideas, al inmovilizarlas e impedir su mestizaje, decaen en ideologías, esas *religiones laicas* que nos provocan una ceguera autoinfligida, y obstaculizan cualquier comprensión plena de la vida:

[247] La colocación desordenada de neumáticos provoca que la vivencia del espacio se desestabilice provocando la aparición de situaciones inesperadas. Se utiliza un elemento de desorden como productor de acontecimientos (happenings), rompiendo con lo cotidiano. La instalación no especifica unos sucesos concretos, (alta entropía), pero si se pueden imaginar una serie de situaciones producidas por el desequilibrio de su plano horizontal (posibilidades de orden), creándose –utilizando el concepto de Umberto Eco– una *obra abierta* a diferentes interpretaciones o vivencias.

"Hacer pedazos el velo, comprender la vida... ¿Qué significa esto? Nosotros, humanos, preferiríamos habitar un mundo ordenado, limpio y transparente donde el bien y el mal, la belleza y la fealdad, la verdad y la mentira estén nítidamente separados entre sí y donde jamás se entremezclen, para poder estar seguros de cómo son las cosas, hacia dónde ir y cómo proceder. Soñamos con un mundo donde las valoraciones puedan hacerse y las decisiones puedan tomarse sin la ardua tarea de intentar comprender. De este sueño nuestro nacen las ideologías, esos densos velos que hacen que miremos sin llegar a ver. Es a esta inclinación incapacitadora nuestra a la que Étienne de la Boétie denominó «servidumbre voluntaria»[248].

Frente a esta tendencia incapacitadora hacia el orden estricto a la que alude Bauman, la búsqueda de cierto grado de irregularidad o desorden que anima a lo inesperado, ha estado siempre presente en el campo de la arquitectura. Oscar Niemeyer, en su discurso de aceptación del premio Pritzker abogaba por una arquitectura ligera, libre y creativa y citaba las palabras de Charles Baudelaire: "La irregularidad, es decir lo inesperado, la sorpresa, el asombro son una característica y una parte esencial de la belleza".[249]

Si la entropía cuenta con dos facetas, una destructiva y la otra constructiva, es importante mencionar que también hay dos tipos de situaciones generales en la que la arquitectura se ha relacionado con ella misma y las situaciones de desorden que arroja. La primera situación se da en cómo la arquitectura es afectada y construida por elementos de desorden y azar, está en el origen de buena parte de la arquitectura, y las contingencias que surgen en el devenir de las cosas, tienen un papel fundamental en el diseño y construcción de la arquitectura –seguramente más de lo que estamos dispuestos a asumir, debido al menoscabo de nuestra autoría–. Asimismo, la arbitrariedad ha dirigido persistentemente la mano del arquitecto a lo largo de la historia,

---

[248] BAUMAN, Zygmunt, *Discurso premio Príncipe de Asturias de comunicación y humanidades 2010.* [consultado en:] El Mundo 09/01/17
[249] NIEMEYER, Oscar en VV.AA. *Premios Pritzker. Discursos de aceptación, 1979-2015*, p.82

como bien recoge Rafael Moneo en su escrito *Sobre el concepto de arbitrariedad en arquitectura* (2005).[250]

> *"En el equilibrio, la materia es ciega, mientras que lejos del equilibrio la materia capta correlaciones: la materia ve. Todo esto conduce a la paradójica conclusión de que el no-equilibrio es fuente de estructura."*
>
> Ilya Prigogine. *El desorden creador, opt. cit.*

Pero la arbitrariedad que supone la aceptación de contingencias presenta un papel limitado en cuanto a la generación de la arquitectura: todo queda en manos de la capacidad del arquitecto y su *olfato* para incorporar elementos de azar, su *genialidad*. Esto impide que puede ofrecerse como método de proyecto, pues por definición, el aprendizaje de lo genial resulta imposible y solo cabe su estudio y su emulación. No hay posibilidad de procesos en el manejo de lo contingente, porque si los hubiera, dejaría de ser algo contingente. Lo arbitrario solo permite su rechazo o aceptación, pero no permite ninguna operatividad que pueda ser recogida mediante un proceso de proyecto lógico que no sea en sí mismo la utilización de unas mismas formas o condiciones.

Así, entre lo arbitrario y la razón, ambos caminos, René Magritte decía: "No admito la idea de que el Mundo, o el Universo, sea incoherente o absurdo. El absurdo y la incoherencia es creer que la llamada lógica de la razón puede doblegar la lógica del Mundo a como ella lo entiende. Un cuadro me parece aceptable si no es absurdo ni incoherente y si tiene la lógica del misterio y por tanto del mundo."[251]

La segunda situación es cuando el proyecto no adquiere una actitud pasiva de aceptación feliz de lo arbitrario o el uso de lógicas irracionales, sino que las construye, creando una arquitectura que favorezca la entropía, entendida esta como capacidad de asumir

---

[250] MONEO, Rafael, *Sobre el concepto de arbitrariedad en arquitectura*. Discurso para la Real Academia de Bellas Artes de San Fernando. 16 de enero de 2005.
[251] MAGRITTE, Rene, citado en PUELLES ROMERO, Luis, *El desorden necesario. Filosofía del objeto surrealista,* Universidad de Málaga, 2002, p.64

diferentes desórdenes, interferirlos o generar ella misma nuevas situaciones. En este caso, se tiene un papel activo frente al azar, más que una entropía que construye es una *entropía productiva*, porque *da lugar a un número apreciable de formas nuevas. (RAE).*

Por otra parte, quiéralo o no, el artista no puede en absoluto distanciarse del sentimiento de lo arbitrario. Procede de lo arbitrario hacia una cierta necesidad, y de un cierto desorden hacia un cierto orden; y no puede prescindir de la sensación constante de esa arbitrariedad y de ese desorden, que se oponen a lo que nace bajo sus manos y que se le aparece como necesario y ordenado. Es ese contraste el que le hace sentir que crea, puesto que no puede deducir lo que le llega de lo que tiene.[252]

Entropía constructiva parece casi un oxímoron, pero a mayor entropía mayor número de estados y, por tanto, mayores posibilidades de realización. Todo sistema con baja entropía no permite la adhesión de elementos de cambio y variación, en equilibrio, nada más puede suceder.

> *"Orden y disposición que conservan por medio de distintos elementos la concordia de todas las cosas, haciendo que los mismos males sean en cierto modo necesarios. De este modo, como con ciertas antítesis, por la combinación de cosas contrarias, que en la oratoria agradan tanto, se produce la hermosura universal del mundo".*
>
> San Agustín. *El Orden (Capítulo VII)*, (Obras completas. Vol. 1. BAC Editorial Madrid. 1979. Biblioteca de Autores Cristianos)

La autoorganización que se puede producir en sistemas complejos genera un nuevo orden, fruto de una entropía productiva que confiere de *antifragilidad* a las cosas. La naturaleza emplea el desorden de manera constructiva, requiere del *no-equilibrio* en términos de Prigogine para crear sus estructuras más complejas. A través de las fluctuaciones y cambios, obliga a los sistemas naturales a evolucionar, donde la

---

[252] VALÉRY, Paul, *Teoría poética y estética*, p.59

trayectoria de la vida debe tomar bifurcaciones para sobrevivir. En pues el desorden, el no-equilibrio, lo que proporciona en la naturaleza el acceso a lo nuevo.

El mismo proceso requiere todo progreso intelectual ya que éste se basa en la inyección de nuevas ideas y en nuevos modos de conectar las viejas. Es decir, introducción de nueva información que desestabiliza el equilibrio acordado, el paradigma o el conjunto de ideas comúnmente aprobad. Así, bajo la creatividad innata podría haber un proceso caótico subyacente que amplifica selectivamente pequeñas fluctuaciones y las moldea en estados mentales coherentes y macroscópicos que se experimentan como pensamientos.

Una apertura que nos invita a salirse de los esquemas habituales con los que nos relacionamos con la realidad, para conectar con un mayor número de posibilidades imprevistas.

La indeterminación de las acciones humanas que, como expresaba Valéry, "cuando el espíritu está en juego, todo está en juego; todo es desorden, y toda reacción contra el desorden es de la misma especie que éste. Y es que ese desorden es también la condición de su fecundidad: contiene la promesa, pues esa fecundidad depende de lo inesperado antes que, de lo esperado, y antes que de lo que ignoramos, y porque lo ignoramos, de aquello que sabemos."[253]

En consecuencia, "La arquitectura desdibuja sus límites, estableciendo contacto con una realidad más compleja pero también más ambigua. Una realidad en la que el reto es saber distinguir la complejidad del simple desorden, la yuxtaposición del puro amontonamiento, o la acumulación sofisticada de la multiplicidad productivista."[254]

En suma, el desorden que utilizan los seres vivos

---

[253] *Ibídem*, p. 129
[254] ROJO, Luis, en *El Croquis nº 96/97. En Proceso.* 1999 "[el]informe", p.14

CONTRA LOS PLACERES DEL CAOS O LA ESTÉTICA DEL DESORDEN

{El desorden de la antifragilidad no alude a una estética de caos sino a sus procesos. Utilizar el desorden como herramienta de proyecto no requiere mostrarse desordenado en sí mismo.} [T24]

a. Accidente Ferroviario en la estación de Montparnasse 1895.
b. Coop Himmelblau, RoofTop Falkestrasse, 1983-88, Viena
(La estética deconstructivista crea formas accidentales y expresionistas, empleando un desorden arbitrario que no podamos encuadrar en el principio de antifragilidad.)

Desde un punto de vista clásico, hablar de arquitectura es hablar de orden, la creación de un orden específico frente a la nada donde todo es igual o al caos de lo arbitrario, donde todo es diferente y no se puede apreciar ningún tipo de relación o estructura. Curiosamente el concepto de desorden, en su manifestación más extrema, alcanza una misma situación desde caminos contrarios, como veíamos para el caso de máxima entropía, un estado final donde ya todo se ha desestructurado de manera que se alcanza una uniformidad completa en lo desigual.

Como mencionaba Foucault, "(...) el caos de lo diferente, donde cada cosa es diferente a cualquier cosa; y el caos de lo igual, donde cada cosa es igual a cualquier otra. Ambos son refractarios a la idea de orden, que solo puede existir en la línea fronteriza entre la diferencia y la similitud. Allí donde todo es igual, o donde todo es dispar, no es posible imponer categorías de conocimiento, y por lo tanto el *orden*".[255]

Originariamente el arquitecto ha deseado siempre proveer orden y estabilidad, la creación de objetos donde todo desorden quedara excluido para permanecer estables ante las acometidas del tiempo y los acontecimientos. Edificios construidos con formas geométricas simples donde "la ordenación es una de las prerrogativas fundamentales de la arquitectura" como resaltaba Le Corbusier en su *Lección de Roma*[256]. Mediante reglas de composición y el encaje de formas euclidianas como el cilindro, la pirámide, el cubo, el prisma y la esfera, se alcanzaba un orden claro y armónico, estructuras que formaban un todo unificado, una pureza formal que representaban no solamente una garantía de estabilidad estructural, belleza estética o precisa funcionalidad, sino que también el orden se adentra como una experiencia ética, simboliza una "sana moralidad".[257]

Y, sin embargo, es evidente que el desorden y su estética inesperada, confusa y extraña ha producido un hipnótico atractivo a lo largo del tiempo. El anhelo de construir un orden perfecto y su contrario, la destrucción y devastación que dejan las fuerzas del desorden –en especial, aquellas que escapan al control del hombre– han constituido las fuerzas motrices de toda creación humana. Ambas pulsiones presentan un atractivo estético profundo, vinculado a los sentimientos que Kant distingue entre la serenidad armoniosa de *lo bello* y la inquietud perturbadora de *lo sublime*.

---

[255] FOUCAULT, Michel, *Esto no es una pipa*, p.7
[256] LE CORBUSIER, *Hacia una Arquitectura*, p.126
[257] LE CORBUSIER escribe "Nada de charlatanería; ordenación, idea única, audacia y unidad de construcción, empleo de primas rectangulares. Sana moralidad". En LE CORBUSIER, *Hacia una Arquitectura*, p.128

"La inteligencia es sublime, el ingenio bello".

> Immanuel Kant. *Observaciones acerca del sentimiento de lo bello y de lo sublime, p.36* (Capitulo II. Alianza Editorial. Madrid 2008)

Nos dice Kant que las sensaciones que emanan ante la observación de las cosas bellas o de las sublimes son en ambos casos agradables, pero de manera muy diferente; la visión de paisajes abruptos, montañas escarpadas o tormentas enfurecidas "suscitan complacencia, pero con horror".[258] Sin embargo, la visión de un prado florido y bucólico suscitan el sentimiento alegre y risueño de la belleza. En resumidas palabras, "lo sublime conmueve y lo bello encanta".[259]

Admiramos la belleza de *Los esclavos* de Miguel Ángel en su lucha por desprenderse de la materia que los aprisiona, pero también nos paraliza una fuerza hipnótica ante la contemplación sobrecogedora de las Torres Gemelas derruidas, un sentimiento perturbador y, al mismo tiempo, hipnótico ante la visión de la destrucción y la catástrofe. La manifestación de un desorden inesperado e impactante de lo que podríamos denominar como una "estética del accidente".

Nietzsche clasificará estos dos impulsos que recorren la naturaleza humana entre dos dioses de la mitología griega, lo *apolíneo* y lo *dionisíaco*. Apolo representará el empuje guiado por la razón y Dionisio, las fuerzas de las pasiones, ambas pulsiones son indisociables en la condición humana, y más que eliminar o subyugar la una a la otra, Nietzsche apuesta por su reconciliación para conseguir una creatividad plena, "Dionisio habla el lenguaje de Apolo, pero Apolo, finalmente, habla la lengua de Dionisio: es así como se alcanza el fin supremo de la tragedia y del arte en general"[260]. Cuando ambas divinidades-impulsos antagónicos conquistan el equilibrio y se reencuentran en la tragedia griega, la lucha del héroe y su muerte, la voluntad frente un mundo sin sentido; constituirán para el Nietzsche el momento culminante del arte heleno.

---

[258] KANT, Immanuel, *Observaciones acerca del sentimiento de lo bello y lo sublime*, p.31
[259] *Ibídem*, p.32
[260] NIETZSCHE, Friedrich, *El nacimiento de la tragedia. O helenismo y pesimismo*, pos.2280

Estas consideraciones son necesarias para entender que, si bien una estética basada únicamente en el desorden y la entropía puede resultar apasionante y atractiva, no constituye el sentido que se le quiere aportar al desorden que en esta investigación se defiende. El desorden que requiere la antifragilidad de las cosas no es simplemente el encuentro con lo arbitrario y lo accidental, sino que constituye un desorden guiado por el pensamiento reflexivo.

En la antifragilidad lo apolíneo se sirve de las fuerzas dionisiacas que discurren por lo real para evolucionar, un *estar atento* a un contexto donde discurren procesos que son aprovechados como palanca para la creación. Donde los gestos y decisiones de proyecto responden a procesos racionales que hacen que, mediante su uso e incorporación, la entropía sea productiva.

[Para Louis Kahn]

El orden es:

Diseñar es dar forma en orden

La forma emerge de un sistema de construcción

El crecimiento es una construcción

Hacer las cosas en orden, es fuerza creativa

Diseñar es el medio dónde, con qué, cuándo, con, cómo la naturaleza del espacio refleja lo que quiere ser

Un auditorio ¿es un stradivarius o es una oreja?

Un auditorio ¿es un instrumento afinado para Bach o para Bartok ejecutado por el director, o es un salón de convenciones?

En la naturaleza del espacio está el espíritu y la voluntad de existir de cierto modo

El diseño debe seguir ajustadamente esa voluntad, por lo tanto, un caballo pintado a rayas no es lo mismo que una cebra. Antes que una estación de trenes sea un edificio, quiere ser una calle, crece desde las necesidades de una calle, desde el orden del movimiento, un lugar de encuentro de contornos vidriados

A través de la naturaleza, el por qué

A través del orden, el qué
A través del diseño, el cómo
Una forma emerge de los elementos estructurales que le son inherentes
Una cúpula no se concibe cuando se plantean preguntas sobre cómo construirla
Nervi engendra un arco
Fuller engendra una cúpula
Las composiciones de Mozart son diseños
Son ejercicios de orden intuitivos
El diseño estimula más diseños
Los diseños hacen derivar su imagen del orden
La imagen es la memoria de la forma
El mismo orden creó el elefante y creó al hombre
Se trata de diseños diferentes
Surgieron de diferentes aspiraciones
Conformados desde diferentes circunstancias
Orden no implica Belleza
El mismo orden creo al enano y a Adonis
Diseñar no es hacer Belleza
La Belleza emerge de selecciones de afinidades
Integración es amor, arte es una forma, una forma de hacer vida en orden psíquico
El orden es intangible
Se trata de un nivel de conciencia creativa cada vez más alto, cuando más alto el orden, mayor la diversidad en el diseño
El orden soporta la integración
De lo que el espacio quiere ser, lo extraño puede ser revelado al arquitecto
Del Orden, el arquitecto va a derivar la fuerza creativa y la capacidad de autocrítica para dar forma a lo extraño Y así la belleza va a desplegarse…

        (Louis Khan. *El orden es*, Revista Perspecta 3, 1955)

En este sentido, las formas y geometrías que conforman las arquitecturas antifrágiles no tienen por qué responder tan solo a anhelos de una *hybris* de orden puro, por una parte, ni tampoco a desconstrucciones y formas estilísticas que únicamente aspiran a ser expresiones artísticas. Ni la imposición del orden autorreferencial de una arquitectura autónoma, aquella que es ajena a cualquier atadura exterior y que solo dialoga dentro de los propios márgenes de la disciplina. El apolíneo sentimiento de pureza y perfección ensimismada que desemboca en el aislamiento del pensamiento o en un estatismo incapaz de acoger los cambios de la realidad. Ni los juegos dionisiacos de un desorden impostado y carente de sentido, porque verdaderamente la pulsión dionisiaca de la arquitectura no debe aportarla en sí misma, sino que debe pertenecer a quien la habita, permitiendo y amparando de la mejor manera posible el desorden –a menudo ilógico e irracional– de las actividades humanas.

Porque la arquitectura, más que soluciones finales perfectas o simplemente reflejar el desconcertante caos que parece dirigir el mundo, debe aspirar a ofrecer y fomentar nuevas posibilidades. Como hemos visto anteriormente y siendo la entropía el concepto que engloba un sistema de altas probabilidades, que contiene un alto número de posibles estados, la mejor arquitectura será la que presenta una alta entropía –sin tener que ser ella desordenada o confusa– capaz de posibilitar las nuevas configuraciones que se irán reclamando en el tiempo.

Dejados atrás los discursos épicos de la modernidad y su quimérica búsqueda de pureza, comprendemos que un orden estricto no garantiza verdad ni funcionalidad, y mucho menos la honestidad o la elevación ética de quienes lo habitan. Tampoco el rechazo pendular de la postmodernidad, con edificios revestidos de un lenguaje historicista en un intento de dar continuidad a la memoria del lugar, ni su deconstrucción en formas escultóricas y desordenadas, logra acoger mejor la incertidumbre y la contingencia inherentes a la vida. La auténtica antifragilidad demanda una síntesis entre la claridad apolínea del pensamiento y la potencia dionisíaca de la entropía.

EL PENSAMIENTO ANTIFRÁGIL_
ENTROPÍA DE LAS IDEAS

{La cultura sigue un proceso dialéctico donde todo nuevo pensamiento introduce heterogeneidad, el necesario desorden que puede romper con lo establecido y catalizar la creatividad.

La arquitectura es un arte impuro, y pertenece más a la sombra proyectada en la caverna que a la idea platónica. }   [T25]

> *"El camino verdadero pasa por una cuerda que no está tendida en lo alto, sino muy cerca del suelo. Parece hecha más para tropezar que para andar por ella".*
>
> Franz Kafka. *Aforismos, p.25 (Ed. DeBolsillo, 2012)*

El conocimiento se divide en diversos campos de estudio, ordenándose en diferentes disciplinas, fruto de la división establecida por los planes de estudio que ofrecen las escuelas y las universidades. Por razones prácticas, el mapa del conocimiento se divide en fragmentos según las profesiones laborales y actividades productivas. Así mismo, todas las disciplinas buscan una estandarización que igualen conocimientos de manera global, homologando y creando un campo de estudio. Estas dos circunstancias, aislamiento y homogeneización, dificultan la incorporación de ideas ajenas que puedan impulsar nuevas concepciones. Pensamientos intrusos que sirvan como catalizadores de nuevas ideas, y que su llegada suele producirse desde el exterior de la propia disciplina, ya sea una exterioridad cultural o temporal. Como señala la arquitecta María Teresa Muñoz, "en cualquier arte, los medios de regeneración deben ser externos. Casi siempre proceden de fuera del ámbito de la alta cultura y son remotos en el espacio y el tiempo. Los impulsos renovadores, cuando no de una apelación directa a la naturaleza, proceden del arte arcaico o experimental".[261]

---

[261] MUÑOZ, María Teresa, *Vestigios,* Molly Editorial, Madrid, 2000, p.19

La realidad es un *continuum* cuya complejidad no responde a la división en campos diferenciados de conocimiento. Las fronteras entre disciplinas, al igual que entre las naciones, son elementos abstractos y artificiales que se imponen sobre lo real. Su grado de ordenamiento es fruto de una convención, de un acuerdo social. Es fundamental entender que la realidad no tiene por qué responder a nuestra manera de clasificar el conocimiento y, debido a su inconmensurabilidad, necesariamente siempre se obtiene un conocimiento limitado e incompleto.

Como la antigua parábola budista de *los ciegos y el elefante*, en la que un grupo de ciegos que, palpando a tientas al animal, solo consiguen obtener realidades parciales y fragmentadas. Cada uno de ellos solo alcanza a obtener unas percepciones limitadas a un área concreta, haciendo imposible la comprensión completa del elefante. Cada disciplina o campos del conocimiento parecen plantear el mismo problema de parcialidad debido a la incapacidad de poder abarcar un contexto completo. Únicamente podemos aproximarnos a lo real empleando una mirada transversal y múltiple, desde diferentes perspectivas que puedan abarcar un mayor campo visual sobre las cosas.

De igual forma, la arquitectura ha avanzado históricamente gracias a la incorporación de ideas externas que han desbordado sus límites y desafiado su autonomía disciplinar. No olvidemos, el ejemplo paradigmático del *Crystal Palace* (1851), un edificio considerado por muchos historiadores como un punto de inflexión entre la tradición y el inicio de la modernidad arquitectónica, fue obra de Joseph Paxton, un jardinero y paisajista experto en la construcción de invernaderos. Con esto evidenciando cómo la innovación suele emerger de la confluencia de saberes diversos. Este edificio, símbolo de modernidad, destaca cómo el desorden creativo –entendido aquí como la apertura a influencias externas– puede gestar una arquitectura nueva y transformadora.

Francis Alÿs, *Paradox of Praxis 1 (Sometimes making something leads to nothing).*
Ciudad de México, 1997

La entropía se visibiliza en esta acción en la que el artista empuja un bloque de hielo por la ciudad, creando un recorrido en el que interactúan tres impulsos: la voluntad del artista, el contexto o soporte urbano, las características físicas que la pieza de hielo a medida que se derrite. El artista nos muestra el carácter indisociable del tiempo, el espacio y la continua transformación de las cosas.

Jorge Wagensberg, cuenta una anécdota, una "historia de frontera"[262] para explicar la generación de nuevas ideas mediante el pensamiento interdisciplinario: "Dos jóvenes amigos toman una copa en la barra de un bar. Suelen hacerlo cuando pueden coincidir, porque un es médico, urólogo, y el otro militar, piloto de caza. (...) Esa noche, el piloto describe

---

[262] WAGENSBERG, Jorge, *Si la naturaleza es la respuesta, ¿cuál es la pregunta?...*, op. cit., pp.94-95

con entusiasmo cómo, pocas horas antes, ha roto dos veces la barrera del sonido con su aparato. Pero no se centra la historia en la proeza misma sino en una curiosidad científica: se ha maravillado al ver cómo la onda sonora rompía los cristales de hielo. (...) Tal es, en efecto, el problema cotidiano del médico: abrir a sus pacientes para hurgarles el riñón en busca de mortificantes piedras demasiado grandes para ser eliminadas sin ayuda. Una idea voló sobre su frontera. Hoy raramente se acaba en el quirófano por una piedra en el riñón, hoy se rompen las piedras con sonido, de una manera limpia e indolora (...)

Así, el pensamiento creativo se beneficia del trasvase de conocimiento, y no del simple intercambio de información. Esto se produce cuando una idea vuela de una situación a otra, entremezclándose con conocimientos previos para crear un campo entrópico de pensamiento. Mediante la introducción de nuevos elementos, se rompe con las secuencias de pensamiento repetitivas y uniformes. Se aumenta de esta manera la probabilidad de producir nuevos conceptos, consolidar intuiciones y convertirse en ideas creativas. Se produce lo que Stuart Kauffman denomina como "lo adyacente posible"[263], esto es, cuando aparecen elementos innovadores, se incrementa la opcionalidad de todo el sistema, habilitando así la propia diversificación de nuevas soluciones que hubieran sido imposibles de predecir desde el origen. Es por esto por lo que, en los sistemas complejos, dado el alto grado de interrelación, la aparición de nuevas vinculaciones modificará el sistema impulsando la aparición de entidades emergentes.

El desorden que sobre un sistema plantea la incorporación de nuevos elementos, configurará un nuevo mapa de posibilidades que alentará la reinvención. El "adyacente posible" explica que cada puerta que se abre en el presente abre, de manera impredecible, abre otras puertas al futuro. Un ejemplo de esto sería la diversidad que presenta la biosfera, donde la continua aparición de nuevos organismos origina nuevos contextos que, a su vez, facilitan el aumento en la variedad de las especies. "El sistema en su conjunto crece como una bola de nieve hacia lo adyacente

---

[263] KAUFFMAN, Stuart, *Más allá de las leyes físicas. El largo camino de la materia hasta la vida,* p. 183 y siguientes.

posible que el mismo crea".[264] Igual ocurre con las ideas: un pensamiento dislocado, una observación de otro contexto o miradas extrañadas a otros campos del conocimiento pueden estimular la creatividad y la gestación de nuevas ideas. Toda innovación pasa por un uso productivo del desorden.

Walter de María. *The Lightning Field (1977)* Quemado, Nuevo México

Esta obra artística consiste en 400 postes de acero inoxidable, de unos 6 metros de altura, hincados en el terreno formando una retícula de 1 milla x 1 km. Su estricto orden artificial contrasta con el entorno natural, actuando como mediador entre la pulsión humana hacía el control y los sucesos azarosos que despliega la naturaleza. La descarga eléctrica del rayo es un fenómeno cuya localización exacta es imposible de predecir, sin embargo, el pensamiento humano establece medios para acotar el rango de posibilidades. Construir sistemas que atraigan o encaucen los sucesos y, de esta manera, reducir la incertidumbre del medio.

[264] *Ibídem*, p. 174

El crecimiento exponencial que alienta lo "adyacente posible" cuenta con dos componentes fundamentales, el desorden que plantea toda innovación y la entropía que introduce el tiempo como motor para la evolución. El tiempo bifurca las opciones y articula las posibilidades de las cosas, animando el dinamismo que presenta la realidad, un imparable movimiento entrópico que genera una continua transformación, como decía Heráclito "el mundo brota sin fin."[265] De la misma manera, el *pensamiento antifrágil* requiere también de la introducción de elementos de desorden que ayuden a abrir lo "adyacente posible" y, de esta manera, aumentar la opcionalidad para la evolución de las cosas. Todo *corpus teórico* que se consolida en un orden de ideas cerrado e inamovible acaba convirtiéndose en dogma y, por tanto, desplazando lo racional por la creencia o la autoridad.

Como hemos visto en esta primera parte, nuestra capacidad de proyectar ideas a un tiempo futuro está restringida por una realidad inabarcable y en continua transformación, así como por nuestras propias limitaciones para desplegar una comprensión completa sobre la misma. Este límite infranqueable, lejos de desanimarnos, nos espolea para encontrar métodos con los que dialogar y usar la incertidumbre inherente de lo real. Por otra parte, debemos permanecer atentos a que toda aspiración hacia el control de las cosas no nos lleve a crear sistemas cerrados, desterrando cualquier elemento de desorden e impidiendo los sucesos aleatorios que anima todo proceso evolutivo. Las aspiraciones de belleza y perfección no pueden desembocar en un orden absoluto e inamovible, pues es en el estatismo de los puntos finales cuando las cosas se agotan y mueren. Hay un proverbio japonés que reza: "La perfección es bella, pero es estúpida; hay que conocerla y usarla, pero rompiéndola".[266]

---

[265] HERÁCLITO, citado en Stuart, *Más allá de las leyes físicas. El largo camino de la materia hasta la vida*, p. 15
[266] Citado en MUNARI, Bruno, *Fantasía. Invención, creatividad e imaginación en las comunicaciones visuales*, Ed. Gustavo Gili. Barcelona 2018, p. 178

Exportando el concepto de antifragilidad al campo del pensamiento, nos encontramos con dos aspectos contradictorios que deben fusionarse en una misma aspiración: la búsqueda de tácticas para reducir la incertidumbre y al mismo tiempo fomentarla. Estructurar sistemas de pensamiento ordenado, pero dejar la puerta abierta al desorden. Permitir la permanente trasformación que reclama todo lo vivo o, incluso, incorporar a aquellos elementos que puedan destruirlo. Usar la entropía —esa energía transformadora que mueve el mundo— para impulsar nuevas ideas, al igual que el viento mueve las aspas de molino.

No podemos saber con exactitud cuáles serán las ideas que mejor describan el futuro, pero si podemos concebir cuál es el mejor caldo de cultivo para que emerjan. Desarrollar métodos que inclinen la balanza, construir campos de atracción para la creación y evolución de las ideas.

{TÁCTICAS GESTORAS}

T43- INVERSIÓN DE LÓGICAS
Activación de opuestos

T24- Los placeres del caos o estética del DESORDEN

T25- EL PENSAMIENTO ANTIFRÁGIL - DESORDENAR IDEAS

T88- **MATERIA**
Reordenación informada

T23- ANTIFRAGILIDAD EN LOS SISTEMAS CULTURALES

T55- ESTRATEGIAS OBLICUAS
Jugar con el azar

T51- COLLAGE
Postproducción, selección y reordenamiento

T56- **CONSTRUCT**
Acotar la realidad sublimada del...

T87- **PIKELIZAR**
Reordenación aleatoria

T54- **DISTORSIONES**
Disonancia como consonancia del caos

T89- **EST...**
La...

T22- Antifragilidad en los seres vivos - El azar creador

[+ Entropía]
DESORDEN

T80- PLASTICIDAD
Creatividad como emergencia del desorden

T47- ATOMIZAR
Desintegrar el programa

T21- ENTROPÍA PRODUCTIVA - Orden a través del desorden

T46- ENSAMBLAJE
La articulación de los ready-mades

T84- **ATM...**
La h...

n10

T64- CRONOLÓGICO
Atrapar el tiempo en la materia

T65- REGISTRAR
Inscribir la entropía con la materia

T37- CONTEXTUAL
Autonomía o contextualidad entrópica de la forma

n9

T63- DESGASTAR
Documentar la entropía

T67- TRANSFERIR
Moldear la entropía del lugar

n8

T20- ENTROPÍA DE LA PÁTINA - La suciedad que construye

n7

T66- PRESERVAR
Petrificar la entropía

n6

T81- FAKE I
La simulación del caos de la ruina

n5

T19- ENTROPÍA DE LA RUINA Y FALSA ENTROPÍA

T82- FAKE II
Nostalgia, memoria y la crisis de lo auténtico

n4
n3
n2
n1
n0

ORDEN

T75- ARRUINAR
Interferir entrópicamente sobre lo construido

T74- DÉCOLLAGE II
Arrancar materia

T76- DESVELAR
El espacio arqueológico

T52- MEMORIA TIPOLÓGICA
Desplazamientos de arquetipos

T18- ENTROPÍA - LA DESTRUCCIÓN Y CONSTRUCCIÓN DE LA RUINA

T79- RE-NATURALIZAR
Introducir órdenes autoorganizativas en la ciudad

T73- DÉCOLLAGE I
Construcción entrópica

T42- MATERIAL
Contexto como elemento

T93- SINESTESIA
Activación perceptual y cruzamiento de información

T78- DES-REGULAR
Desordenar los códigos de la ciudad

T83- INCLUSIÓN
Indecisión como participación entróp...

T100- DIVERSIFICAR
Desordenar las funciones en la ciudad

T99- EXTENDIDO
Instantes de tiempo como espacio infinit...

T17- ENTROPÍA CATABÓLICA Y ANABÓLICA

T101- DES-PLANIFICAR
Introducir espacios entrópicos en la ciudad

T98- DESBORDAMIENTO
La continuidad de la casa en la ciudad

T95- SATURACIÓN
Densificar límites

T57- INJERTO
Entropía como heterotopía

T40- NEGO...
Crear de lo i...

T16- ENTROPÍA GENERADORA DE ORDEN - SISTEMAS EMERGENTES

T15- NEGUENTROPÍA - Entropía negativa de los sistemas vivos

T14- ENTROPÍA - El empuje hacia los estados probables

T13- ENTROPÍA - Disipación e irreversibilidad

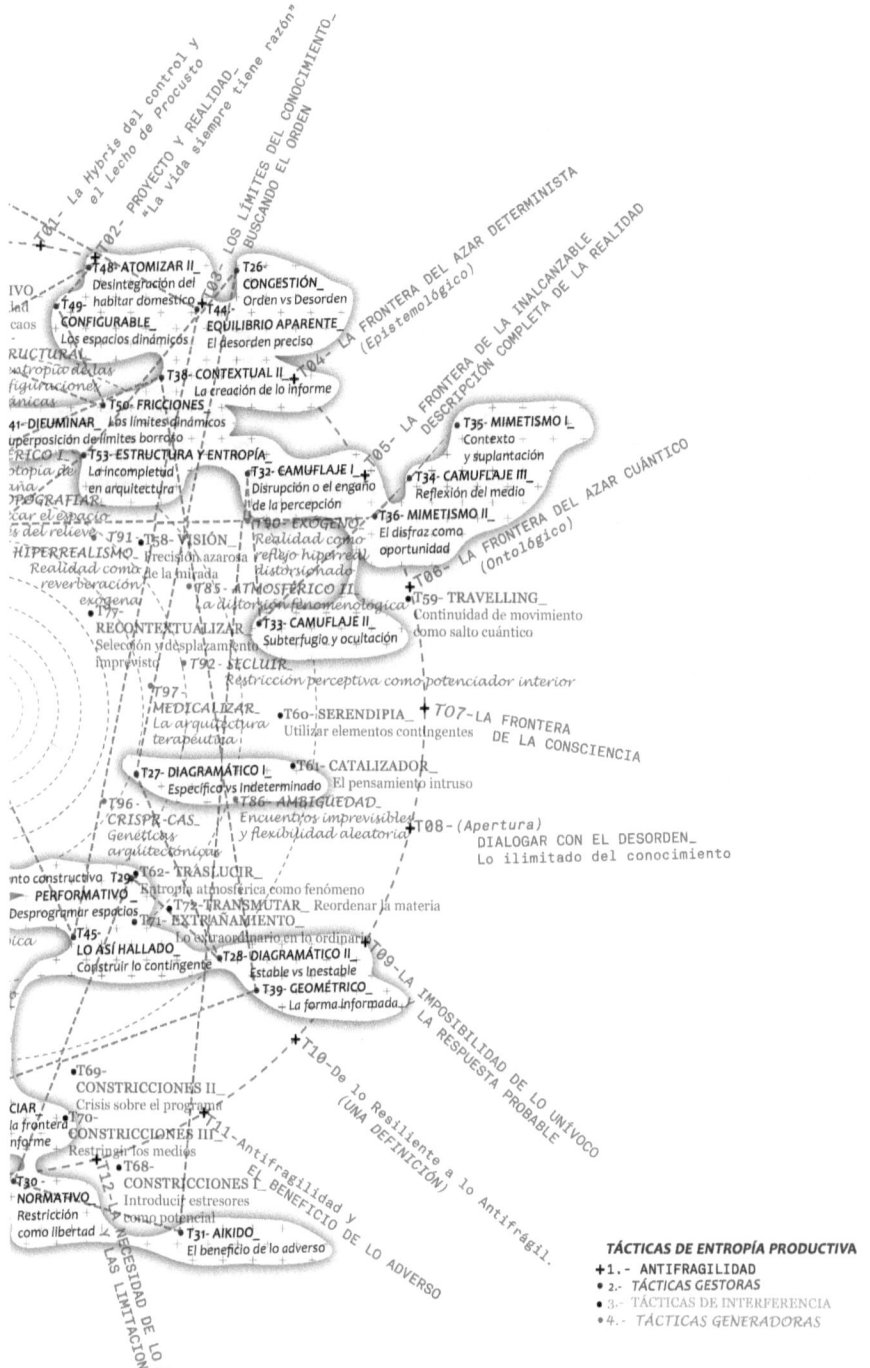

El proyecto de arquitectura en estas capas tácticas debe incorporar la gestión de elementos indeterminados. Anticipar la incertidumbre, adaptarse al cambio y gestionar elementos de entropía: áreas de información desconocidas que se encuentran fuera de los márgenes establecidos en las condiciones iniciales del proyecto.

Antifragilidad es convertir dificultades en oportunidades de proyecto, haciendo de la gestión de incertidumbres, paradigmáticas decisiones arquitectónicas. Son procedimientos que se nutren del azar, y de lo negativo, enriqueciendo y prosperando en el proceso de resolución de problemas hasta convertirse en el propio sistema de trabajo del proyecto.

Así, las Tácticas Gestoras comienzan como una observación forense, donde la comprensión y la selección de los hechos anómalos y estables, constituye, la información de un contexto ampliado por parte de la mirada del arquitecto. Esto genera un paisaje de datos que servirá para gestionar mejor su campo de restricciones y descubrir nuevas potencialidades arquitectónicas en la diversidad de lo real.

En este sentido, estas tácticas gestoras de proyecto son más dialécticas que impositivas y trabajan con la habilidad camaleónica del escritor Raymond Queneau:[267] su mejor virtud es no tener "un estilo", sino tantos como contextos y situaciones indeterminadas. De esta manera, haciendo nuestras las palabras de Manuel Gausa, hablaríamos de un método de proyecto donde: *"No habría estilos. Ni doctrinas. Ni habría modelos. Ni fórmulas. Habría criterios de acción destinados a sintetizar posibles combinaciones entre hipótesis, lógicas y apuestas".*[268]

Son proyectos que se *anclan* al lugar, como propone Steven Holl,[269] pero que, al mismo tiempo, también se convierten en él. Establecen un paisaje en continuidad con el contexto previo. Es así como, la adecuación y combinación entre infinitas situaciones de realidad y la creación de su propia fenomenología, hacen que cada proyecto sea una respuesta gestora única, una creación endémica, que ensalza la belleza originaria que posee lo específico.

---

[267] QUENEAU, Raymond, *Ejercicios de estilo,* Ed. Catedra, Madrid, 2006.
[268] GAUSA, Manuel, *OPOP! Optimismo operativo en arquitectura*, Actar, Barcelona, 2005, p. 28
[269] HOLL, Steven, *Anchoring*, Princeton Architectural Press, New York, 1991.

Raymond Queneau. *Ejercicios de Estilo* 1947 (Ed. Catedra, Madrid 2011)

TÁCTICAS GESTORAS

T26. *Congestión_* Orden vs Desorden
T27. *Diagramático I_* Específico vs Indeterminado
T28. *Diagramático II_* Estable vs Inestable
T29. *Performativo _* Desprogramar espacios
T30. *Normativo_* Restricción como libertad
T31. *Aikido_* El beneficio de lo adverso
T32. *Camuflaje I_* Disrupción o el engaño de la percepción
T33. *Camuflaje II_* Subterfugio y ocultación
T34. *Camuflaje III_* Reflexión del medio
T35. *Mimetismo I_* Contexto y suplantación
T36. *Mimetismo II_* El disfraz como oportunidad
T37. *Contextual I_* Autonomía o contextualidad entrópica de la forma
T38. *Contextual II_* La creación de lo informe
T39. *Geométrico_* La forma informada
T40. *Negociar_* Crear la frontera de lo informe
T41. *Difuminar_* Superposición de límites borroso
T42. *Material_* Contexto como elemento constructivo
T43. *Inversión de lógicas_* Activación de opuestos
T44. *Equilibrio aparente_* El desorden preciso
T45. *Lo así hallado_* Construir lo contingente
T46. *Ensamblaje _* La articulación de los *ready-mades*
T47. *Atomizar I _* Desintegrar el programa
T48. *Atomizar II_* Desintegración del habitar domestico
T49. Configurable_ Los espacios dinámicos
T50. *Fricciones_* La indeterminación de los límites dinámicos
T51. *Collage_* Postproducción, selección y reordenamiento
T52. *Memoria tipológica_* Desplazamientos de arquetipos
T53. *Estructura y entropía_* La incompletud en arquitectura

CONGESTIÓN_ Orden vs Desorden

{Demasiado orden en arquitectura rigidiza y no permite evolucionar. Demasiado desorden genera caos e impide una construcción productiva. El proyecto arquitectónico debe establecer un sutil juego entre un necesario orden constructivo y un inevitable desorden programático. }   [T26]

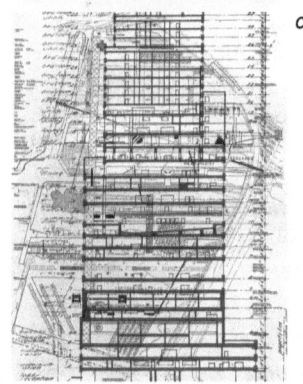

"(...) la "cultura de la congestión" dispondrá de nuevas y excitantes actividades humanas en combinaciones sin precedentes. Gracias a la "tecnología de lo fantástico" será posible reproducir todas las situaciones —desde la más natural hasta la más artificial— donde y cuando se desee".

Rem Koolhaas, *Delirious New York*

a. Termitero Sudafricano, *Lephalale,* Fotografía del autor.[270] *b. The city of the Captive Globe, 1972,* Koolhaas, Delirious New York. *c.* Superposición del proyecto de la Villete de OMA y la sección del edificio del *Downtown Athletic.*

[270] Una colonia de termitas, como explica Brian Goodwin en *Las manchas del leopardo. La evolución de la complejidad*, es un 'sistema complejo' donde seres simples, al alcanzar cierta densidad, generan un orden emergente desde el desorden. Este proceso creativo ocurre en el límite del caos, donde la congestión desordenada es clave.

Los sistemas complejos emergen de la interacción de elementos simples, generando propiedades que no son la mera suma de sus partes. La perspectiva antifrágil aprovecha aspectos vistos como negativos para mejorarlos. En arquitectura, el desorden y la diversidad, elementos ajenos al proyecto, pueden intensificarlo. Koolhaas, destaca cómo elementos "negativos" como la densidad y el caos de Manhattan se transforman en oportunidades.[271] Para él, la ciudad combina orden y desorden, creando un sistema complejo y dinámico. La retícula urbana y los rascacielos encarnan esta dualidad, combinando estabilidad e inestabilidad en un único sistema.

Tanto la ciudad como los edificios se representan metafóricamente como en el método paranoico-crítico de Dalí: elementos blandos y fluidos sostenidos por estructuras rígidas; contraste entre lo racional y lo irracional en la ciudad, descrito en *Delirious New York*. En Manhattan, las calles ortogonales crean un 'caos ordenado' al estructurar la ciudad mientras permiten albergar fantasías y necesidades sociales cambiantes, como en *La ciudad del globo cautivo* (1972), un sistema "archipiélago" de edificios singulares, que flotan sobre la retícula bidimensional, reflejando la convivencia de orden y caos en la ciudad e impulsando el crecimiento vertical de los rascacielos, símbolos de la cultura de la congestión.

Así, el rascacielos combina estabilidad estructural e inestabilidad programática, albergando actividades diversas y adaptándose a necesidades imprevistas, como en el *Downtown Athletic Club*, que . Koolhaas traslada al plano horizontal como idea para el proyecto del *Parque de la Villette* (1982), creando bandas paralelas para diferentes programas sociales, reflejando la "cultura de la congestión" de la metrópolis. Estas bandas programáticas, junto con capas de orden y desorden, permiten interacciones humanas imprevisibles. La Villette se convierte en una visión radical del espacio público: un territorio flexible de "densidad sin arquitectura" visible, donde el desorden se integra productivamente y en equilibrio como gestor de oportunidades en la estructura racional, convivencia de orden y caos en la ciudad.

---

[271] Tomas Koolhaas (Director y productor). 2016. *REM: Rem Koolhaas Documentary* [Película Documental]. E.E.U.U: Parango Films.

DIAGRAMÁTICO I_ Específico vs Indeterminado

{La organización abstracta según los grados de conocimiento o incertidumbre de las cosas que ofrecen los diagramas, sirven como herramienta directa para proyectar arquitectura.}   [T27]

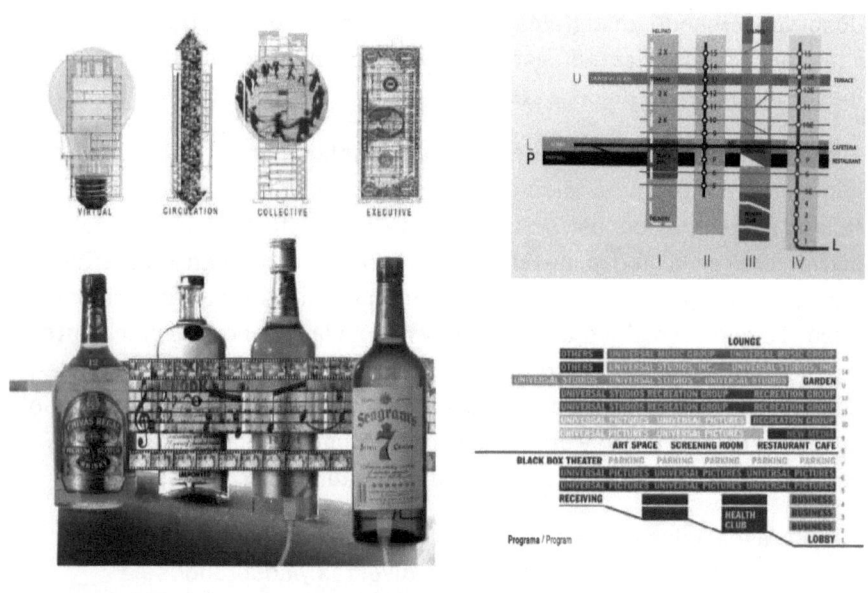

OMA, Proyecto Universal Studios, 1966 ©

Para Rem Koolhaas, Manhattan combina "ley y libertad": un orden urbano que convive con vacíos, espacios inespecíficos de oportunidad los cuales acogerían las más "caprichosas" arquitecturas. Una convivencia entre el orden y lo indeterminado, las reglas de lo colectivo y la libertad del individuo. Este concepto lo lleva al proyecto de la Sede de los Estudios Universal (1996), en Los Ángeles, concibiendo el proyecto como un diagrama programático, más afín con *"un plano de metro que con los planos de un edificio".*[272] Cuatro torres verticales, de funciones específicas (laboratorio, circulación, comunidad y finanzas), conectadas por plataformas horizontales que albergan oficinas flexibles. Estas bandas permiten usos imprevistos y una arquitectura que evoluciona con el tiempo, según las diversas actividades que los empleados realizan durante el día. Esta mixtura de encuentros es evidente, en su relación con la superposición de actividades que Koolhaas analizó en el *Downtown Athletic Club* de Nueva York: el rascacielos como condensador social que contiene actividades heterogéneas apiladas y yuxtapuestas.

En la Sede de los Estudios Universal, se combina programas determinados con actividades indeterminadas, generando encuentros inesperados entre espacio y tiempo. Esta "condensación" de actividades promueve relaciones humanas y fomenta la creatividad a través de la interacción informal entre departamentos. Las intersecciones entre las torres verticales y los forjados horizontales facilitan la continuidad entre trabajo y ocio, favoreciendo la transmisión de ideas y conexiones interdisciplinarias. El proyecto es una respuesta táctica a la pregunta ¿Puede un edificio estimular la creatividad?[273], entendida como una mezcla de orden y caos, rigor e improvisación. La arquitectura aquí adquiere un enfoque antifrágil, capaz de gestionar y mejorar con la entropía de la vida, porque inevitablemente, *"La arquitectura debe fraguar una nueva identidad a partir de partes dispares cuyas relaciones finales son inciertas"*[274].

---

[272] KOOLHAAS, Rem. El Croquis n° 131/132, *OMA / Rem Koolhaas 1996-2006 [I]*, (El Croquis Ed., Madrid, 2006) p. 108
[273] *Ibídem*, p. 106
[274] *Ibídem*,

DIAGRAMÁTICO II_ Estable vs Inestable

{Graduar espacios es imaginar programas.
Sabiendo que no podemos imaginar todo de una sola vez.} [T28]

a   b

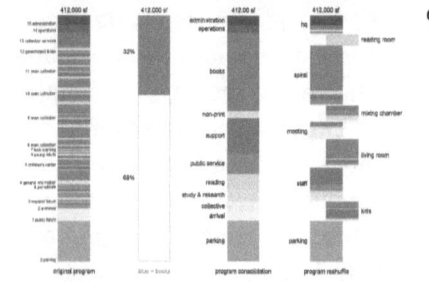 c

a. OMA. Biblioteca Central de Seattle, 1999-2004
b, c. Diagramas del programa.

El proyecto de la Biblioteca Pública de Seattle se basa, en un diagrama que distingue entre actividades "fijas-estables" y "cambiantes-inestables". A diferencia del enfoque de OMA en el Parque de La Villette, la biblioteca desestabiliza el modelo tradicional de rascacielos, *"modificando genéticamente la superposición de planta típica"*[275], mediante

[275] *Ibídem*, p. 72

"cajas de programa" que generan espacios intersticiales. Estas relaciones espaciales integran programas diversos, logrando enriquecer el conjunto, superando así la simple suma de elementos individuales.

Si la flexibilidad en la Modernidad era entendida como espacios genéricos sin atributos específicos, en Seattle se plantea una *"flexibilidad compartimentada"*[276], diferenciando entre programas "estables", diseñados específicamente, y áreas remanentes para usos "inestables". El proyecto materializa este esquema con programas 'controlables en el tiempo' y otros 'modificables', de crecimientos imprevisibles. De este modo, lo diagramático se configura como una *"acumulación de condiciones diversas"*[277], donde las áreas estables y des-programadas, junto con sus relaciones topológicas, construyen la sección "libre" del edificio.

La Biblioteca de Seattle retoma el proyecto *Très Grande Bibliothèque* (1989), invirtiendo su enfoque: la información se compartimenta y los vacíos intersticiales se transforman en espacios públicos para intercambio. Esta relación entre compartimentaciones flexibles y límites difusos crea nuevas oportunidades arquitectónicas. Inspirada en centros comerciales, con escaleras mecánicas, la biblioteca introduce una hibridación 'mall-cultural' que combina diferentes velocidades y programas tecnológicos, transformando la experiencia de consulta de libros y estudio. Aunque el juego volumétrico parece caprichoso, responde a una lógica interna que equilibra espacios estables e inestables, además es el resultado del empaquetamiento de volúmenes flotantes en la "sección libre", descubierta durante el proceso creativo. Este proyecto, según Koolhaas, cumple una función social clave en una ciudad donde el espacio compartido se ha privatizado: ser *"el último vestigio de espacio público gratuito"*[278]

---

[276] TED Talks, (2006), *Joshua Prince-Ramus "Seattle Central Library"*, TED. [Consulta 20-10-2013]. Disponible en: https://www.ted.com/talks/
[277] GARCÍA-GERMÁN, Jacobo. 2012. *Estrategias operativas en arquitectura: Técnicas de proyecto de Price a Koolhaas*. Buenos Aires: Nobuko, 2012, p. 205
[278] TED Talks, (2006), *op. cit.*

PERFORMATIVO_ Desprogramar espacios

{Si las actividades son las que conforman el espacio, entonces, los edificios podrán asumir diferentes programas sin tener que cambiar ellos mismos.

Los espacios indefinidos acogen bien muchas definiciones.

Los espacios sin semántica se abren a cualquier significado.} [T29]

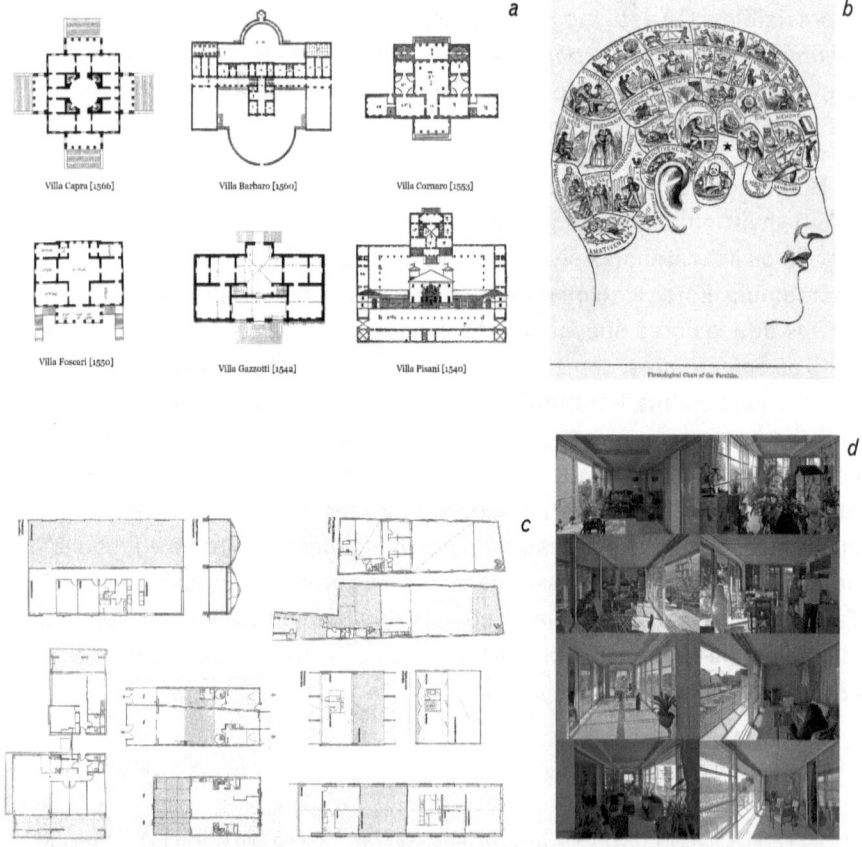

a. Andrea Palladio. Plantas de diferentes Villas (s/e); b. Ilustración s. XIX sobre Frenología; c. Lacaton & Vassal. Catálogo de plantas marcando el *espacio libre* o espacio performativo. d. Fotografías de actividades performativas en diferentes proyectos.

La dificultad para interpretar plantas de edificios históricos radica en la falta de categorización clara de los espacios, ya que presentan una continuidad de salas sin usos definidos. Un ejemplo es la *Villa Capra* (1566) de Palladio, cuya simetría y orden conceptual no revelan cómo se vivía en su interior. En contraste, los planos de la arquitectura contemporánea, con espacios específicos como dormitorios o cocinas, son fácilmente comprensibles. Esta claridad se debió a la tendencia de la arquitectura moderna a especializar cada espacio, buscando mayor control sobre las actividades. Sin embargo, esta especificidad limita la adaptación a lo inesperado y la flexibilidad de usos como apunta la crítica a la visión funcionalista y normativa.

De ahí que, la arquitectura debe mantener un orden flexible y abierto a la contingencia, pero también debe responder a necesidades constantes. Según Sáenz de Oiza,[279] debe equilibrar entre ser una "caja" adaptable y un "estuche" de lo específico, combinando ambos conceptos: espacios flexibles y específicos según las necesidades.

Asimismo, la obra de Lacaton & Vassal se caracteriza por la inclusión de un *espacio libre*,[280] que es un espacio desprogramado "en espera" de ser configurado por quien lo habite. Son *espacios performativos* definidos a través de su uso y vivencia, ofrecen diversas condiciones arquitectónicas, permitiendo a los usuarios adaptarse a variaciones de luz, temperatura y privacidad, donde la 'permeabilidad' en los diferentes proyectos, permite la conexión entre espacios libres y programados, con esto facilitando el movimiento y la transformación de estos espacios performativos que aceptan lo inesperado, evitando así la frenología de una definición cerrada de la arquitectura.

Así, al igual que un lugar sin etiquetas permite múltiples usos, dejando que los usuarios lo definan. Esta arquitectura flexible, que "da un paso atrás", prioriza la acción y la apropiación, siguiendo la idea de Alejandro de la Sota de que a veces "no hacer arquitectura"[281] es la mejor manera de crearla.

---

[279] SAÉNZ DE OIZA, Javier en CAPITEL, Antón, Palabras de Arquitectura revista Arquitectura COAM 2000. N° extra: OIZA, p.81
[280] Lacaton & Vassal. *Espacio libre, transformación, habiter.* Editorial Fundación ICO / Puente editores. en Museo ICO, Madrid 2021, p.44
[281] SOTA, Alejandro de la, *Por una arquitectura lógica y otros escritos*, p. 101

NORMATIVO_ Restricción como libertad

{Llevar al límite los parámetros de la normativa sirve para encontrar arquitecturas que van más allá del límite de lo cotidiano.

Explorar el margen de la ley nos empuja a encontrar soluciones inesperadas.} [T30]

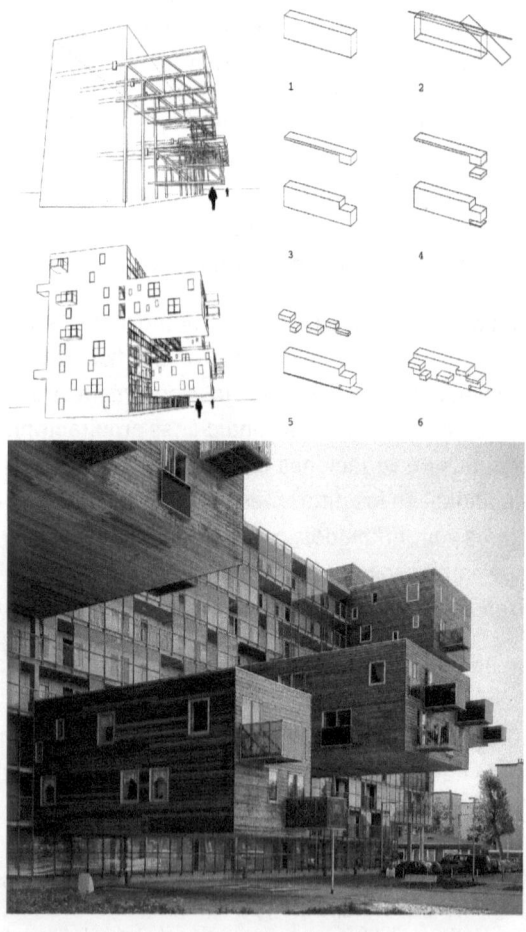

MVRDV. Viviendas *Wozoco 100*. Amsterdam-Osdorp, 1994-1997 (*a*. Diagrama de proceso y constructivo; *b*. fotografía)

La normativa debe aprovecharse como una herramienta generativa en los proyectos, en lugar de verse como una restricción. Proponemos, desde una perspectiva antifrágil, el término "normativo" en el sentido de "servirse de la norma" en lugar de limitarse por ella. A mayor normativa, el proyecto se complejiza y enriquece, usando las restricciones como ventajas. Como sugiere Bjarke Ingels, *tomar las normativas literalmente* puede revelar nuevas oportunidades, y descubrir "la belleza oculta de la burocracia".[282] Así, superar obstáculos normativos puede generar nuevas soluciones arquitectónicas innovadoras.

El edificio WoZoCo, en Ámsterdam, demuestra cómo las restricciones normativas pueden convertirse en oportunidades creativas. Debido a restricciones de luz y espacio, solo se podían construir 87 de las 100 viviendas solicitadas, MVRDV ideó una solución audaz: colocar las 13 unidades restantes en voladizo, cumpliendo con las normativas y asegurando luz natural para las viviendas del lado norte. Para compensar el sobrecoste de los voladizos, se rediseñó el bloque principal en tipología de apartamento-galería, con variaciones en los balcones en cuanto a materiales y colores. Esta heterogeneidad aporta un carácter diferenciador que permite la identificación individual de los residentes y la continuidad con el entorno personalizado.

Stan Allen señala que MVRDV adopta como imperativo la regularidad por ser más fácil y económica, pero cuando el contexto o el programa exigen irregularidad, se abraza la complejidad,[283] como en las viviendas "colgantes", cajas de madera en voladizo que aparentan flotar, ocultando su complejidad estructural, como un truco de magia oculta sus secretos. Además, los voladizos amplían la superficie y protegen el espacio público, generando áreas de transición entre lo público y privado, con ello promoviendo nuevos usos y vida colectiva a partir de las limitaciones normativas que son oportunidades proyectuales, cuando se adaptan creativamente a la incertidumbre.

---

[282] INGELS, Bjarke. *Yes is more. An archicomic on architectural evolution.* Taschen, Köln, 2009, p. 175
[283] Cf. ALLEN, Stan. "Ecologías Artificiales: el trabajo de MVRDV", *El Croquis n° 86, MVRDV (1991-1997)*. El Croquis Ed., Madrid, 1997, p. 30

AIKIDO_ El beneficio de lo adverso

{Utilizar la fuerza de los inconvenientes como decisiones protagonistas del proyecto. La mejor arquitectura nace de la dificultad.} [T31]

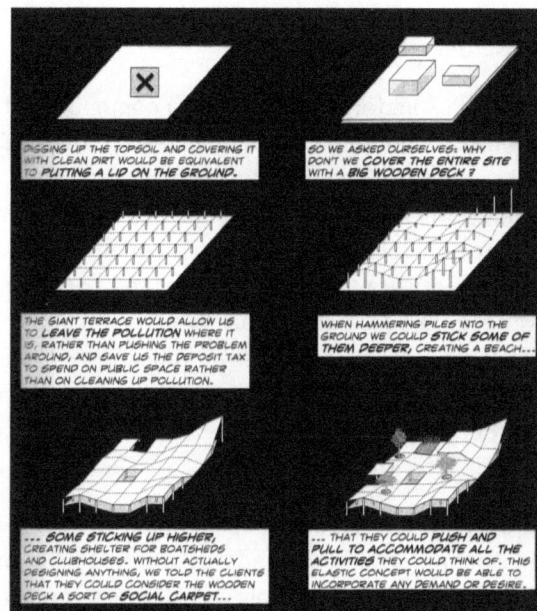

PLOT Architects, *Maritime Youth House.* (*a.* Diagramas de proceso, *b,c.* Imágenes del proyecto.) Conpenhague, Amager. 2002

El Aikido, "el camino de la energía y la armonía", es un arte marcial que busca neutralizar al atacante, al usar la energía del adversario a favor propio, mediante movimientos de proyección y desequilibrio: *"Cuanto más enérgico y decidido es el ataque, más fácil será vencerlo"*, lo que lo convierte en un arte y táctica antifrágil por excelencia, ya que se fortalece ante la adversidad y los estresores.

El proyecto del Centro Juvenil de Aprendizaje y Club Marítimo en la isla de Amager, ejemplifica una táctica de "Aikido" arquitectónico. Aunque su ubicación junto al mar ofrecía buenas vistas, el terreno estaba contaminado por metales pesados. Así, un tercio del presupuesto estaba destinado a excavar y limpiar el terreno. En lugar de trasladar el proyecto, PLOT Architects decidió cubrir la parcela de 1.600 m² con una terraza de madera, protegiendo así el suelo contaminado. La superficie se moldeó para crear espacios destinados a diversas actividades, generando un nuevo espacio público, *creando no un edificio sino un paisaje*. El diseño "flexible" permitió incorporar las necesidades del club y la escuela, con ondulaciones que configuran áreas para embarcaciones y para el programa social.[284]

El proyecto transforma una adversidad en beneficio, convirtiendo el techo en una superficie pisable. Su topografía crea espacios de juego para niños y anfiteatros para adultos, integrándose como un paisaje activo y adaptable a las actividades de los ciudadanos. Siguiendo la idea de Sun Tzu del libro *El arte de la guerra,* de *"vencer sin combatir"*,[285] el diseño resuelve el problema ambiental y económico del terreno contaminado sin enfrentarlo directamente, aprovechando la complejidad del contexto para enriquecer el proyecto.

Un enfoque pragmático y creativo, "utópicos pragmáticos" como señala Bjarke Ingels, una arquitectura utópica y pragmática a la vez; una que se ocupe de la creación perfecta de lo social, económico y ambiental como un objetivo práctico.[286]

---

[284] INGELS, Bjarke, *Yes is more. An archicomic on architectural evolution*, pp. 214-223
[285] SUN TZU, *El arte de la guerra,* Editorial Medí, 2013, p. 3
[286] INGELS, Bjarke, [Disponible en web de BIG]: http://www.big.dk/ #about

CAMUFLAJE I_ Disrupción o engaño de la percepción

{Si comprendemos ordenando la realidad,
engañamos desordenando su percepción.}   [T32]

a. Patrones de camuflaje ejércitos de tierra; b. Pablo Picasso, *Arlequín*, 1915; c. Dazzle Painting, *Mauretania* y *USS West Mahomet*, 1918; d. Maquillaje Dazzle; e. Spad 33 Bleriot, en *Hacia una arquitectura*, Le Corbusier, 1923; f. *B-2 Spirit* y *RQ-170-Sentinel-Drone*.

El camuflaje es una táctica de adaptación que busca una relación particular con el entorno, para ocultar y hacer algo imperceptible a la percepción, pero también, desde una perspectiva cultural, como concepto visual nació en el cubismo y fue adaptado al ámbito militar, para engañar y confundir la percepción en el campo de batalla, convirtiendo el arte en una herramienta para la supervivencia.[287]

Durante la Primera Guerra Mundial, la aviación hizo crucial el uso del camuflaje en barcos para descomponer sus contornos y evitar su reconocimiento. Por ello, Picasso fue pionero en proponer una técnica de ocultación luego llamada *dazzle*, que rompía la percepción clara con patrones geométricos brillantes y fragmentados, confundiendo a la visión desde el aire.[288] Así, se abandonó el mimetismo naturalista por el *dazzle*, que generaba una imagen confusa y dificultaba la identificación precisa de barcos, su dirección y profundidad. Como en la naturaleza, las cebras usan sus rayas para desorientar a los depredadores o, actualmente, el *dazzle* se aplica en el reconocimiento facial, donde maquillajes o peinados desordenan los puntos biométricos clave, dificultando la identificación de un individuo.

Con la invención del radar, el *dazzle* perdió eficacia, y los camuflajes se enfocaron en tecnologías no visuales para aviones. Le Corbusier consideraba al avión como un emblema de inteligencia y audacia, sugiriendo a los arquitectos aprender de su diseño funcional. La tecnología de camuflaje militar avanzó con aviones *Stealth* como el F117-Nighthawk, que utilizaba geometrías facetadas para evitar la detección por radar. Esta estética, que Rem Koolhaas denominó *Stealth*, ha influido en la arquitectura contemporánea, con formas facetadas y expresionistas. Así, Herramientas como el software CATIA, desarrollado para aviones, ha sido clave en la arquitectura de Frank Gehry. Más avanzado, El bombardero B2-Spirit, usa formas aerodinámicas y materiales absorbentes de ondas, mostrando como las innovaciones militares hiperfuncionales influyen en la cultura. Hoy, los drones indetectables son una evolución, donde la forma ya no sigue a la función sino a la economía y la eficacia.

---

[287] MÉNDEZ BAIGES, Maite, *Camuflaje*, Ed. Siruela, 2007. p. 36
[288] BEHRENS, Roy R., *Camoupedia. A compendium of research on art, architecture and camouflage*, p. 179 (t.a.)

CAMUFLAJE II_ Subterfugio y ocultación

{Utilizar el contexto como solución endémica y sensible al lugar, es una forma de habitar el territorio en continuidad y adecuación con el entorno.} [T33]

R&Sie(n) Architects, Casa Barak. Somières, 2001.

El camuflaje contemporáneo debe entenderse como la integración con el entorno y con el medio social o cultural, cuando la arquitectura *"se hace inteligente y decide aprender visualmente del territorio, del lugar, del cosmos que habita"*.[289] Un ejemplo es la Casa Barak, ubicada en un enclave natural, con restricciones debido a su proximidad al castillo medieval de Sommières. Además, con una topografía abrupta, difícil acceso, muros de piedra, vegetación densa, y los veranos calurosos; la casa se adapta siguiendo la idea de Alejandro de la Sota, que el mejor proyecto era simplemente regar y no construir; con esto aludiendo al camuflaje de un proyecto en su terreno, como si no estuviera.[290]

De esta manera, la Casa Barak nacerá como un engaño a la vista, debido a restricciones normativas, leyes rígidas y condiciones climáticas. Es una casa furtiva, con un aspecto temporal, como un 'blind' textil empleado por los cazadores para ocultarse. La casa se quiebra para asumir e imitar el desnivel del terreno y el paisaje circundante. Más allá de lo estético visual, la idea de desaparición responde a una "sensibilidad pragmática", cuando lo funcional se integra en silencio. La construcción combina una base tradicional de cemento y ladrillo, con una envoltura de malla plástica de poliuretano fijada sobre una subestructura metálica.[291] Una doble piel para pasar desapercibida, similar a edificaciones agrícolas e invernaderos. Así, generando *espacios intersticiales* entre interior y exterior, ofrecen aislamiento térmico y permiten la adaptación al terreno y al entorno.

Es un camuflaje hibridado con el medio como respuesta sensible a su contexto, no un simple 'disfraz', sino una táctica reactiva de una relación profunda con el sitio. Una interpretación contemporánea sin caer en posturas postmodernistas o regionalismos superficiales.[292] Una arquitectura de reacción, más que de acción, endémica del lugar como subterfugio ante la limitación de las normas.

---

[289] Ruiz-Geli, Enric en *"Diccionario Metápolis de arquitectura avanzada"* (voz) 'Camuflaje', Ed. Actar. Barcelona, 2001, p. 98
[290] Conversación con el arquitecto César Ruiz-Larrea. (Cf, Entrevista con Enrique Domínguez, En Tesis: *La Casa Domínguez. Alejandro de la Sota,* por M.A Diaz Camacho.).
[291] GAUSA, Manuel. *OPOP!. Optimismo operativo en arquitectura, op. cit.,* p. 193
[292] KIETZMANN, Norman, Entrevista con François Roche.

CAMUFLAJE III_ Reflexión del medio

{El acercamiento sensible al medio natural hoy se realiza mediante la máxima artificialidad. La arquitectura posibilita ser artificialmente natural o naturalmente artificial.} [T34]

Tham&Videgård. *Mirror cube* [Tree Hotel]
Harads, Suecia, 2010.

"Hoy, la belleza no tiene otra medida que la profundidad en que las obras soportan las contradicciones que abren surcos en ellas y que ellas sólo pueden resolver siguiéndolas, no ocultándolas"

[Theodor Adorno. *El funcionalismo hoy, Crítica de la cultura y sociedad I*. (Ed. Akal. Madrid 2008)]

El *MirrorCube*, diseñado por Tham&Videgård, es un refugio que aborda la relación con la naturaleza desde la artificialidad. Este cubo de 4x4x4 metros, con caras espejadas, se camufla reflejando el paisaje circundante, creando una continuidad visual con el entorno al disolver sus contornos. No busca desaparecer, sino un 'pacto' para valorar el paisaje y adaptarse su mutabilidad. A diferencia de la *"estética de la desaparición"* de Paul Virilio, este proyecto explora la interacción del hábitat humano con la naturaleza a través de un material artificial como el espejo, integrando lo abstracto con el medio ambiente.

Esta pieza combina dos cualidades aparentemente opuestas: el camuflaje contextual que lo integra con el entorno y su individualidad como elemento abstracto y autónomo. Estas dos características contradictorias se fusionan en un solo gesto arquitectónico, que refleja una aproximación contemporánea hacia la naturaleza.[293] La piel espejada del edificio genera una imagen inestable donde los límites entre lo natural y lo artificial se desdibujan, insertando el paisaje como parte del proyecto. Esta variación constante en su percepción recuerda la idea de Roland Barthes sobre la *muerte del autor*, que cede el control de la interpretación al observador.

En la arquitectura se generan dos tipos de interpretación: una subjetiva, vinculada a la experiencia personal, y otra objetiva, determinada por el entorno y los factores imprevisibles de la realidad. El alejamiento entre la obra y el autor depende del grado de experimentación y de los márgenes de incertidumbre en el proyecto, ya que la obra, al materializarse, queda expuesta a innumerables condicionantes. El *MirrorCube* ejemplifica estas dos perspectivas: subjetivamente, evoca la fantasía de una casa en el árbol, un refugio oculto que conecta con el anhelo de retorno a la naturaleza. Objetivamente, se basa en la abstracción visual de sus fachadas reflectantes, que interactúan con el entorno cambiante. La imagen final del cubo depende de las variaciones lumínicas y los reflejos del paisaje, revelando así su naturaleza arquitectónica.

---

[293] Tham&Videgård, memoria del proyecto, en El Croquis nº 188: Tham&Videgård (2005-2017), p.90

MIMETISMO I_ Contexto y suplantación

{Reaccionar a la información que ofrece un contexto establece arquitecturas que nacen de lo externo.} [T35]

a. *Thaumoctupus mimicus.* Pulpo mimético, (de arriba abajo) Imitación de pez plano, pez león o pez escorpión y una serpiente marina.
b. Souto de Moura, *Pabellón Multiusos,* Viana do Castelo, 2000-2004

El camuflaje y el mimetismo, aunque ambos implican engañar a los sistemas de percepción como ventaja en la supervivencia, son conceptos distintos. El camuflaje o 'cripsis' busca la "disolución con el entorno" para no ser visto, mientras que el mimetismo imita a otros seres para "aparentar lo que no se es". Un ejemplo destacado es el pulpo mimo (Thaumoctopus mimicus), capaz de imitar hasta quince especies diferentes. Este mimetismo no es aleatorio, sino que adapta su apariencia y comportamiento según la situación o el depredador. Además de protección, esta habilidad le facilita la captura de presas, como cuando imita a un cangrejo.

La capacidad de emular o representar lo que no se es, ha sido parte integral de la arquitectura, desde su uso histórico como medio de comunicación para sistemas de poder religiosos o políticos, hasta su función propagandística actual.[294] Sin embargo, el mimetismo es una actitud de complementariedad entre arquitectura y contexto, replicando características locales sin camuflarse.

El pabellón multiusos de Viana do Castelo, realizado por Souto de Moura, imita la tipología industrial de las zonas portuarias, disimulando su gran tamaño al rehundir las pistas deportivas. La planta baja es una estructura lineal que soporta la cubierta plana y las instalaciones mecánicas, que lejos de ocultarlas, se muestran al exterior. De ahí que, Souto de Moura señala que el edificio evoca al buque hospital 'Gil Eannes', atracado cerca,[295] aunque sus toberas metálicas se asemejan más a las construcciones industriales propias de un puerto, como refinerías o zonas de tránsito de mercancías. Así, el edificio pareciera mimetizarse en la reconstrucción ilusoria del contexto, mediante la puesta en escena que hace de él.

En este proyecto, su estética industrial similar al *High Tech* del Centro Pompidou, es una táctica de integración con el entorno urbano que, al distanciarse de personalismos, mantiene su singularidad mientras se adapta a las características del lugar, demostrando que el mimetismo es una respuesta natural a la entropía del contexto.

---

[294] Cf. SUDJIC, Deyan, *La arquitectura del poder,* Editorial Planeta, Sello Ariel. Barcelona, 2007
[295] *El Croquis nº 124. Eduardo Souto de Moura (1995-2005),* p. 204

MIMETISMO II_ El disfraz como oportunidad

{Utilizar la capacidad que tiene la arquitectura para simular
lo que no es, es un medio para crear espacios subversivos.} [T36]

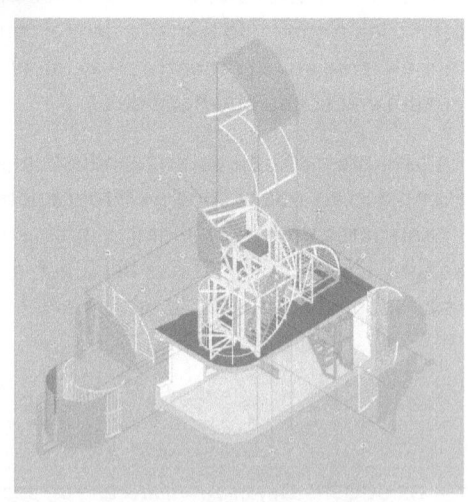

PUP Architects, *Antepavilion*. Londres, 2017 (*a.* fotografía, *b.* Diagrama)

En un mundo "hiperregulado", donde la normativa y la regulación han invadido todos los aspectos de la vida, hay cierta satisfacción en ver cómo algunas situaciones logran escapar del control normativo, sorteando las reglas de manera sutil. Pequeños desórdenes que hackean el sistema, arquitecturas que se aprovecha de vacíos legales para existir.

Tal es un caso común, la prohibición de construir espacios habitables en las cubiertas de edificios, limitando su uso a maquinaria y equipos. Esta restricción desplaza el potencial de la "quinta fachada", la cubierta habitable, reservándola solo para instalaciones técnicas, lo que abre la posibilidad de explorar formas arquitectónicas que se mimeticen con estos espacios.

El proyecto 'Antipavilion' de PUP Architects plantea una reflexión sobre el uso de estos espacios y la posibilidad de apropiación de un lugar de exclusión, reservado para máquinas e infraestructuras, demostrando su potencial para convertirse en áreas habitables. El pabellón fue diseñado como un prototipo que explora soluciones alternativas ante la escasez de viviendas económicas, utilizando el mimetismo para sortear las restricciones normativas. La estructura se disfraza como un gran conducto de extracción de aire, adoptando formas curvas y revestida con tejas provenientes del reciclado de tetrabriks, imitando el aspecto metálico de los tubos industriales, mostrando así cómo es posible crear espacios vivibles en estos vacíos legales.

En consecuencia, esta vivienda disfrazada subvierte el orden de lo normativo y su orden de prioridades, así planteando una reflexión sobre la doctrina establecida y ocupando los espacios entre "la legalidad e ilegalidad"; es decir, no se opone a la ley, sino que se adelanta a ella, exponiendo posibilidades que aún no han sido contempladas.[296] Nuevas oportunidades de producción arquitectónica, gestionadas en el mimetismo o suplantación.

---

[296] Cf. CIRUGEDA, Santiago, *Situaciones Urbanas*, Ed. Tenov, Barcelona, 2007; y Cf. «Derecho a la ilegalidad» [Disponible en:] https://old.smart-ib.coop/el-derecho-a-la-ilegalidad/

CONTEXTUAL I_
Autonomía o contextualidad entrópica de la forma

{La forma sigue a la información y la información se rige por la entropía.} [T37]

  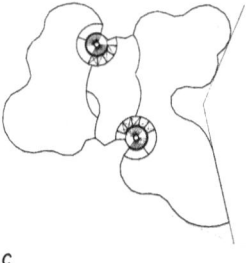

"Junto con el tamaño, la forma es la evidencia del efecto de la entropía en la arquitectura"[297]

a b c

a, c. Mies Van der Rohe. Proyecto Rascacielos Friedrichstrasse, Berlín, 1922.
b. Nils-Ole Lund. *First the building then the site,* Collage, 1982.

La *"arquitectura formal"* comúnmente se entiende como un diseño preestablecido que considera tanto las partes como el conjunto, mientras que la *"arquitectura informal"* surge espontáneamente, resolviendo necesidades y contingencias sin un plan previo. Ambas crean un objeto arquitectónico con límites que definen su forma. Pier Vittorio Aureli describe lo formal como la "experiencia del límite", la interacción entre interior y exterior. Para ello, históricamente, las reglas y tipologías proporcionaban soluciones formales, pero el movimiento moderno rompió con esta tradición, reemplazando normas con principios racionales, como los de Le Corbusier. Mies, en cambio, rechazó el formalismo, para él la forma era el resultado de la construcción, no su objetivo.[298]

---

[297] SOMOL, R.E, «12 Reason to get back into Shape», en KOOLHAAS, Rem, *Content*, Taschen, Nueva York, 2004. p. 87
[298] ROHE, Mies van der, *Escritos, diálogos y discursos.* Ed. Colección Arquitectura, Murcia, 2003. "Tesis de Trabajo" (1923), p. 27

Un año antes de sus declaraciones sobre la forma, Mies diseñó los rascacielos de *Friedrichstrasse*, uno de ellos con una planta de formas orgánicas, en contraste con sus habituales geometrías prismáticas. Aunque estas curvas podrían parecer caprichosas, Mies explicó que respondían a factores como la iluminación, la percepción desde la calle y los reflejos, mostrando que la forma surgía de un proceso constructivo lógico, no arbitrario. Estas formas, posible inspiración para Alvar Aalto en su jarrón Savoy, influyeron también en la *Torre Lake Point de Chicago*, diseñada por discípulos de Mies. Así, para Mies, la forma debe surgir del proceso constructivo y no ser un fin en sí misma. Su complejidad depende del contexto y los parámetros utilizados, evitando caer en formalismos vacíos al centrarse en la relación causa-efecto y las fluctuaciones entre información y proyecto.

Este pensamiento se alinea con las ideas de Ilya Prigogine, quien demostró que en sistemas abiertos y complejos, "lejos del equilibrio" como la realidad misma, pequeñas fluctuaciones pueden desencadenar grandes efectos, como en el *"efecto mariposa"* de Edward Lorenz. Esto no niega la relación causa-efecto, sino que revela la dificultad de predecirla debido a la complejidad. La no-linealidad del mundo hace imposible una objetividad absoluta, desafiando el mito de una arquitectura completamente objetiva. La forma arquitectónica no es un resultado lineal de parámetros objetivos, sino que, pese al rigor aplicado, siempre contendrá imperfecciones y contradicciones al ser una simplificación de una realidad compleja e inconmensurable.

A pesar de la imposibilidad de una arquitectura completamente objetiva, los procesos lógicos, técnicos o científicos siguen siendo valiosos para generar formas artísticas sin aspiraciones estéticas previas. Para Rem Koolhaas, la arquitectura surge de un pensamiento lógico que responde a fuerzas físicas y sociales de la realidad, rechazando la imposición de utopías idealizadas.[299] El collage *"First the building then the site"* de Nils-Ole Lund , evocando las torres de Mies, ilustra la idea de un edificio impuesto en un entorno ajeno, transmitiendo la duda del arquitecto sobre cómo integrarlo, aunque al final, pese a las contradicciones, el edificio siempre ocupará un lugar.

---

[299] KOOLHAAS, Rem, *Conversaciones con estudiantes,* GG, Barcelona, 2002. p. 63

CONTEXTUAL II_ La creación de lo informe

{Lo informe toma forma informándose. La forma es el resultado
geométrico de unos parámetros de entorno que pueden ser
tanto físicos como culturales.} [T38]

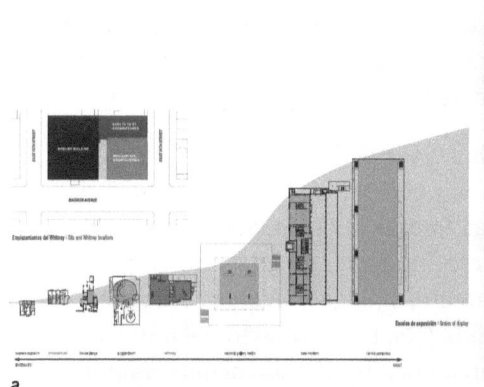

a

b

a

b

OMA, *Ampliación Whitney Museum.* Nueva York. 2001-2002
(*a.* Escalas de exposición, *b,c,d.* Maquetas del proyecto.)

La ampliación del *Museo Whitney* propuesta por OMA en 2001, no es una estructura impuesta sobre los edificios, sino que surge de los parámetros e información del contexto, como la normativa, el programa y la conservación de preexistencias, al incluir los edificios colindantes protegidos. El proyecto aprovecha los espacios intersticiales para conectar las plantas de los edificios, generando una diversidad de salas, pequeñas en los edificios historicistas y amplias en el edificio de Marcel Breuer. Koolhaas ya había explorado esta diversidad espacial en el MOCA de 1999, pero en New York ofrece un "collage" de tipologías de museos, al combinar el Guggenheim, el Museo Soane, el Museo Menil y el propio Whitney, para responder a la indeterminación programática con espacios flexibles.

Koolhaas concibe el proyecto como un elemento integrador que conecta edificios de distintas épocas, elevándose para crear grandes salas diáfanas y áreas de *"Experience"* (restaurante, café, biblioteca, tienda) que también funcionan como espacios expositivos, combinando arte y consumo. El uso de escaleras mecánicas, típico de centros comerciales, refuerza esta conexión. La parte superior del museo, con una estética facetada *Stealth*, se diferencia de otros proyectos de Koolhaas al tallar el volumen 'capaz' que permite la normativa, y emular la geometría del edificio de Breuer, usando *"resonancias"* en lugar de hacer réplica imitativa. Así, el escalonamiento de la fachada y el ventanal ciclópeo hacen referencia al museo original. Esto con el fin de crear un perfil icónico reconocible, símbolo del museo, y su marketing. El proyecto utiliza las limitaciones del contexto, generando una *forma proyectiva* que responde a la complejidad del entorno y su información.

Bajo un prisma similar, Robert Somol y Sarah Whiting definen arquitectura *Doppler* a aquella que se adapta al contexto, centrándose en los efectos e intercambios entre factores como material, programa, forma, atmosfera, tecnología, economía, etc.[300] Así, la arquitectura, similar a un organismo activo, responde de manera continua a las contingencias del entorno, en constante transformación.

---

[300] SOMOL, Robert y WHITTING, Sarah, CIRCO n° 2008. 145, *Notas alrededor del efecto Doppler y otros estados de ánimo de la modernidad*, p. 8

GEOMÉTRICO I_ La forma informada

{Las condiciones del contexto sirven para seleccionar
unos espacios de oportunidad, definir su geometría
y establecer unos límites.} [T39]

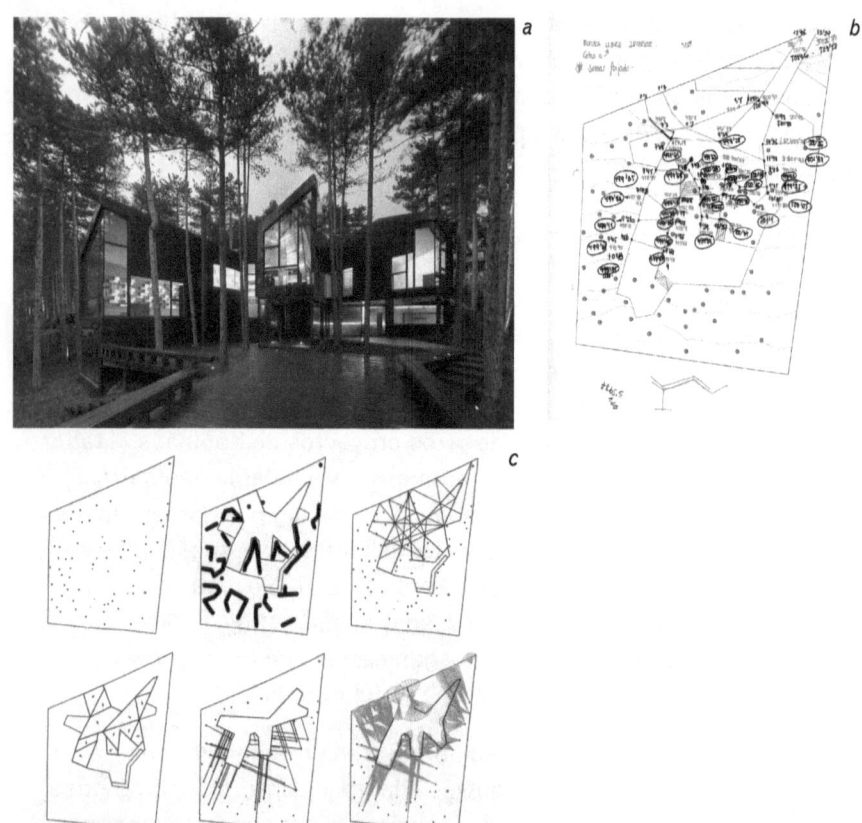

76. *a. Casa Levene.* El Escorial, 2005. No.mad [Eduardo Arroyo]. (*b.c.* Diagramas)

La arquitectura debe adaptarse a situaciones variables, utilizando herramientas precisas para gestionar los estresores de un entorno complejo. La geometría, en lugar de ser exacta y fija, debe responder a las demandas específicas del paisaje y contexto. Una geometría no cartesiana de adaptación evolutiva, que interrelaciona necesidades espaciales con contextos específicos.

La Casa Levene, ubicada en un bosque de pinos con gran desnivel, se plantea en diálogo respetuoso con la naturaleza, evitando caer en un discurso 'ecologista' como "barniz de contemporaneidad y corrección política".[301] El proyecto se basa en un estudio detallado de la posición de los árboles, identificando los espacios libres, o "anti-bosque", como oportunidades para construir sin eliminar ningún árbol. El diseño se adapta a los patrones naturales del bosque, permitiendo que el entorno guíe cómo debe 'ser vivido'.

La arquitectura implica tomar decisiones y negociar con las condiciones el contexto, utilizando una geometría *'Ad Hoc'*, adaptada a las condiciones únicas del entorno, como el crecimiento de los árboles y factores como luz, viento, topografía, etc. Cada árbol es un emisor de información única, y la vivienda se ubica en los espacios libres dejados por su crecimiento natural. A esto se suman las normativas urbanísticas, que establecen parámetros como la inclinación de cubiertas y alturas máximas, y que se integran como generadores del proyecto. *"La casa como sistema de complicidades simbióticas entre la naturaleza y las normativas".*[302]

La vivienda se genera a partir de una geometría compleja e "informada", con un volumen facetado compuesto por "brazos" que se insertan entre los árboles, aprovechando los espacios libres. Esta compartimentación responde a las necesidades de la vivienda contemporánea, proporcionando independencia y conexión entre sus áreas. La envoltura de la casa varía según factores externos, abriéndose o cerrándose en función de la luz, las vistas y su relación con el arbolado, creando un diálogo respetuoso con el entorno natural. La geometría es un proceso dinámico que optimiza decisiones al adaptarse al contexto. Combina la precisión con la improvisación y lo imaginativo, generando una 'intuición creativa': Trabajar con principios precisos en campos de incertidumbre.

---

[301] No.mad, Memoria del Proyecto en *El Croquis n° 118. Cero9/* Ábalos&Herreros/ *No.mad* (2004), p. 84
[302] ARROYO, Eduardo, *en Revista 2G n° 41. Eduardo Arroyo*. Obra reciente, p.114

NEGOCIAR_ Crear la frontera de lo informe

{Construir la sección a través de la negociación
de intereses contrapuestos.} [T40]

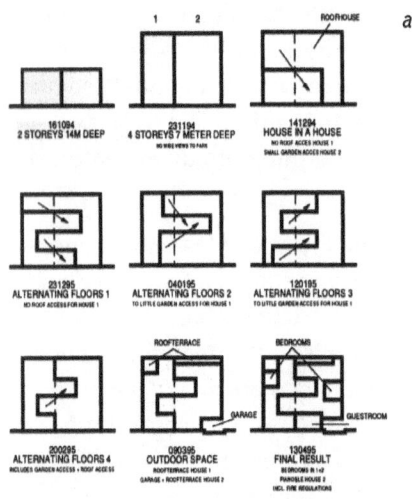

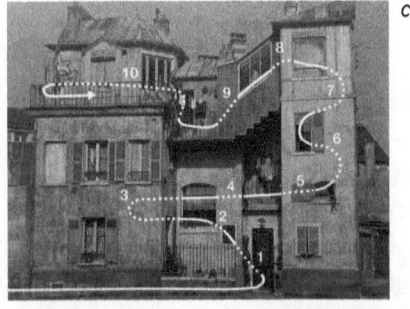

"Proyectar es negociar las mejores condiciones para que un programa perviva y se desarrolle, para que un espacio aproveche rentabilidades, para que unas convenciones aparezcan como imaginativas... y para que unas convicciones se mantengan... No juzga a la sociedad, sino que dentro de ella exprime los acuerdos... Proyectar es negociar condiciones tan ventajosas que se convierten en generadores de significado". Federico Soriano[303]

Casa Doble, Utrecht 1995-1997. MVRDV. (*a*. diagramas, *b*. perspectiva)
c. Mon Oncle, Jacques Tatí, 1957. Recorrido de *Monsieur Hulot* para llegar a su apartamento. (Bjarne Mastenbroek en DIG IT!, p.1057)

[303] SORIANO, Federico, *100 Hiperminimos*, Ed. Ricardo S. Lampreave. Madrid, 2009. p. 31

Una sección como contrato y una planta en vertical como documento legal recogen los acuerdos entre dos familias como resultado de un conflicto de intereses, pero con fin común: el proyecto empieza y termina en la negociación, los límites quedan petrificados en la firma final. La medianera como "membrana entre dos fuerzas"[304] queda petrificada en una línea quebrada, cuando los espacios ya han sido acordados. El edificio es un 'apretón de manos'.

Una familia, con un solar frente al Wilhelmina Park en Utrecht pero sin suficiente dinero para construir, busca otra familia para compartir los gastos de una casa conjunta. Cada familia con distintas necesidades y arquitectos (Architectengroep y MVRDV). Donde los arquitectos actuaron como mediadores, negociando los espacios de forma que ambas viviendas se entrelazan sin dividirse por una medianera tradicional. El proyecto concentra el edificio para maximizar el terreno y la altura permitida, beneficiando las vistas al parque. El resultado es un volumen coherente, donde una casa crece dentro de la otra, reflejando los acuerdos espaciales entre ambas familias.

En la Casa Doble, seis meses de negociaciones y nueve reuniones determinaron la distribución del espacio y los límites, que se plasman físicamente en la fachada de lo abstracto. Al igual que en el proyecto de "Vacíos Berlineses", las unidades apiladas como piezas de 'tetris' son visibles desde el exterior, revelando la coexistencia de dos volúmenes residenciales distintos pero integrados, como un *'ying-yang'*, ambas responden a deseos distintos, pero están integradas y hacen visible el acuerdo público al exterior. La fachada desaparece, reemplazada por una sección acristalada que expone los acuerdos, evocando el cómic "13 Rue del Percebe". Esta transparencia refleja la interacción entre lo público y lo privado, reflejando una "sociedad de la transparencia"[305] impulsada por la tecnología y las redes sociales. Concepto de vigilancia mutua, como el voyerismo de "La ventana indiscreta" de Hitchcock, mucho antes de la llegada de Facebook.

---

[304] El Croquis n° 86. *"MVRDV 1991-1997"*. Entrevista de Luis M. Mansilla y Emilio Tuñón "El espacio del optimismo" p. 13
[305] Cf. HAN, Byung-Chul, *La sociedad de la transparencia*, Heder Editorial, Barcelona, 2013.

DIFUMINAR_ Superposición de límites borrosos

{Al desdibujar los límites de un objeto se llega a una situación paradójica: disminuye su presencia como cuerpo al mismo tiempo que se amplía como medio.} [T41]

a. Andy Warhol. Autorretrato, 1980
b,c. S&Aa (Soriano y Palacios), Edificio Administrativo en Bilbao, 2002-2006.

Nuestros ojos miran, pero el cerebro interpreta la realidad a través de una simulación basada en "movimientos sacádicos", saltos rápidos de los ojos entre puntos de interés. Durante estos saltos, el cerebro suprime la percepción para no sobrecargarse, por eso no vemos nuestros ojos moverse en el espejo. La percepción capta fragmentos de información y el cerebro rellena los huecos, creando una versión personal e imprecisa de la realidad, donde surgen las ilusiones.

En el autorretrato, Andy Warhol captura el movimiento de su cabeza en 180°, creando una superposición de fases que trasciende la idea de la fotografía como un instante congelado. Inspirado en la fragmentación de la realidad introducida por Picasso, Warhol muestra múltiples perspectivas simultáneas de sí mismo, negando la visión única o fija de una identidad. Afirma que una persona alberga múltiples facetas de información, como pintor, empresario, cineasta, y más, conformando una entidad compleja. Así, siempre llenaríamos los vacíos de la realidad con fragmentos de nuestras propias identidades.

El Edificio Administrativo Plaza Bizkaia se emplaza en un solar estrecho con orientación desfavorable (oeste) y restricciones estructurales debido a un aparcamiento subterráneo preexistente. A pesar de estas condiciones, el proyecto busca maximizar la luz natural en los espacios de trabajo. La fachada acristalada, aunque potencialmente incómoda por el soleamiento, se adapta mediante un muro cortina que controla el deslumbramiento del atardecer y aprovecha la luz tenue en invierno. Los forjados se retranquean estratégicamente para proyectar sombra sobre las plantas inferiores, pero de forma limitada para no reducir demasiado el área útil.

Para complementar, se incorpora una doble piel de vidrio con serigrafiados que filtran la luz solar según las variaciones estacionales, ajustándose a las diferentes inclinaciones del sol a lo largo del año. Esta disposición permite que la fachada se adapte a las condiciones lumínicas, creando una asimetría funcional que responde a las particularidades del entorno: fragmentos de información materializada en narrativas de instantes de luz, como las capturas de Warhol. Fotogramas de límites difusos que enlazados son el movimiento del sol hecho materia dinámica y continua.

MATERIAL_ Contexto como elemento constructivo

{Emplear la materia del lugar para crear nuevas soluciones constructivas vernáculas.

Envolverse con el material del lugar hace que la arquitectura pertenezca al paisaje.} [T42]

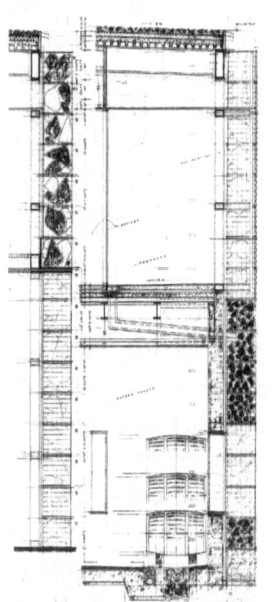

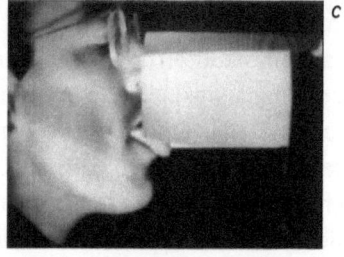

b. Bodegas Dominus (*a.* Secciones transversales), California, 1995. Herzog&de Meuron; *c.* Fotograma de Jacques Herzog lamiendo una maqueta, 1978. Usada por Luis Fernández-Galiano en Fundación Juan March, Madrid, 2011.

> *"(...) La arquitectura solo puede sobrevivir como arquitectura en su diversidad física y sensual, y no como vehículo para alguna clase de ideología. Paradójicamente, es la materialidad de la arquitectura lo que transmite pensamientos e ideas o, dicho con otras palabras, inmaterialidad"*. Jacques Herzog[306]

---

[306] HERZOG, Jacques "Discurso aceptación premio Pritzker de Arquitectura 2001", en *El Croquis n°109/110. Herzog&deMeuron* (1998-2002), p. 8

Un edificio como obra *'land art'*, un fragmento del paisaje que se alza en un juego de antigravedad, transformando un lecho de piedras basálticas locales en un muro vertical etéreo. Las mallas metálicas contienen las piedras en una disposición que, de manera inesperada, revela nuevas cualidades traslúcidas resignificando el material.

En el proyecto de Bodegas Dominus, Herzog & de Meuron reinterpretan los gaviones, tradicionalmente opacos, creando una "transparencia literal del muro de piedras"[307], como señala Rafael Moneo, donde lo esencial son los huecos que dejan las piedras. La luz atraviesa estos intersticios, proyectando sombras que reflejan el paso del tiempo y las estaciones, ensalzando el *tempus fugit*. Así, las piedras, cuidadosamente seleccionadas y dispuestas por tamaño, permiten la ventilación y el control de la luz según las necesidades de cada espacio, creando un muro que actúa como protección contra el calor diurno y como acumulador térmico durante las noches frías del valle de Napa. Este enfoque utiliza elementos naturales, generando una atmósfera estable en el interior, y sin recurrir a costosas tecnologías, se inspira en principios tradicionales de la arquitectura.

Esta reinterpretación de lo vernáculo, sofisticada y basada en la materialidad, presenta lo natural y lo artificial como conceptos en continuidad, rechazando un "naturalismo" superficial. La integración con el paisaje remite a construcciones ancestrales de piedra y a las condiciones necesarias para la elaboración del vino (luz, ventilación, temperatura). Siguiendo la idea de Latour sobre *"blackboxing"*, en las Bodegas Dominus, el trabajo técnico se oculta y se diluye en la materialidad, volviéndose casi imperceptible frente al paisaje. El muro, como límite poroso, se diseña considerando tanto el interior como el exterior, actuando como mediador. Se persigue una experiencia fenomenológica a través de materiales "tan inteligentes, tan virtuosos y complejos como los fenómenos naturales"[308] que no solo estimulan la vista, sino todos los sentidos, logrando una verdadera conexión sensorial con el entorno. La naturaleza de lo artificial.

---

[307] MONEO, Rafael, *Inquietud Teórica y Estrategia Proyectual*. Barcelona: Actar, 2004. p. 396
[308] HERZOG, Jacques. *Discurso aceptación premio Pritzker...,op. cit.,* p. 14

INVERSIÓN DE LÓGICAS_ Activación de opuestos

{Invertir el punto de vista lógico, revertir las ideas evidentes
o desechar el juicio inmediato, nos encamina hacia
soluciones innovadoras e imprevistas. [T43]

a

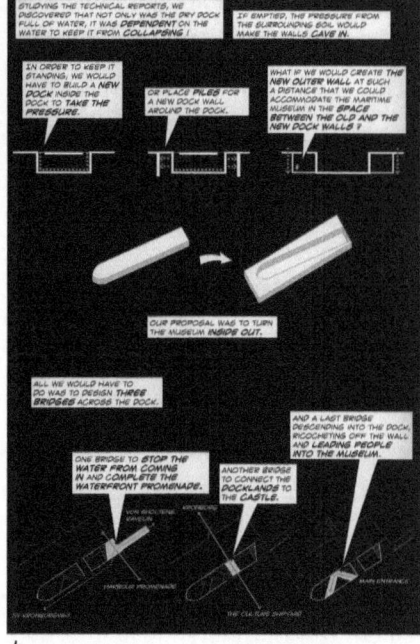

b

a. Socle du Monde. Herning, Dinamarca. Piero Manzon, 1961; *b. Danish Maritime Museum* (Diagramas de proceso), Helsingor. BIG (Bjarke Ingels Group), 2013

La escultura "Socle du Monde" de Piero Manzoni (Base del mundo) es realmente sencilla, un pedestal metálico invertido, que subvierte su lógica tradicional de sostener y resaltar objetos. Al voltear el pedestal, Manzoni convierte a la Tierra entera en una obra de arte, resaltando su valor y todo lo que contiene, incluyéndonos a nosotros mismos. Bruce Mau, en su "Manifiesto incompleto para el crecimiento" (1998), promueve la apertura al cambio y la evolución interior, sugiriendo que el crecimiento se basa en aceptar y adaptarse a transformaciones. Mau defiende una evolución gradual, nacida de mutaciones y conflictos, donde pensamientos opuestos y enfoques inesperados pueden generar soluciones innovadoras y transformar lo convencional en algo extraordinario.

En el Museo Marítimo Danés, diseñado por BIG, se desafían las bases del concurso al invertir el enfoque tradicional: lo que debía estar dentro se lleva al exterior, y se revierte la relación entre lleno y vacío. En lugar de aceptar las directrices de manera inmediata, se cuestiona y redefine el planteamiento inicial, generando nuevas soluciones que combinan intuición y lógica en un "azar metódico". Dado que el cercano Castillo de Kronborg, Patrimonio de la Humanidad, debía restaurarse a su estado original, el museo se trasladó a un dique seco en desuso. La UNESCO limitó la construcción a este volumen, prohibiendo cualquier edificación que sobresaliera del nivel del suelo.

El proyecto del Museo Marítimo Danés requería dos niveles subterráneos que ocuparan todo el espacio del dique, cuyo vaciado habría colapsado sus muros, ya que dependían del empuje del agua. En lugar de usar la edificación para contrarrestar estos empujes, como proponía el concurso, se llevó el museo al perímetro, liberando el dique y convirtiéndolo en un gran patio abierto. Este patio, a 8 metros bajo el nivel del mar, se convierte en un espacio público versátil, ideal para actividades como conciertos, al tiempo que preserva la estructura histórica. El museo, enterrado en una losa inclinada que resuelve el cambio de nivel, se ilumina naturalmente mediante el vacío del dique, combinando la atracción pública con la discreción requerida para proteger el patrimonio. De este modo, se integran dos necesidades aparentemente opuestas: la *llamada* de atención de un museo y el *silencio* requerido en un entorno protegido, conectando con la memoria del lugar.

Así, el pensamiento lateral cuestiona supuestos y explora nuevas perspectivas, escapando de patrones convencionales, eliminando prejuicios y tabúes, desafiando nuestras certezas y formulando nuevas preguntas. Solo así se generan tácticas evolutivas y proyectos innovadores mediante enfoques diversos y lógicas invertidas.[309]

---

[309] TUBAU, Daniel, *No tan elemental*, Ed. Ariel Planeta, Barcelona, 2015, p. 307

EQUILIBRIO APARENTE_ El desorden preciso

{Si sofisticar es hacer sencillo lo complejo; en arquitectura, la más evidente sofisticación es ocultar los esfuerzos de la gravedad.} **[T44]**

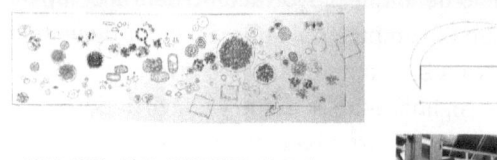
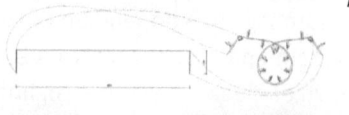

a. Table. Junya Ishigami, Tokio, 2005;
b,c. Cálculo de pesos de objetos; *d,e.* Fotografías del plegado.

Una línea horizontal corta el espacio como la navaja corta el ojo en *"Un perro andaluz"*[310], precisa, dolorosa e inquietante.

[310] Salvador Dalí y Luis Buñuel, "Un perro andaluz", 1929

Table es una línea poética suspendida en el espacio, congelada en el tiempo, que parece desafiar la gravedad y la lógica. Aunque está al borde de deformarse por su propio peso, permanece en un equilibrio imposible y antinatural, flotando con una estabilidad inquietante. A medida que observamos su levitación y cuestionamos su resistencia, acabamos aceptando su presencia como algo inmutable, una mesa que, con sus 3 mm de grosor y 10 metros de longitud sin soportes, desafía nuestras suposiciones sobre la materia y la estabilidad.

Más aun, un desorden de objetos cotidianos parece flotar sobre la superficie de la mesa que, al desafiar su horizontalidad imposible, surge la necesidad de tocarla para confirmar su realidad, ya que el tacto es más confiable que la vista, evocando la incredulidad de santo Tomás.[311] Ishigami explora así los límites del equilibrio, calculando con precisión el peso y la posición de los objetos para mantener la estabilidad de la mesa. Sin estos elementos, *"se enrollaría una vez y media como la cola del cerdo, y las patas se curvarían como plátanos".*[312] De esta forma, redefine la horizontalidad arquitectónica, que tradicionalmente implica nivelar el terreno para construir. Aquí, la disposición precisa y el peso de los objetos son los que estabilizan la superficie, creando un equilibrio poético que desafía la lógica convencional. La mesa se presenta como un haikú visual, breve pero conciso, invitando a observar desde una perspectiva diferente.

En sus croquis se muestran el cálculo meticuloso, y la disposición similar a un puzle, refleja el diagrama de fuerzas de gravedad y masas en el que los objetos se reducen a su peso, equilibrando la estructura de forma artesanal y precisa. El proceso de equilibrio en la mesa se mantiene oculto, ajustando cada objeto para domar la curva del acero y lograr la nivelación. Como si fuera un acto meticuloso y preciso al estilo de Indiana Jones, colocar el último elemento requiere cuidado, midiendo con la vista y pesando con las manos, buscando un equilibrio final que evite activar la "trampa" estructural.

---

[311] PALLASMAA, Juhani, *Los ojos de la piel, La arquitectura y los sentidos*, Ed. Gustavo Gili, 2014, p. 27
[312] ISHIGAMI, Junya. *How small? How vast? How architecture grows.* Pto.44 Mesa. Ed. Hatje Cantz 2014

LO ASÍ HALLADO_ Construir lo contingente

{Seguir literalmente las configuraciones que nos ofrece la realidad puede servir para encontrar nuevas formas y soluciones originales}   [T45]

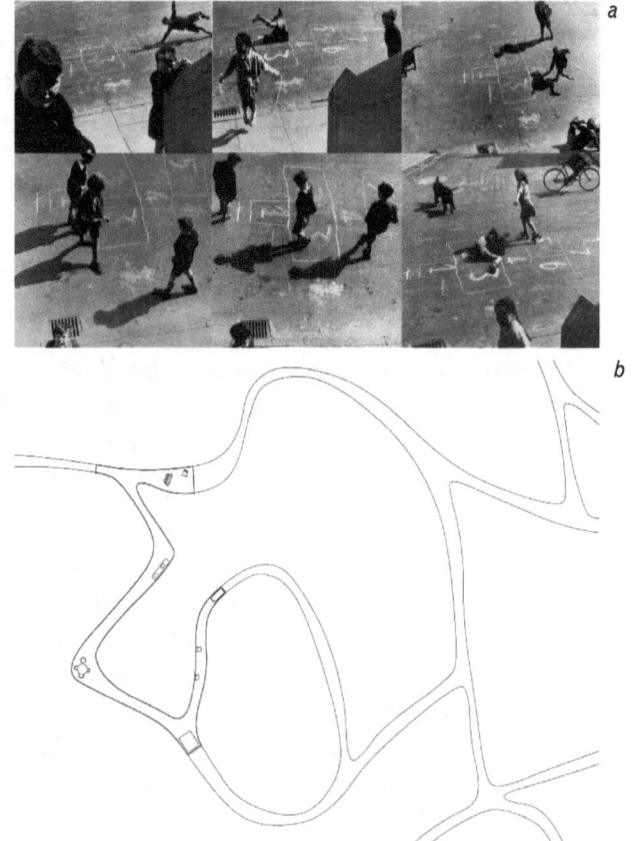

a. Children playing on Chisenhale Road, Nigel Henderson. Londres, 1949–1956.
b. Trail House, Anne Holtrop. Almere, 2005.

El concepto de "así hallado" describe una actitud perceptiva que, desde una mirada sin prejuicios, busca cualidades en lo cotidiano. Alison y Peter Smithson acuñaron el término *"as found"* en los años 50, sugiriendo que lo prosaico puede revitalizar la creatividad.

Las fotografías callejeras de Nigel Henderson inspiraron a los Smithson al mostrar cómo elementos cotidianos, como los juegos de tiza en las calles, dotan de valor a espacios anónimos. Estos trazos infantiles no solo capturan actividades efímeras, sino que revelan cómo los lugares se construyen a partir de huellas y apropiaciones dotándolos de identidad específica. Para los Smithson, el contexto arquitectónico abarca no solo edificios sino también estos elementos que enriquecen el entorno y lo distinguen de otros espacios. Así, frente a la "tabula rasa," donde la arquitectura se concibe como forma autónoma, los Smithson proponen integrar al proceso creativo esta sensibilidad hacia lo "aleatorio" de la vida. A diferencia del "ready made" de Duchamp, donde un objeto acabado adquiere un significado distinto, el *'as found'* no es algo terminado sino un instante dentro de un cambio continuo, un elemento mediador que formará parte del proceso de transformación arquitectónica.

La "Trail House" (Almere, 2009) de Anne Holtrop toma como base la huella de los senderos trazados por el paso de personas en el terreno, "caminos del deseo" para definir la planta de la casa. De esta forma, un tramo de estos recorridos es transformado en una cartografía espontánea que refleja los flujos y huellas del lugar. Así, los límites de la casa no nacen de una decisión arquitectónica preconcebida, sino que responden al contexto preexistente. Este enfoque confina la casa en una forma dictada por el sitio, integrando en el proceso el carácter efímero y convirtiéndose en un vestigio de su memoria. Los senderos se convierten en un volumen tridimensional donde los espacios interiores se adaptan a las formas *halladas*, creando una continuidad espacial sin divisiones físicas. La privacidad se logra mediante la longitud y complejidad del recorrido, no con barreras.

Holtrop propone así una arquitectura que equilibra la intención del arquitecto con la espontaneidad del lugar y la realidad, lo "así hallado", para transformarlo en una nueva narrativa espacial.

ENSAMBLAJE_ La articulación de los *ready-mades*

{La innovación se produce cuando se prescinde de lo habitual
y se encuentran nuevas conexiones entre objetos conocidos.

La originalidad ofrece usos extraordinarios
a objetos ordinarios.} [T46]

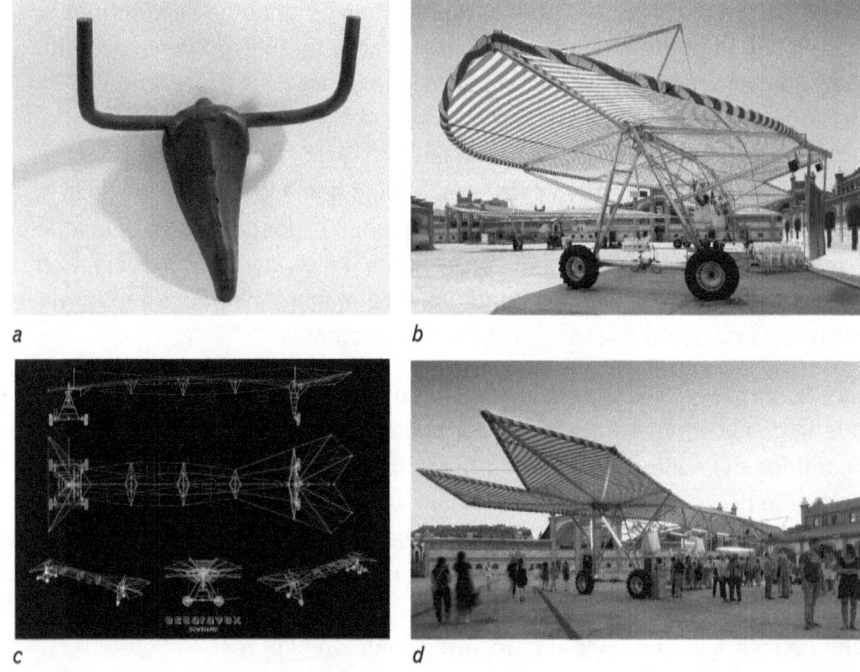

a. *Cabeza de toro*, Pablo Picasso. París 1942.
b, c, d. Escaravox, Andrés Jaque Arquitectos. Madrid, 2012

En el ámbito artístico, el *ensamblaje* consiste en unir objetos tridimensionales sin vocación artística propia, pero que una vez combinados adquieren un nuevo significado y conforman una expresión artística. A través de la selección y recontextualización de elementos prefabricados, a menudo cotidianos, el artista transforma su significado original en uno conceptual.

Un ejemplo paradigmático es la *"Cabeza de toro"* de Picasso, compuesta por un sillín y un manillar de bicicleta, que juntos evocan la forma del animal. A diferencia del "cadáver exquisito" surrealista, el *ensamblaje* aquí no se guía por el azar, sino por una unión intencional que otorga a los objetos un nuevo sentido simbólico, metamorfoseado como escultura.

Por el contrario, los *objet trouvé* o *ready made* de Duchamp, como el urinario convertido en *Fuente* (R. Mutt, 1917) o el *Botellero* (1914), son objetos manufacturados que, al ser seleccionados y nombrados por el artista, se transforman en arte, sin alteración material ni nuevo significado, sino como una transustanciación de lo común a lo sublime. En contraste, el ensamblaje combina piezas terminadas para crear nuevos objetos, técnica aplicada tanto en arte como en inventos cotidianos, como la navaja suiza o la maleta con ruedas, que revolucionaron sus usos mediante la unión de elementos distintos.

En arquitectura, el ensamblaje ha sido menos frecuente, priorizándose *elementos arquitectónicos* como tipologías o unidades constructivas, sin integrar objetos completos y manufacturados. En los años 60, los grupos de *arquitectura radical*, como *Archigram* y Haus-Rucker-Co, exploraron el uso de dispositivos industriales, especialmente de la industria aeroespacial, para crear espacios habitables no convencionales, como la cápsula *Livingpod* (1965), la transportable *Cushicle* (1966) y la *Mind Expander* (1968), una silla que combinaba tecnología y diseño fenomenológico para transformar la experiencia mental y sensorial del habitante.

Así, como ensamblajes mecánicos, los *Excaravox*, diseñados por Andrés Jaque en 2012, utilizan materiales industriales comunes, como sistemas de riego y sillas de plástico, para crear una estructura adaptable y económica. Este ensamblaje de *ready mades* resignifica los objetos al emplearlos fuera de su uso original, formando un espacio para conciertos y áreas de sombra. Al emplear un diseño móvil, los *Excaravox* se desplazan según las actividades, subvirtiendo el propósito inicial de sus componentes y destacando, como señala Xavier Monteys, el valor y acción crítica de "usar una cosa de otra manera de la que estaba prevista".[313]

---

[313] MONTEYS, Xavier, *Casa Collage*, p.32

ATOMIZAR I_ Desintegrar el programa

{Crear una amalgama de espacios con diferentes cualidades arquitectónicas permite que puedan alojar usos futuros imprevistos.} [T47]

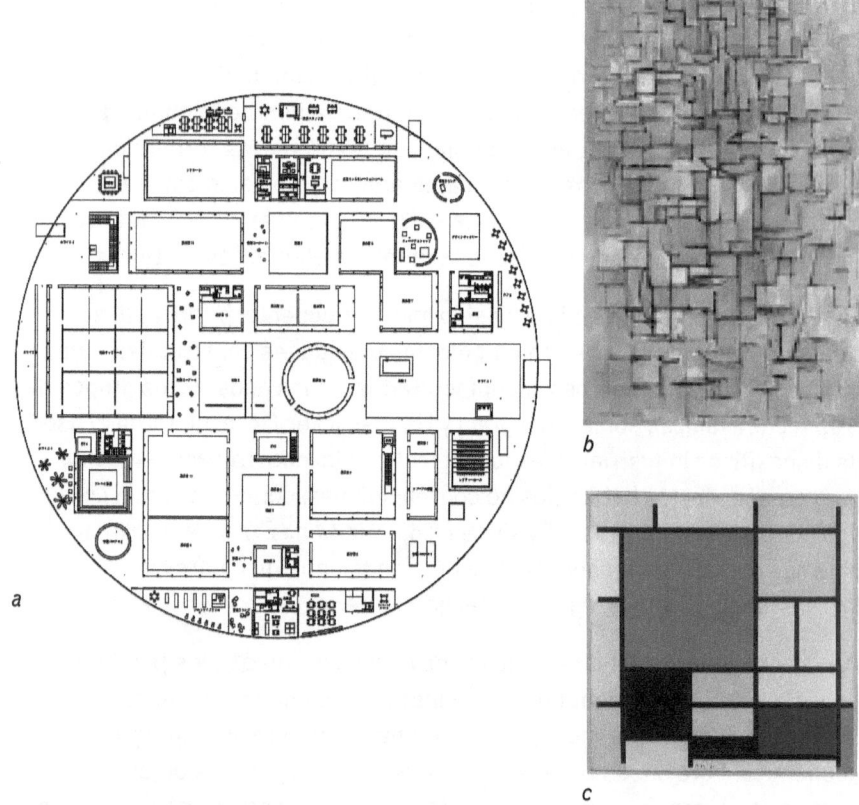

a. Museo de Arte Contemporáneo de Kanazawa, SANAA. Japón, 1995-2004.
b. Tableau no. 1, Piet Mondrian. 1913; c. Composición en rojo, amarillo, azul, blanco y negro, 1921.

El edificio para el Museo de Kanazawa (1999-2004) de SANAA consiste en un catálogo de salas rectangulares de diferentes tamaños y alturas, distribuidas ortogonalmente dentro de un gran perímetro circular de vidrio. La tradicional composición unitaria y continua de salas y galerías de los museos, queda aquí 'atomizada' en un conjunto de piezas independientes. Así, el museo se entiende como un gran recinto que alberga en su interior las salas a modo de islas que acogen el programa del museo. El edificio como contenedor de piezas, despliega una composición formal de "arquitecturas dentro de arquitecturas".[314]

La distribución de las piezas en el museo no sigue una jerarquía tradicional; en lugar de ello, se disponen por la planta un tanto aleatoriamente, basada en la accesibilidad de las áreas y agrupaciones de uso. Las zonas más públicas, como el restaurante, la tienda y la información, se ubican en el perímetro y cerca de los accesos, mientras que las salas de exposiciones se sitúan entre los patios para formar corredores visuales, facilitando la orientación del visitante en el espacio intersticial. Esta organización recuerda las composiciones de De Stijl,[315] en particular las de Mondrian, donde las líneas divisorias generan rectángulos y cuadrados de distintas dimensiones. Así, los espacios de circulación entre salas del museo crean ejes que se cruzan, subdividiendo el plano en áreas de variados tamaños.

El método de compartimentación en salas de distintas características aporta flexibilidad al edificio, ya que, según Sejima, "tener habitaciones de diferentes tamaños es siempre necesario".[316] Así, se abandona el lema "la forma sigue a la función", ofreciendo una variedad de espacios capaces de adaptarse a diversas demandas del programa museístico. De ahí que, la flexibilidad y variedad de espacios es la mejor condición para lo inesperado en el programa.

---

[314] GONZÁLEZ LLAVONA, Aida, *Descodificando Sejima-Sanaa*, Diseño Editorial, 2016. p. 176
[315] Esta relación de la ordenación con el movimiento De Stijl es destacada por Juan Antonio Cortés en «Topología Arquitectónica. Una indagación sobre la naturaleza del espacio contemporáneo» En El Croquis nº 139 SANAA (2004-2008), p. 34
[316] AOKI, Jun "La flexibilidad de Kazuyo Sejima". En Pasajes de arquitectura y crítica. Número 29. Especial Japón, p. 50-51

ATOMIZAR II_ Desintegración del habitar domestico

{Desintegrar los componentes de un programa permite jugar
con nuevas interconexiones entre las piezas, abriéndose
así a nuevas formas de uso.

Al disgregar lo compacto aparecen oportunidades
entre los intersticios.} [T48]

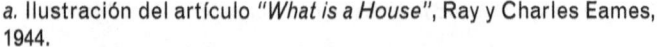
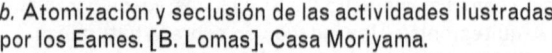

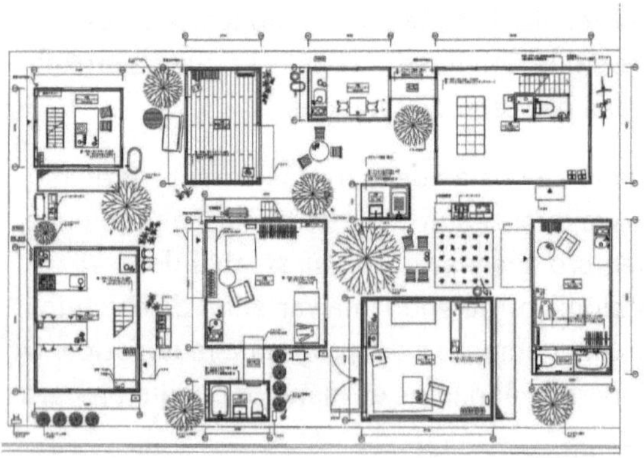

a. Ilustración del artículo *"What is a House"*, Ray y Charles Eames, 1944.
b. Atomización y seclusión de las actividades ilustradas
por los Eames. [B. Lomas]. Casa Moriyama.
(c. Planta; d. croquis conceptual). Ryue Nishizawa, Tokio, 2002-2005

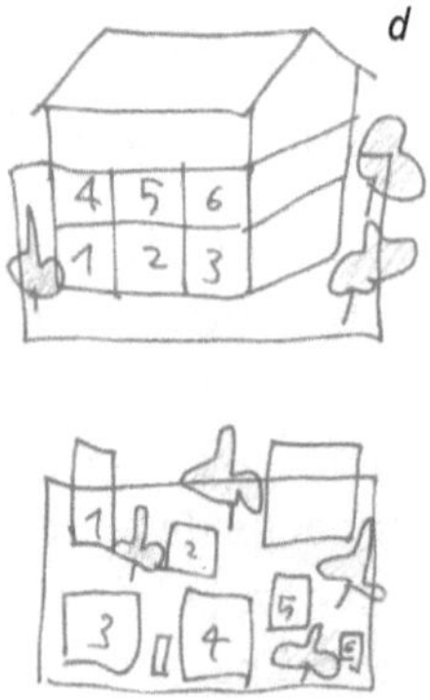

La ilustración de los Eames en *¿Qué es una casa?* (1944), en la que escenas anecdóticas flotan sobre un fondo blanco sin límites definidos, transmite la idea de hogar como un espacio abierto a un número indeterminado de acciones. Así, el hogar se presenta no solo físico como un refugio, sino como una narrativa construida mediante las actividades compartidas, donde sus habitantes "son la casa". En palabras de Charles Eames, la vivienda se convierte en una *"estructura no consciente de sí misma"* [317] que sus ocupantes transforman con accesorios y decisiones de sus propias vidas. Sin embargo, cuanto más definidos y especializados son los espacios, menos flexibilidad tienen, limitando la capacidad de adaptación a las acciones de vida espontáneas y no previstas de los habitantes.

La Casa Moriyama de Ryue Nishizawa (Tokio, 2002) desintegra la vivienda en diferentes habitaciones independientes, superando la tensión entre espacio definido y flexibilidad de uso. Esta "atomización" convierte la casa en un archipiélago de habitaciones capaces de acoger distintos usos, similar a la variedad de espacios versátiles del Museo de Kanazawa. Así, las actividades en la ilustración de los Eames podrían alojarse en estas habitaciones o en los espacios intersticiales de la Casa Moriyama, y otorgar a sus habitantes la libertad de configurar y redefinir su propio hogar, decidiendo qué espacios emplear como residencia o alquilar, y eligiendo estancias según la estación o la ocasión, con lo cual la vivienda cambia según el ciclo de vida de sus habitantes.[318]

La separación entre las piezas facilita su independencia y privacidad, mientras los espacios intermedios actúan como jardines domésticos, que fluyen diluyendo los límites entre el ámbito privado y el espacio público de la ciudad, integrando elementos externos como el viento, los sonidos y los aromas, en consonancia con la tradición japonesa de conexión con la naturaleza. Este proyecto fragmentado y adaptable, donde el usuario configura su propio hogar, sacrifica la unidad y simplicidad, pero se alinea con el ideal de Le Corbusier: una "casa de hombres" y no de arquitectos.

---

[317] EAMES, Charles, cit. GALMÉS CEREZO, Álvaro. *Morar. Arte y experiencia de la condición doméstica,* Ed. simétricas, Madrid, 2014, p. 348
[318] NISHIZAWA, Ryue, en El Croquis 121/122. SANAA (1998-2004) p. 364

CONFIGURABLE_ Los espacios dinámicos

{Flexibilidad es entregar la decisión para la configuración
de un espacio a quien lo habita.} **[T49]**

"Los sistemas dinámicos (...) son sistemas inestables que se dirigen hacia un futuro que no puede ser determinado a priori porque tenderán a cubrir tantas posibilidades, tanto espacio como tengan a su disposición."

Ilya Prigogine[319]

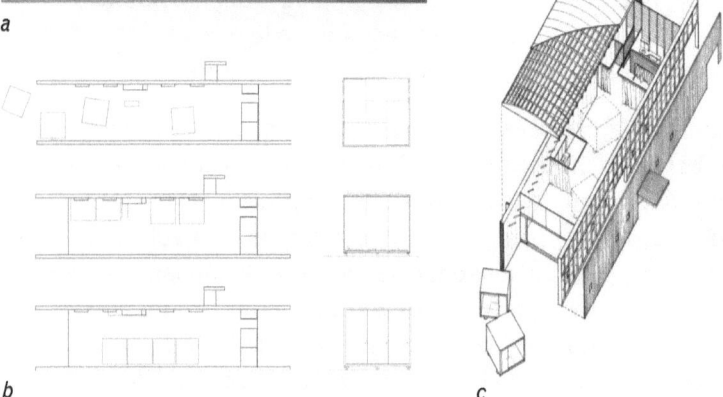

a

b   c

a. *Naked House,* Shigeru Bau. Kawagoe. Saitama, Japón, 2000 (*b,c.* planimetría)

---

[319] PRIGOGINE, Ilya, *El nacimiento del tiempo,* Ed. Tusquets, Colección Metatemas, Barcelona, 2005

La arquitectura ofrece, a través de la experiencia del espacio y el tiempo, una dialéctica entre forma (contenedor) y contenido (programa), en la que el vacío cobra protagonismo como el escenario sobre el cual se despliega la vida, como sugiere el *Tao te Ching*: "El ser es lo práctico, la nada lo útil". Para Bernard Tschumi, la arquitectura solo existe a través de la manifestación del contenido, la acción y los eventos que se despliegan en su interior, lo que inevitablemente genera una "violencia" o confrontación entre la rigidez de las estructuras fijas y la fluidez de quienes las habitan; la intensa relación entre los individuos y el espacio que los envuelve.

La vivienda *Naked House*, diseñada por Shigeru Ban, busca eludir la confrontación que Tschumi considera inherente a toda arquitectura. Ubicada en un entorno semirrural cerca de Kioto, la casa adopta la tipología de un invernadero: un espacio amplio y neutro, con cerramientos translúcidos de policarbonato. Diseñada para una familia de cinco miembros, la casa responde al deseo del cliente de reducir la privacidad para favorecer la convivencia familiar, pero permitiendo actividades individuales en un espacio compartido. Para resolver esta dualidad entre privacidad y convivencia, Ban propone habitaciones móviles sobre ruedas, que pueden adaptarse según las necesidades de intimidad o interacción, creando un espacio dinámico y reconfigurable que desafía la rigidez arquitectónica tradicional.

Así, la *Naked House* introduce una arquitectura dinámica, donde el espacio adquiere una indeterminación que permite reorganizar sus habitaciones móviles según las necesidades de los usuarios, creando espacios más amplios o zonas privadas que incluso pueden extenderse al jardín. Además, los módulos pueden ubicarse cerca de fuentes de calor o frío, ajustando el ambiente de acuerdo con las preferencias. Los techos de los cubículos, equipados con bancos multifuncionales, proporcionan un espacio adicional pensado para juegos, lectura y estudio, inspirado en la tradición japonesa de reconfiguración espacial a través del mobiliario. Esta arquitectura "antifrágil" y de alta entropía ofrece un escenario abierto a múltiples configuraciones y posibilidades de usos, mitigando la tensión entre lo fijo y lo cambiante, y ofreciendo un entorno adaptable que acoge la incertidumbre y las constantes posibilidades de transformación.

FRICCIONES_ Los límites dinámicos

{Son los límites los que define el espacio arquitectónico, si estos son inestables, la arquitectura también lo será.}   [T50]

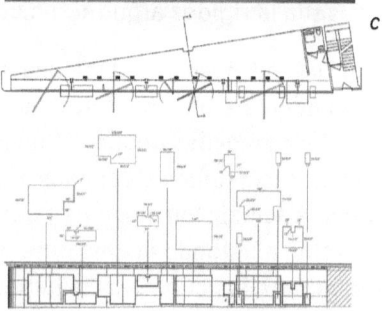

a. *The Square (After Roberto Lopardo)*, Lilly McElroy, 2004.
b,c. *Storefront Gallery*, Steven Holl/Vito Acconci, Nueva York 1993. (*d.* planimetría)

En las remotas montañas de Sulawesi, Indonesia, el pueblo *Toraja* ha conservado, gracias a su aislamiento, sus particulares rituales funerarios, donde la concepción de la muerte está profundamente ligada a los límites del espacio doméstico. Cuando alguien fallece, su cuerpo es embalsamado y permanece en la casa, conviviendo con la familia como si estuviera "dormido" hasta que los recursos permiten un funeral acorde a su estatus. Solo al cruzar el umbral de la puerta y salir de la casa, el fallecido adquiere la condición de muerto, marcando un límite simbólico entre vida y muerte. Esta idea se refleja en sus viviendas, elevadas del suelo y con forma de navíos invertidos, que subrayan el límite entre la vida doméstica y el exterior, asociado al dinamismo del tiempo y lo inabarcable. Este concepto de límite contrasta con el enfoque occidental, donde la arquitectura establece principalmente fronteras sociopolíticas entre lo público y lo privado. La performance *The Square* (2004) de Lilly McElroy examina esta noción al trazar un cuadrado en la acera, apropiándose de un espacio público y simbolizando la tensión entre lo privado y lo público. Así, la obra subraya que la categorización del espacio es una construcción social abstracta de límites que definen y ordenan nuestro territorio.

El proyecto de la Galería *Storefront* de Steven Holl y Vito Acconci, cuestiona los límites entre el espacio público de la ciudad y el privado de una galería. Situada en un estrecho solar trapezoidal, su fachada de paneles móviles permite una variedad de configuraciones, ajustando la apertura y conexión con la calle. Este diseño, sé identifica con la "arquitectura líquida" de Solá Morales, reflejada en las aspiraciones de la sociedad y la pulsión contemporánea de flexibilidad y dinamismo, permitiendo que cada evento o acción determine temporalmente la forma del espacio. Aquí, la arquitectura deja de ser estática para convertirse en un entorno interactivo y co-creado, donde los usuarios moldean el espacio dinámico del acontecimiento mediante su interacción. Así, la posibilidad que brinda poder des-ordenar los límites y la indeterminación que crean las fricciones entre contornos, intensifica la apreciación temporal del espacio, ya que "El espacio no existe simplemente en el tiempo; es el tiempo".[320]

---

[320] ELIASSON, Olafur, *Leer es respirar, es devenir*, Gustavo Gili 2012. p.67

COLLAGE_ Postproducción, selección y reordenamiento

{El proceso creativo se construye mediante los pedazos
de lo ya conocido, son las nuevas disposiciones
y relaciones lo que genera innovación.}   [T51]

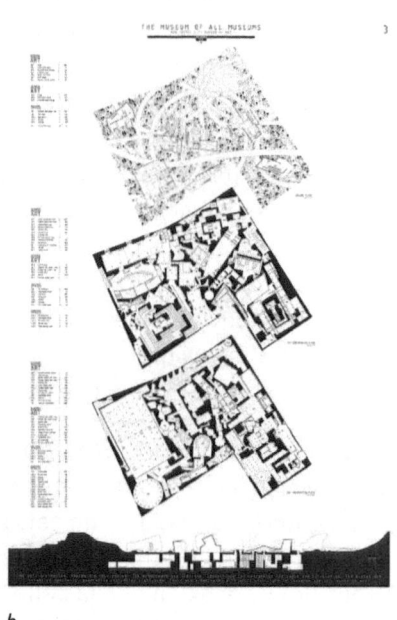

a b

a. *Criaturas Mitológicas Clásicas*, J.F.Bertuch, Kinderbuch, Fabelwesen 2, 1806.
b. *El museo de todos los museos*, Soriano y Palacios (S&Aa), Taipéi, 2011

El *collage*, técnica popularizada en el cubismo con obras como *Bodegón con rejilla* (1912) de Picasso, implica la composición de una obra mediante la combinación y reordenamiento de fragmentos de materiales diversos. Aunque esta técnica se asocia a Picasso, su esencia –la creación de algo nuevo a partir de elementos existentes– ha estado presente no solo como método artístico, sino como un proceso del pensamiento humano basado en la reconfiguración de lo ya existente. Así, en diversas mitologías encontramos ejemplos de seres híbridos, desde dioses hasta monstruos, como Anubis, el *Hombre jaguar,* grifos, centauros o sirenas, que representan ejemplos de creación mediante el *collage*, combinando fragmentos de la realidad para imaginar aquello que transcendía lo humano.

De manera similar, la naturaleza crea y evoluciona a través de un "*collage* genético": el ADN se transmite y recombina, generando variaciones sin un diseño guiado. Para el científico Ambrosio García, la naturaleza trabaja con estructuras preexistentes sin un proceso optimizado, ilustrado en la evolución del lenguado, considerándola un ejemplo de *chapuza evolutiva*, por desarrollar una asimetría en su etapa adulta para adaptarse al fondo marino. De igual modo, el Nobel Jacques Monod, en su obra *El azar y la necesidad,* sostiene que, a diferencia de los artefactos diseñados con un plan preestablecido, la evolución "camina ciegamente", acumulando información y desorden hasta que la selección define su valor. François Jacob complementa esta idea señalando que la evolución reutiliza y reordena elementos existentes y la información heredada como un *collage*. Este principio también se observa en la arquitectura, como en el anfiteatro romano, una nueva *especie arquitectónica* que evoluciona, de unir dos teatros griegos, mostrando cómo la creación surge de la combinación y solapamiento de nuevas posibilidades en estructuras preexistentes.

El proyecto *El museo de todos los museos*, de Soriano y Palacios (S&Aa) para el Museo de Arte Contemporáneo de Taipéi (2011), utiliza un enfoque de *collage* inspirado en procesos evolutivos. Selecciona elementos de cien museos icónicos, desde el Louvre hasta el *Kanazawa* de SANAA, ensamblando una nueva entidad arquitectónica a partir de fragmentos de plantas y tipologías paradigmáticas. Estos *fragmentos genéticos*, elegidos por su adaptación a las necesidades del nuevo museo, se conectan mediante recorridos que permiten tanto trayectos continuos como entradas independientes. La integración geométrica entre piezas se resuelve con el método del *poché*, que oculta los elementos estructurales y técnicos. Así, el museo mayormente subterráneo, emergen en la cubierta ajardinada, creando también un paisaje *collage*. El proyecto sigue una labor de *postproducción* en términos de Nicolás Bourriaud, apropiándose, reciclando y manipulando arquitecturas existentes para crear una nueva realidad arquitectónica, una nueva *especie collage.*

MEMORIA TIPOLÓGICA_ Desplazamientos de arquetipos

{Los arquetipos que pertenecen a una memoria social sirven
para establecer puentes de unión entre la arquitectura y
las personas, creando vínculos afectivos con lo construido.} [T52]

a, b. Paraísos de la Memoria (2014), Luis Úrculo.
Residencia para la Tercera Edad, Akita, 2012, Junya Ishigami. *c.* Grúas trasladando casas tradicionales; *d.* Plantas de viviendas japonesas y selección de fragmentos; *e.* Maquetas de módulos tipológicos.)

Paraísos de la Memoria, de Luis Úrculo, es una reconstrucción imaginaria del cine Borgat de Madrid, un edificio abandonado que el artista solo visitó una vez. Úrculo recrea este espacio a partir de su único recuerdo y de imágenes de cines y teatros abandonados en la Ciudad de México. Así, usando la memoria y la distancia como herramientas, construye su visión a través de fotografías oscuras y borrosas, que evocan la memoria como algo difuso y en constante cambio, invitando al espectador a reconstruir el espacio mediante la búsqueda de sus propios recuerdos y arquetipos de cines o teatros. Este proceso dinámico de evocación refleja cómo la memoria se transforma cada vez que se recupera, renovándose constantemente entre el pasado y el presente, en una reescritura continua.

En *La arquitectura de la ciudad* (1966), Aldo Rossi defiende las tipologías arquitectónicas como elementos perdurables que reflejan la identidad cultural de una sociedad. Para Rossi, el tipo es información histórica y simbólica que se integra en el acervo cultural, opuesta a las modas pasajeras. Este concepto conecta con el *inconsciente colectivo* de Jung, donde arquetipos y símbolos compartidos unen al individuo con la *memoria colectiva*. Así, la arquitectura sirve como vínculo cultural, armonizando a las personas con su tiempo y su historia.

En este sentido, el proyecto de Junya Ishigami para la *Residencia de la tercera edad* en Akita (2012) recupera casas tradicionales japonesas, para crear un entorno familiar que evoque el hogar en los residentes con demencia senil. Las casas, de distintos lugares de Japón, son rescatadas de ser demolidas, reorganizándose en módulos que reflejan la tipología tradicional, con detalles como armazones de madera y cubiertas inclinadas. Este proceso, de selección, traslado y reordenamiento de fragmentos de casas, refuerza los lazos psicológicos que se establecen con el lugar, generando familiaridad y sentido de pertenencia. Cada casa, con sus propias marcas de tiempo, entropía y desgaste, conserva una identidad única que ayuda a los residentes a reconstruir recuerdos y crear un nuevo hogar a partir de fragmentos de memoria colectiva y personal.

En definitiva, el proyecto gestiona la creación de un hogar propio a partir de la recolección de fragmentos arquetípicos, tanto imaginarios como reales, generando un *Déja vu* para reconstruir nuevas memorias.

ESTRUCTURA Y ENTROPÍA_
La incompletud en arquitectura

{La Arquitectura es el juego sabio, correcto y magnífico entre lo específico de lo construido y lo indeterminado de las actividades humanas.

La arquitectura construye el soporte del orden necesario que sostiene lo humano, pero en su esencia siempre alberga la incertidumbre de lo impredecible de nuestras acciones.} [T53]

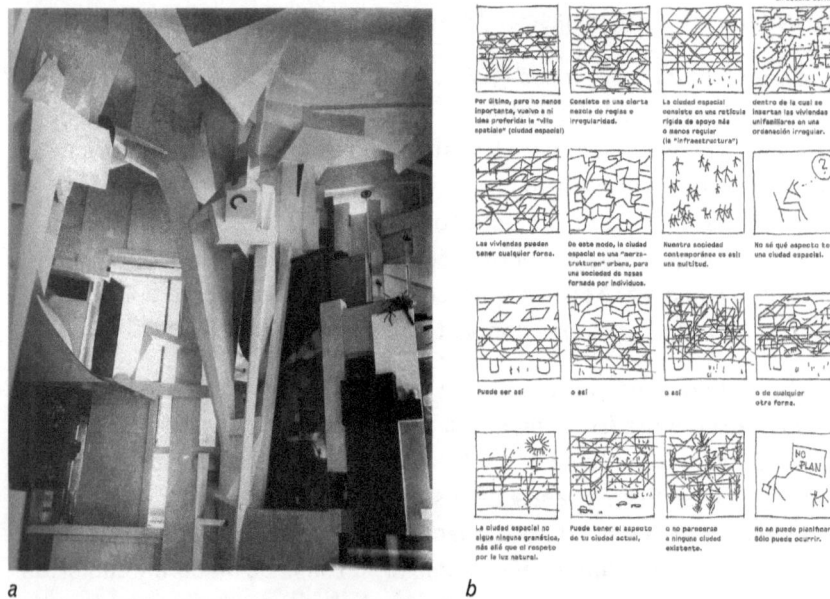

a   b

a. *Merzbau*, Kurt Schwitters, Hannover, 1930.
b. Ciudad Espacial, Yona Friedman (Dibujos explicativos), 2006.

> "*Cada quien se imagina su propia casa. Por lo tanto, cada quien se imagina su propio mundo. Cada casa imaginada por su habitante es diferente; cada mundo imaginado por un individuo es diferente. Ni una casa ni un mundo tiene por qué parecerse a los imaginados por otros*".[321] Yona Friedman

[321] FRIEDMAN, Yona, *Pro Domo*, p.9

Con una visión de arquitectura guiada por la indeterminación, Yona Friedman explora la dificultad de construcciones fijas que respondan plenamente a las cambiantes necesidades humanas. Así, frente a la rigidez estructural y el carácter cambiante de las personas, propone una *"arquitectura móvil"* que establece un campo de posibilidades, permitiendo a cada habitante tomar decisiones y adaptar el espacio a su gusto. Este enfoque se basa en dos impulsos clave del siglo XX: las "estructuras espaciales" de Alexander Graham Bell popularizadas por Waschsmann Bell y Waschsmann, que introducen el 'orden geométrico' adaptable, y los *Merzbau* de Kurt Schwitters, que representan el 'orden emocional' a través del *collage* tridimensional. Friedman combina ambos enfoques, creando un marco arquitectónico que brinda orden sin imponer rigidez y que permite al habitante construir un entorno que refleja sus propios impulsos y necesidades.

La flexibilidad de la *ciudad espacial* de Friedman es producto de esta combinación entre estructura y entropía, mediante una retícula tridimensional que actúa como armazón para construcciones indefinidas, capaces de desarrollar desorden. Esta megaestructura elevada sobre el suelo, se adapta a cualquier terreno, ya sea natural o urbano, creando un urbanismo tridimensional que intensifica la ciudad existente. Al yuxtaponerse a la ciudad antigua, añade nuevos espacios y conexiones a distintos niveles, como en su propuesta para Shanghái (2002), donde plantea una ciudad-puente sobre el río para conectar el barrio histórico con la parte moderna, o en el proyecto para *Venezia Nuova* (1969), extendiendo la estructura sobre la laguna para unir Venecia con la península.

La ciudad espacial, entendida como un mobiliario urbano adaptable, permite arquitecturas de diversas escalas, desde edificios hasta megaestructuras. Así, Friedman propone infraestructuras flexibles que influyeron a otros arquitectos, y que se englobaron en el concepto del *Matt Building*. De ahí que, el concepto de *Ciudad Espacial*, es una plataforma flexible que permite múltiples proyectos y relecturas contemporáneas. Esta táctica gestora, refleja la visión actual de una arquitectura adaptable, capaz de evolucionar junto con las necesidades de sus habitantes y de confabularse con el cambio a lo largo del tiempo.

{TÁCTICAS DE INTERFERENCIA}

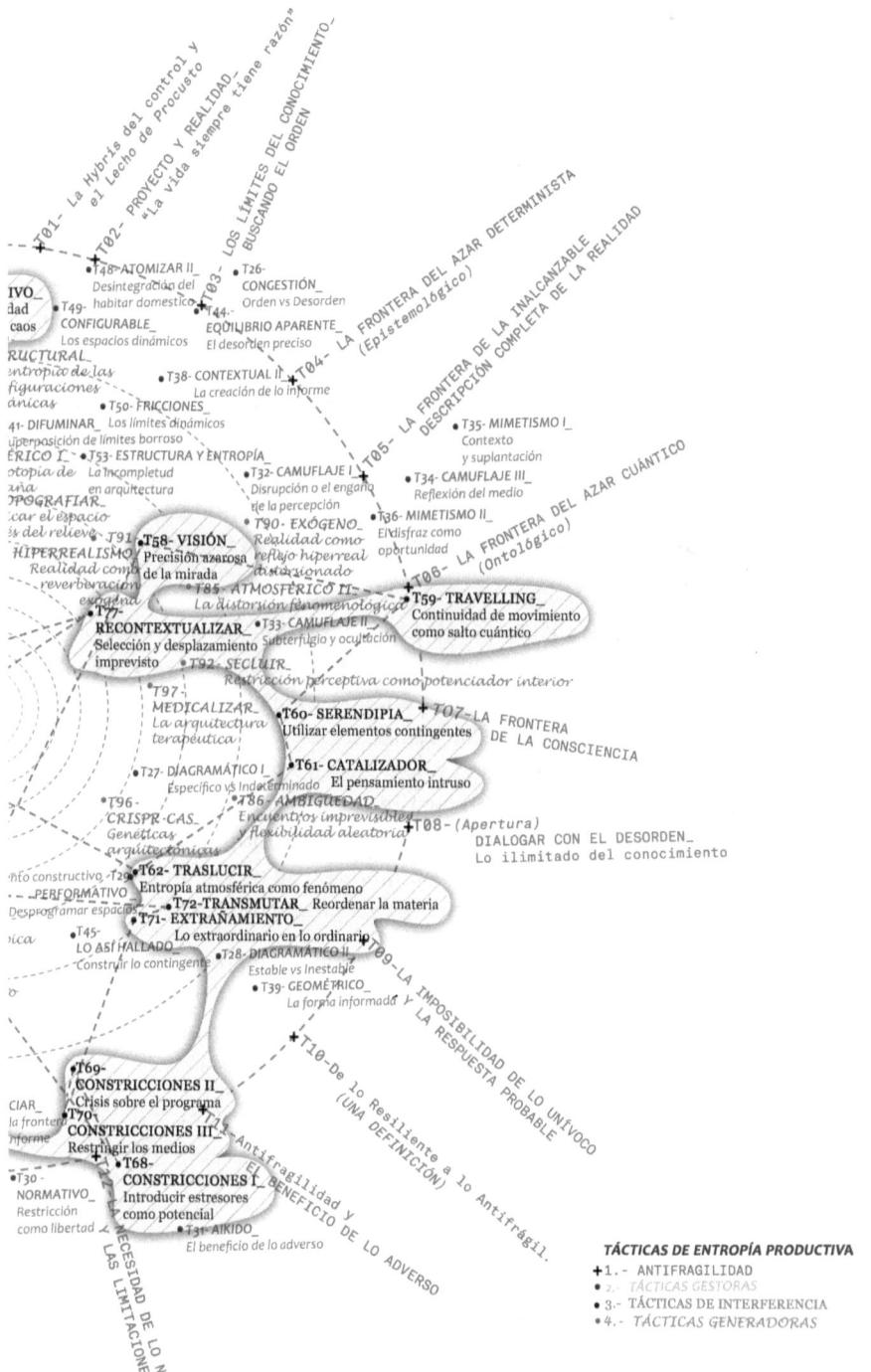

Las Tácticas de Interferencia son las que, mediante la inclusión precisa de elementos de desorden –anomalías–, cortocircuitan las respuestas automáticas e interrumpen la repetición inconsciente de gestos que replican soluciones heredadas. Estas interferencias rompen la linealidad y el automatismo del pensamiento rápido,[322] ese sistema de pensamiento que opera de forma acelerada, casi instintiva y sin esfuerzo, como cuando contestamos sin prestar atención o sin una reflexión completa, ignorando la oportunidad de construir ideas. De ahí, que esta rotura del pensamiento por la inclusión de un "elemento estresor" nos obliga a formular nuevas preguntas, abriendo así el campo a posibilidades imprevistas.

A veces, estas interferencias surgen de situaciones fruto del azar, que requieren disposición a valorarlas y aceptarlas. Como en la famosa anécdota de Kandinsky, quien, al contemplar una de sus pinturas naturalistas boca abajo y a contraluz, halló la inspiración para pintar una serie de formas abstractas.[323] Iniciando de esta forma tan eventual, toda una revolución artística.

Otras veces, las interferencias se introducen de forma deliberada: desórdenes que alteran lo esperado, y de una manera reactiva, revelan una nueva valoración de la realidad. Como sucede con la ventana en el muro del jardín de la *Villa Le Lac* de Le Corbusier, un elemento que interfiere con la amplitud de vistas sobre el lago Leman, al restringir y acotar la mirada, enmarcando el paisaje con el vano cuadrado de la ventana. De esta manera, a partir de esta interferencia, Le Corbusier dota de significado al paisaje, lo ensalza y hace que lo valoremos en su nueva dimensión. Porque, en cierto modo, una ventana crea su propio paisaje.

Las *'interferencias'* actúan como restricciones –sean intencionales o fortuitas– que nos impulsan a crear nuevas situaciones de proyecto, y a expandir nuestra mirada, explorando todo el potencial creativo que surge al aceptar y utilizar imaginativamente las constricciones

---

[322] El psicólogo Daniel Kahneman describe dos sistemas de pensamiento en la toma de decisiones: *el pensamiento rápido y automático* (sistema 1) y el *pensamiento lento y reflexivo* (sistema 2). Sin embargo, Kahneman explica que es el sistema 1 el que guía la mayoría de nuestras decisiones. Cf, KAHNEMAN, D. *Pensar rápido, pensar despacio*, Ed. Debolsillo, Penguin Random House, 2013.
[323] Esta anécdota está recogida en: COLLINS, Peter, *Los ideales de la arquitectura moderna; su evolución (1750-1950)*, Editorial Gustavo Gili, Barcelona, 1973, p. 278

TÁCTICAS DE INTERFERENCIA

T54. *Distorsiones_* Disonancia como consonancia del caos
T55. *Estrategias oblicuas_* Jugar con el azar
T56. *Constructivo_* Acotar la realidad sublimada del caos
T57. *Injerto_* Entropía como heterotopía
T58. *Visión_* Precisión azarosa de la mirada
T59. *Travelling_* Continuidad de movimiento como salto cuántico
T60. *Serendipia_* Utilizar elementos contingentes
T61. *Catalizador_* El pensamiento intruso
T62. *Traslucir_* Entropía atmosférica como fenómeno
T63. *Desgastar_* Documentar la entropía
T64. *Cronológico_* Atrapar el tiempo en la materia
T65. *Registrar_* Inscribir la entropía con la materia
T66. *Preservar_* Petrificar la entropía
T67. *Transferir_* Moldear la entropía del lugar
T68. *Constricciones I_* Introducir estresores como potencial
T69. *Constricciones II_* Crisis sobre el programa
T70. *Constricciones III_* Restringir los medios
T71. *Extrañamiento_* Lo extraordinario en lo ordinario
T72. *Transmutar_* Reordenar la materia
T73. *Décollage I_* Construcción entrópica
T74. *Décollage II_* Arrancar materia
T75. *Arruinar_* Interferir entrópicamente sobre lo construido
T76. *Desvelar_* El espacio arqueológico
T77. *Recontextualizar_* Selección y desplazamiento imprevisto
T78. *Des-regular_* Desordenar los códigos de la ciudad
T79. *Renaturalizar_* Introducir órdenes autoorganizativas en la ciudad

DISTORSIONES_
Disonancia como consonancia del caos

{La distorsión es una herramienta creativa. El desorden que
interfiere sobre los sistemas culturales (arte, música, arquitectura...),
descubre nuevos órdenes en lo imperfecto. La aleatoriedad
busca ciegamente, pero encuentra caminos.} [T54]

a. The Jesus & Mary Chain, "Automatic", 1989. *b.* Palacio de Schönbrunn, Viena.
c. Sala CBGB. New York

> *"La vida es mucho más interesante de lo necesario, porque las
> fuerzas que la guían no son solo prácticas."* David Rothenberg[324]

En física, el "movimiento browniano" revela que los átomos se mueven
constantemente y al azar, con una velocidad que depende de su energía.
Incluso en objetos aparentemente inmóviles, como piedras, las moléculas

[324] ROTHENBERG, David. *Survival of the Beautiful, Art, Science and Evolution*, pos.
102 (Ta.) (Bloomsbury Press, Londres 2011. p. 31)

vibran. Fenómenos como las señales electromagnéticas de planetas, captadas por las sondas *Voyager* y *Cassini*, y que la NASA recopiló como *Symphony of the Planets,* muestran que el silencio es una abstracción. Siempre estamos inmersos en un mundo vibrante. El músico John Cage lo experimentó en una cámara anecoica, donde percibió sonidos de su sistema nervioso y circulatorio, confirmando que el silencio total es imposible. Su obra *4'33"* transforma el entorno en una "composición" donde el ruido ambiental, el sonido de expectación y la incertidumbre son los protagonistas, cuestionando por qué los sonidos que reflejan orden son considerados musicales y, los que evoca desorden y caos, ruido.

Así, aunque la música impone un orden sonoro, su complejidad supera una simple descripción de estructura, como la arquitectura excede sus dimensiones físicas. El neurocientífico Daniel Levitin demostró esto al hacer que un *Disklavier* reprodujera una pieza de Chopin con precisión exacta en compás pero, sin emoción alguna. Esto revela que la musicalidad no radica solo en la técnica. Además, la percepción musical cambia con el tiempo y el contexto. Como señala Umberto Eco, ciertos intervalos antes considerados disonantes, como la *cuarta aumentada –diabolus in música–*, han sido revalorizados. David Byrne sostiene que la música se adapta a su entorno: ritmos africanos funcionan en espacios abiertos, mientras el canto gregoriano se complementa con la arquitectura de acústica prolongada de las catedrales, creando una atmósfera mística que potencia su carácter espiritual.

David Byrne explica que la música de Mozart estaba diseñada para espacios palaciegos barrocos, no grandes auditorios, donde la decoración amortiguaba el sonido y permitía apreciar en detalle sus complejas composiciones. Con el tiempo, tanto la música, como el arte, ha desafiado las estructuras tradicionales; como el *punk* de los años 70, por ejemplo, rompió con la perfección técnica para dar paso al ruido y la disonancia. Grupos como *Sonic Youth*, que mezclaban armonía y ruido con distorsiones experimentales en la guitarra, y *The Jesus and Mary Chain*, con atmósferas densas y acoples, encontraron en clubes como el CBGB un escenario ideal para que estos sonidos disonantes resonaran de forma única e irrepetible: una arquitectura distorsionada para crear nuevos sonidos indeterminados.

ESTRATEGIAS OBLICUAS_ Jugar con el azar

{Introducir desorden para romper el común desarrollo lógico de las cosas. El azar explora y abre las puertas a lo inesperado.} [T55]

- Haga primero lo último.
- La repetición es una forma de cambio.
- Honre al error como a una intención oculta.
- Una línea tiene dos lados.
- Descarte un axioma.
- Descubra sus fórmulas y abandónelas.
- Haga nada tanto como le sea posible.
- No se asuste de las cosas porque sean fáciles de hacer.
- Haga algo aburrido.
- Enfatice las diferencias.

Brian Eno y Peter Schmidt,
Estrategias Oblicuas

- Enfrentado con una elección, haga ambas. (Aportada por Dieter Rot)
- Mire de cerca a los detalles más embarazosos y amplifíquelos.
- Haga valioso un espacio en blanco colocándole un marco exquisito.
- Haga una lista exhaustiva de todo lo que podría hacer y haga lo último de la lista.
- Haga una repentina, destructiva acción impredecible; incorpore.
- Sustraiga ambigüedades y convierta a detalles específicos.
- Sustraiga detalles específicos y convierta a ambigüedades.
- Cierre la puerta y escuche desde afuera.
- ¿Qué es lo que no haría?
- Falta de moderación disciplinada.
- La cosa más importante es la cosa que más fácil se olvida.
- De nada a más que nada.
- Vaya a un extremo, muévase de regreso a un lugar más confortable.
- No evite lo que es fácil.
- Haga más humano lo que es perfecto.
- Muévase hacia lo no importante.
- Preparación lenta, ejecución rápida.
- Use gente incompetente.
- Equilibre el principio de consistencia con el principio de inconsistencia.
- En lugar de cambiar la cosa, cambie el mundo alrededor de ella.

Las *Estrategias Oblicuas*, creadas en 1975 por Brian Eno y Peter Schmidt, son un sistema de cartas concebido para estimular la creatividad mediante órdenes o "axiomas" que cortocircuitan el pensamiento lógico en el proceso creativo. Estas indicaciones actúan como *interferencias*, rompiendo las formas de proceder repetitivas, cotidianas y superando bloqueos mentales.

Así, al introducir un elemento ambiguo y aleatorio, invitan a enfoques laterales y perspectivas diferentes que favorecen descubrimientos novedosos. Las cartas cuestionan los modos tradicionales de abordar problemas, potenciando diferentes enfoques que subvierten y nos desvían del método heredado o lo obvio, disrumpiendo un orden costumbrista. Algunas estrategias también permiten diferentes interpretaciones, fomentando el "pensamiento lateral" ", como alternativa al pensamiento lógico y estructurado que desarrollamos habitualmente.

Los axiomas elegidos de forma azarosa sirven como elementos catalizadores que ponen en crisis nuestros patrones de pensamiento. Es así, que la introducción de elementos caóticos o ambiguos nos hace buscar métodos alternativos y nuevos planteamientos, por fuera de nuestra "área de confort", y en situaciones donde el control se ve restringido; de esta manera, exigiéndonos mayor atención en la diversidad de ideas, y facilitando un desarrollo más creativo, o por lo menos, inesperado.

Brian Eno explica, se trata de *"maneras tangenciales de atacar los problemas, maneras mucho más interesantes que un enfoque directo"*[325]. En nuestro campo, una arquitectura que, mediante la interferencia de instrucciones azarosas, genere planteamientos potentes de opciones y alternativas. En definitiva, el azar orienta otro camino correcto. Es repensar y redefinir la arquitectura como un campo de incertidumbres en el que estas tácticas o axiomas se conviertan en herramientas de cambio, de acción transformadora y, sobre todo, de interferencia productiva.

---

[325] TAYLOR, G. (1997), "Introduction', Oblique Strategies", *Cf.* Citado en, SCHNEIDER, Tatjana, "Discard an Axiom", en, *Transdisciplinary Knowledge Production in Architecture and Urbanism,* Springer, London, 2011, p, 99

CONSTRUCTIVO_
Acotar la realidad sublimada del caos

{Construir el desorden natural de lo que nos rodea y
destruir el orden de lo convencional.}   [T56]

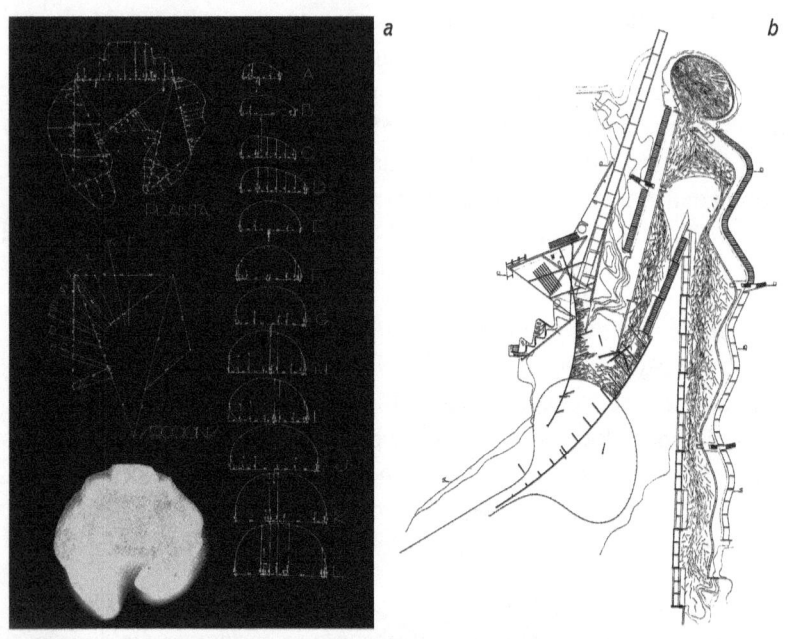

a. Enric Miralles con Eva Prats, *Cómo acotar un Croissant.*
b. Enric Miralles y Carme Pinós, Parque Cementerio de Igualada (Planta), Barcelona, 1985-1991.

Acotar es un acto constructivo fundamental en el pensamiento arquitectónico, ya que el dibujo se convierte en instrucciones para modificar la realidad y redefinir los límites entre conceptos. Según Miralles, la construcción es solo un eslabón en una cadena temporal, no el final del proceso creativo. En *Cómo acotar un croissant*, Miralles y Prats transforman este objeto cotidiano en un "objeto arquitectónico" mediante el dibujo, explicando su estructura y equilibrio. Utilizan una triangulación que soporta cotas perpendiculares para fijar el perímetro, mientras las secciones transversales en abanico completan su volumetría y "equilibrio horizontal", con ello, ilustrando la construcción de un espacio desde la abstracción.

En este enfoque, el valor numérico de las cotas pierde importancia; cualquier número sirve mientras se genere una estructura geométrica precisa que represente el proceso constructivo. Más que la escala o tamaño, la clave radica en crear una base que permita 'gestionar' lo 'informe/sin forma'. Según Miralles, si algo puede dibujarse, también puede construirse: se trata de superar la complejidad observando más allá de la superficie. Así, su Parque Cementerio de Igualada ejemplifica esta visión: un proyecto difícil de acotar con palabras, donde la construcción es una intervención que eleva la realidad. Sus formas recuerdan a los signos de Miró, y como afirma William Curtis, son "mapas mentales" y "jeroglíficos" cargados de significados y capaces de organizar la interacción humana con el paisaje.

El Cementerio de Igualada, una obra en la que lo constructivo se convierte en una experiencia trascendental, impacta en el ámbito emocional y sensorial. Las formas, como las delgadas curvas del mallazo oxidado o el caos del pavimento, recrean elementos simbólicos, como el río de Caronte. Los nichos vacíos de hormigón y las sombras evocan la arquitectura de Le Corbusier con sus *brise-soleil*, y un descenso ritual al inframundo como al que bajó Orfeo. Los muros de gaviones, integrados con la topografía, sugieren la permanencia y el consuelo en un "lugar de despedidas." Al salir, se siente alivio al retornar a la vida. Este diseño no es solo técnico; logra emular los sentimientos profundos de quienes lo experimentan.

El proyecto de Miralles destaca el valor de lo específico en diálogo constante con el paisaje, creando una arquitectura que se integra y enriquece el entorno. Esta construcción, que parece 'tener toda la vida por delante' se cicatriza con el entorno y ambos evolucionan juntos, en un proceso continuo y sin fin, su tiempo es otro, siempre inacabado, como los "Esclavos" de Miguel Ángel.

INJERTO_ Entropía como heterotopía

{Insertar arquitecturas exitosas, trasladar soluciones,
utilizar cuerpos culturales ajenos y generar nuevas
 condiciones de contexto.}   [T57]

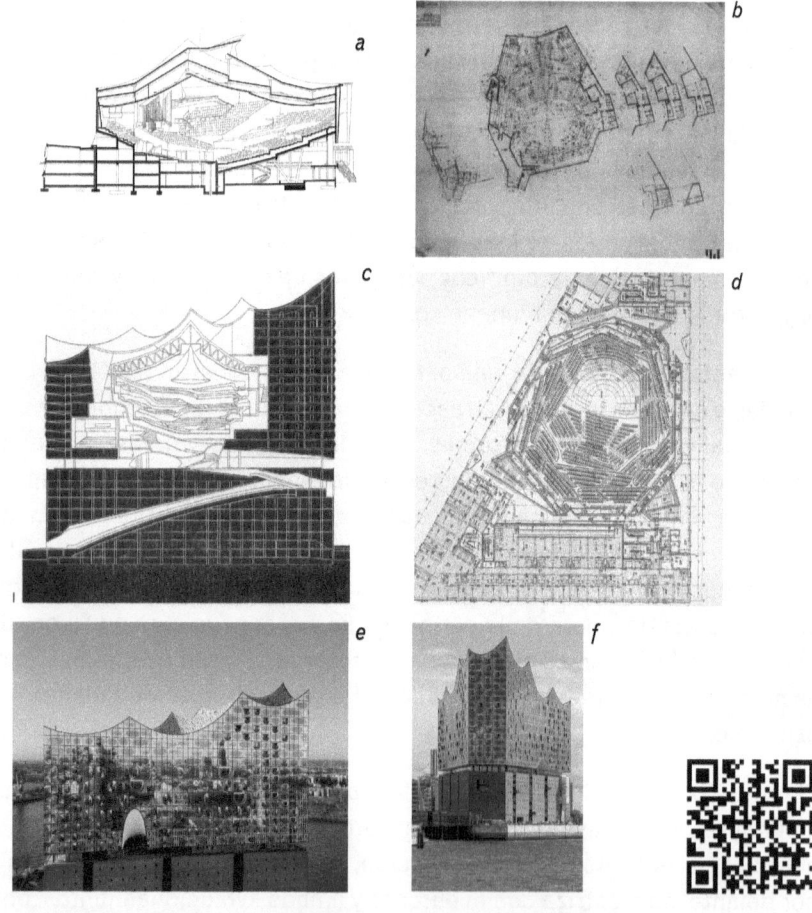

Hans Scharoun, Filarmónica de Berlín, Berlín, 1960-1963. (*a.* sección; *b.* planta);
Herzog&de Meuron, Filarmónica del Elba, Hamburgo, 2003-2018. (*c,d,e,f.*)

La propuesta "internacional injertista"[326] sugiere revitalizar lo estático introduciendo fragmentos, "hurtos creativos" en lo ya existente. Esta práctica busca mezclar palabras, formas y elementos para crear un ensamblaje innovador, reutilizando materiales o ideas vigentes. Así, la "injerencia" permite injertar en nuevos contextos modelos ya comprobados, como la disposición de la Filarmónica de Berlín de Hans Scharoun, donde el cambio de ubicación de la orquesta fomenta no solo una acústica óptima, sino también un espacio visual inclusivo. Lejos de ser una copia, estos injertos creativos reflejan cómo las tradiciones y configuraciones previas enriquecen lo actual, siguiendo el pensamiento de Wright: *"todo lo que no es copia es tradición"*.

Scharoun utiliza la metáfora de los *viñedos aterrazados* para configurar el auditorio de la Filarmónica como una topografía artificial, un paisaje acústico, generando un ambiente social de "ver y ser visto". Las catenarias de la cubierta no solo optimizan la acústica, sino que también crean una atmósfera ligera y efímera, como si fueran telas doradas cubriendo un espacio itinerante, que ha llegado a la ciudad.

En su Filarmónica, Herzog & de Meuron superponen el edificio sobre el antiguo almacén de cacao "Kaispeicher", creando una conexión con la memoria histórica de la ciudad y reactivando un espacio olvidado. Este pódium de ladrillo contrasta con la sofisticada estructura de vidrio del Elba, cuyos paneles curvados y cortados asemejan una forma cristalina e iridiscente que refleja "cielo, agua y ciudad". Así, la sala de conciertos de la Filarmónica de Scharoun será "injertada" dentro del nuevo edificio, rodeada y protegida por programas de viviendas y un hotel. La extrusión del basamento aporta rigidez al perímetro, otorgando mayor verticalidad para acomodar el aforo y los otros usos del espacio.

Este "trasplante" genera espacios intersticiales únicos, hibridaciones entre 'especies distintas' que cicatrizan con respuestas específicas de vestíbulos, circulaciones, foyer, etc. Su plaza elevada como espacio intermedio entre lo nuevo y lo viejo, es un contenedor promiscuo de eventos, y el acceder al proyecto es un recorrido ritual, un largo ascenso profano por la escalera mecánica, hacia un "lugar otro": heterotopía que encapsula tanto sus ilusiones icónicas como la complejidad de la ciudad.

---

[326] SORIANO, Federico. *100 Hipermínimos*, op. *cit.*, p. 11

VISIÓN_ Precisión azarosa de la mirada

{Vincular elementos específicos de la realidad con decisiones de proyecto. Seleccionar el desorden de lo contingente y dejarse guiar por las cosas que nos rodean.

Hallamos una fuente creativa alejada de configuraciones preconcebidas cuando incorporamos al proyecto la diversidad de información que nos ofrece un contexto complejo.} [T58]

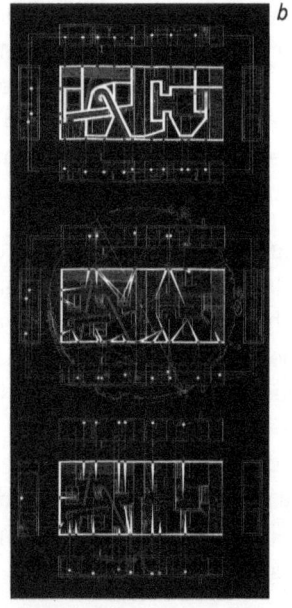

(Cada fragmento enmarcado del paisaje adquiere un significado único en los cuadros-ventana de Magritte, invitando al observador a reconstruir mentalmente la escena original.)

a. René Magritte, Profundidades de la tierra, 1930;
b. OMA (Rem Koolhaas), Casa en Burdeos, 1994-1995, (Plantas y estudios de huecos.)

La Casa en Burdeos, tres niveles, tres casas apiladas que responden a programas distintos. Una casa patio –la cueva, excavada en el terreno– aloja la cocina y servicio; una casa intermedia acristalada y conectada con el paisaje, es el 'espacio para la vida' , evoca la casa Farnsworth de Mies van der Rohe; y la "caja suspendida", que contiene los dormitorios y actúa como un baldaquino protector y mirador, desde donde se ve sin ser visto. Un" búnker flotante"[327] como Koolhaas la denomina, por su estructura hermética que parece levitar, gracias a ingeniosos sistemas de soporte que, hacen 'volar una villa campestre', evocando el misterio de una caja mágica, sin soportes visibles, con materiales reflectantes y sistemas ocultos.

La tectónica de la Casa en Burdeos se define por un prisma estructural en hormigón visto, cuyas paredes longitudinales funcionan como vigas de gran canto. Este hormigón, teñido en rojo burdeos, forma una caja estructural y de cerramiento, abierta en el lado este con una fachada acristalada que permite una terraza continua. Las perforaciones circulares –"ojos de buey"– se distribuyen aparentemente al azar, pero responden a decisiones específicas que buscan una conexión visual entre el exterior y el interior. Estas aperturas están calculadas según la posición y altura del observador, considerando si está de pie, sentado o tumbado, distinguiendo entre adultos y niños, y las actividades del espacio donde se ubican. Los óculos en la Casa en Burdeos se distribuyen según criterios psicológicos y perceptivos en el movimiento, estableciendo tres tipos:

Huecos dinámicos: Ubicados en las líneas de circulación, ofrecen un segmento del horizonte durante el recorrido, se ajustan a la altura de los usuarios y, sobre todo, a su habitante en silla de ruedas. *Huecos relativos* (o anti-claustrofóbicos): Conectan puntos específicos –como cama, escritorio, lavabo– con espacios contiguos, optimizando la proximidad visual y ajustándose a posibles obstáculos. *Huecos reveladores:* Enmarcan vistas o elementos significativos en el horizonte desde puntos estacionarios, orientados según las coordenadas cardinales, se sitúan a la altura del ojo de los usuarios.

Por último, se destaca la perspectiva de la *caja flotante* con un óculo gigante` que es la repetición de la puerta pivotante del patio. Así, los óculos actúan como "dispositivos de interferencia" que singularizan un fragmento del paisaje y lo elevan a "hito visual", transformando la visión en un acto de selección que da protagonismo a vistas específicas, rompiendo con el paradigma de la ventana y lo visual.

---

[327] KOOLHAAS, R, en *El Croquis n° 131/132. OMA Rem Koolhaas (1996-2006)*, p.76

TRAVELLING_
Continuidad de movimiento como salto cuántico

{Los elementos dinámicos que nos ofrece la industria introducen una condición de cambio espacio-temporal, rompiendo con lo estático de los medios arquitectónicos tradicionales.}   [T59]

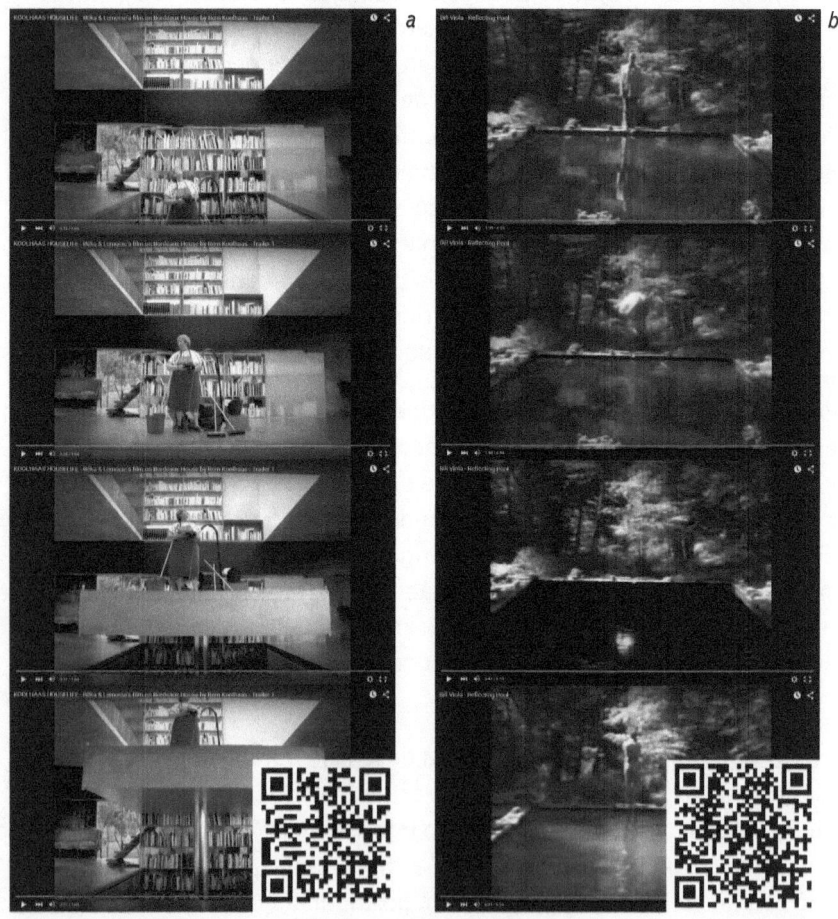

a. Ila Bêka & Louise Lemoine, *"Koolhaas House Life"*, 2013 (Documental sobre la Casa de Burdeos). b. Bill Viola, *"The Reflecting Pool"* 1977-1979

Un espacio en movimiento que se transforma, suspendido y que comunica los tres niveles de la Casa en Burdeos caracteriza este proyecto. Así, el "piso flotante" no es un simple medio de accesibilidad para el propietario en silla de ruedas, sino el elemento central de interferencia, una "habitación en movimiento" de 3x3.5 metros que transforma la arquitectura mientras sube y baja. En lugar de optar por una solución de una sola planta, el diseño explora la complejidad solicitada por el propietario, quien deseaba un hogar que reflejara su mundo. La plataforma elevadora reconfigura los espacios y convierte el ascensor en el verdadero corazón de la casa, subvirtiendo la estabilidad de una vivienda, ofrece escenarios dinámicos y flexibles.

En *Delirious New York*, Koolhaas presenta el ascensor como solución esencial para conectar los programas apilados de los rascacielos de Manhattan, junto al aire acondicionado como catalizador de la modernidad urbana. Sin embargo, en lugar de un mero tubo que atraviesa los pisos, Koolhaas propone un ascensor que facilite una comunicación espacial relacional. En la Casa Burdeos, esta plataforma elevadora desarrolla el concepto de *"promenade"* de Le Corbusier, creando un recorrido en vertical que vincula diversos espacios, como un montaje cinematográfico que conecta escenas y secuencias. Este enfoque se adapta luego en su propuesta para el MoMA de Nueva York (1997), donde una plataforma inclinada permite un recorrido alternativo, diseñado para una observación rápida y desprejuiciada que responde a la sociedad del espectáculo actual.

The Reflecting Pool de Bill Viola es un video de siete minutos que muestra una toma fija de una piscina con un encuadre simétrico. Un hombre emerge del bosque, se detiene junto al agua y, tras un grito, salta en el aire, quedando suspendido y desnudo en posición fetal. Mientras su figura se desvanece, el reflejo en el agua sigue moviéndose, mostrando el paso del tiempo. Esta manipulación crea un efecto de tiempo ambiguo, un "tiempo inasible" donde lo que parece ser está y no está a la vez. Al final, el hombre emerge del agua, desnudo y renacido, para regresar al bosque. Este juego de interferencias y manipulación del tiempo transforma un simple evento, un *travelling,* en todo un ritual de purificación metafísica.

SERENDIPIA_ Utilizar elementos contingentes

{Una realidad inconmensurable nos ofrece un campo ilimitado de formas e información para que el proyecto de arquitectura encuentre lecturas interesadas de lo real.}   [T60]

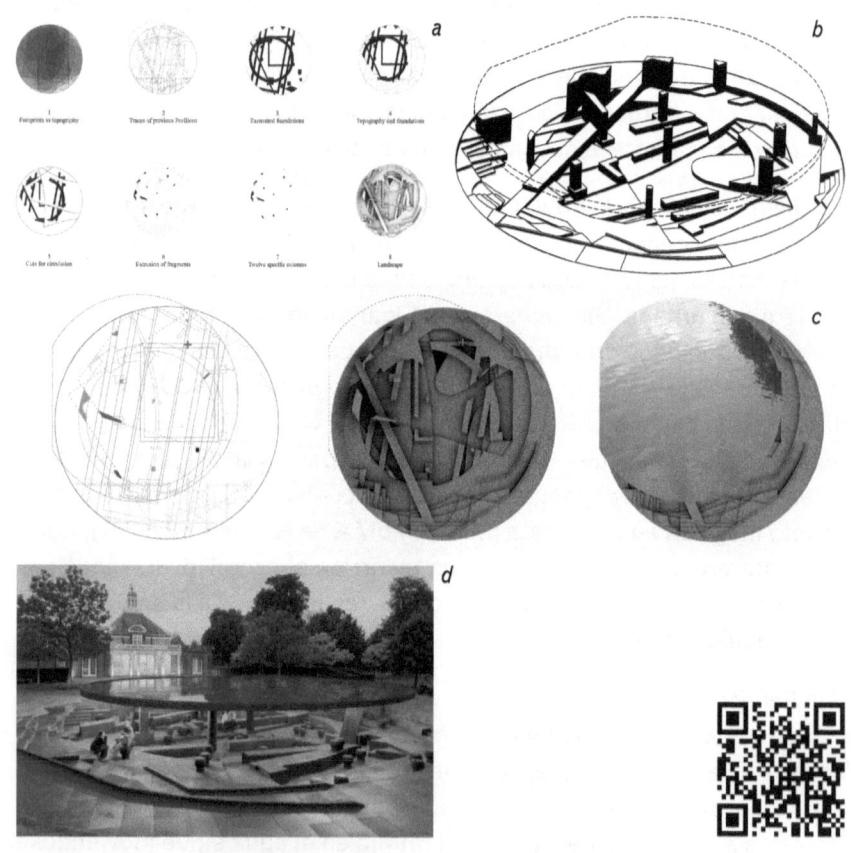

Herzog & de Meuron + Ai Weiwei, *Serpentine Gallery Pavilion*. (a. Diagramas de análisis; b. axonometría; c. plantas arqueológicas. d. fotografía), Londres 2012.

"Cuanto más estudias la lógica, más valoras la casualidad"[328]

[328] Citada en el film "La habitación de Fermat" 2007

La serendipia es un hallazgo afortunado, como encontrar un tesoro por casualidad. Muchos avances en la historia y la ciencia, como el descubrimiento de América por Colón o la penicilina por Fleming, parecen haber ocurrido por serendipia. Sin embargo, como explica Royston Roberts en su libro *Serendipia. Descubrimientos accidentales en la ciencia*, estos hallazgos solo favorecen a quienes están preparados para reconocerlos. Solo quienes buscan con una mente abierta logran crear conexiones entre observaciones casuales y pensamientos dispersos, desencadenando el descubrimiento.

En 2012, Herzog & de Meuron junto con el artista Ai Weiwei diseñaron el pabellón de la Serpentine Gallery. Su intención era crear un espacio diferente y explorar un espacio enterrado. Al excavar, encontraron restos de pabellones anteriores, como cables y cimentaciones, que bajo una observación cuidadosa se convirtieron en un paisaje arqueológico inesperado, revelando una complejidad que no habrían imaginado desde un inicio. Así entonces, superponen los planos de todos los pabellones construidos en el lugar, obteniendo sus huellas y vestigios como memoria del sitio, y eligiendo un perímetro circular como campo arqueológico, como una "lupa" que enfoca la mirada, analizan las condiciones de los pabellones anteriores, y al superponerlas, generan nueva información. Este mosaico de formas abstractas, en lugar de crear algo nuevo, permite una lectura directa y reconstrucción impulsada por *11 formas* "descubiertas." Así, lo casual se enfrenta con lo reflexivo en un juego de significados.

Bruno Munari describió la reconstrucción de objetos imaginarios como un proceso que surge al explorar fragmentos encontrados. Esta idea guía el diseño de este pabellón: reinterpretar las huellas pasadas de otros pabellones en escaleras, bancos y pilares, y con un revestimiento de corcho evocar las ruinas. Este pabellón Serpentine, semienterrado, abierto y cubierto por un espejo de agua que refleja el exterior, crea lugar para el encuentro público y para las serendipias.

Ai Weiwei destaca la arquitectura como un "esfuerzo total" que requiere reutilizar lo existente, entendiendo la realidad como un palimpsesto lleno de memorias, donde encontrar depende de hacer las preguntas correctas y, de estar buscando, para encontrar.

CATALIZADOR_ El pensamiento intruso

{Descontextualizar elementos de otras disciplinas es abrirse
a otras relecturas que puedan desencadenar el proceso creativo.}[T61]

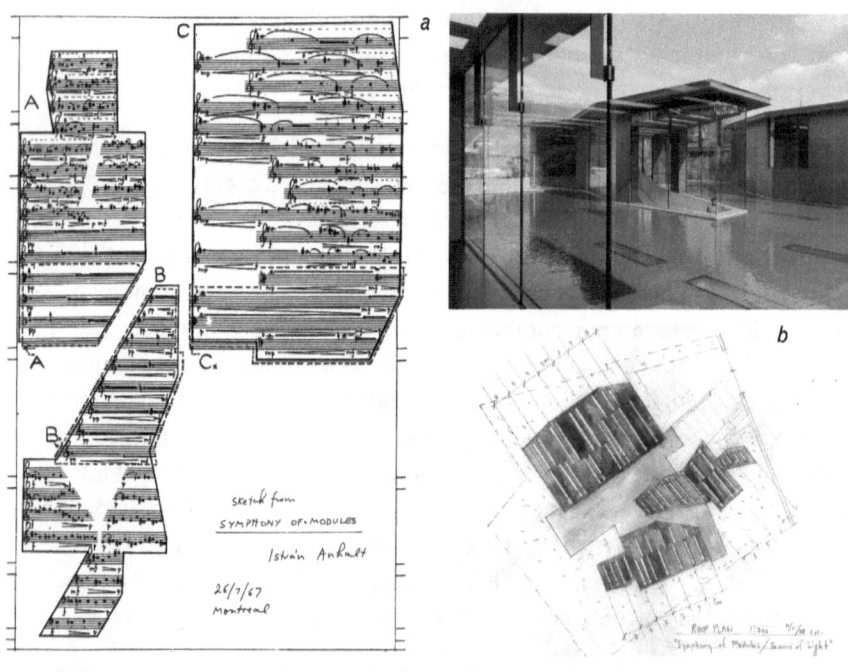

a. Istvan Anhalt. "Sinfonía de los Módulos", Partitura, 1967.
b. Steven Holl, Casa y Galería Daeyang, Seúl, 2002-2008

John Cage señala que como la música a veces encontramos "ritmos trascendentales", elementos en la realidad que parecen autónomos, pero reflejan nuestras propias proyecciones. Asimismo, en arquitectura, los proyectos no nacen de una idea inicial, sino que se desencadenan con catalizadores que estimulan intuiciones previas. Al igual que en la química, donde los catalizadores aceleran o ralentizan reacciones, en arquitectura estos elementos desencadenantes pueden reactivar conocimientos olvidados o latentes, dándoles forma y dirección. En este sentido, un proyecto no surge de la nada; encuentra su impulso en la "sustancia adecuada" que activa el proceso creativo.

Steven Holl, al diseñar la Casa y Galería privada en Daeyang, exploró inicialmente varios esquemas sin éxito. Después de una visita al lugar y un estudio del contexto, no encontró elementos que inspiraran una idea sólida. Finalmente, la inspiración llegó de una partitura no interpretada de Istvan Anhalt, "Sinfonía de los Módulos" (1967), hallada en el libro *Notation* de John Cage.[329] La notación gráfica de la partitura guio la geometría del edificio: los márgenes se transformaron en los perímetros de la vivienda, las notaciones en 59 lucernarios que iluminan los espacios, y el vacío de la partitura se convirtió en una lámina de agua que conecta el conjunto.

La Casa-Galería de Steven Holl, como la pieza musical que la inspira, se compone de tres partes: un pabellón de entrada, uno de vivienda y otro para eventos. Un espacio diáfano en el nivel inferior iluminado por lucernarios y un estanque que refleja el entorno cambiante integran la obra en el paisaje. Esta obra refleja la preocupación fenomenológica de Holl por la experiencia sensorial, y Aunque basada en la partitura "encontrada" de Anhalt, esta idea tiene conexión con proyectos anteriores, como las Viviendas y Hotel en Guadalajara (1994), donde los patios irregulares anticipan la configuración de la Casa-Galería, evidenciando la reutilización de ideas en nuevos contextos.

La partitura utilizada en el proyecto no es una mera metáfora, sino un catalizador que impulsa ideas preexistentes, y que permite que los conceptos evolucionen mediante interferencias y yuxtaposiciones de ideas diversas, creando respuestas productivas. Como defendía Venturi, lo contradictorio y complejo enriquece el proceso creativo en un plano abstracto, no solo formal. Holl sugiere que trabajar con tensión entre ideas incongruentes genera un "significado y una intensidad únicos".[330] Quizás debemos retrasar nuestras certezas y trabajar positivamente con la duda, introducir catalizadores, elementos extraños para redescubrir oportunidades.

---

[329] HOLL, Steven, *El Croquis nº 172. Steven Holl (2008-2014)*. Entrevista "Conceptos y Melodías", p. 10-12
[330] HOLL, Steven, *Cuestiones de percepción. Fenomenología en Arquitectura*, Editorial Gustavo Gili, Barcelona, 2011, p. 40

TRASLUCIR_ Entropía atmosférica como fenómeno

{La arquitectura como interfaz de los fenómenos naturales es utilizar el orden-desorden de lo real y su imparable reformación, para configurar una multitud de estímulos impredecibles.} [T62]

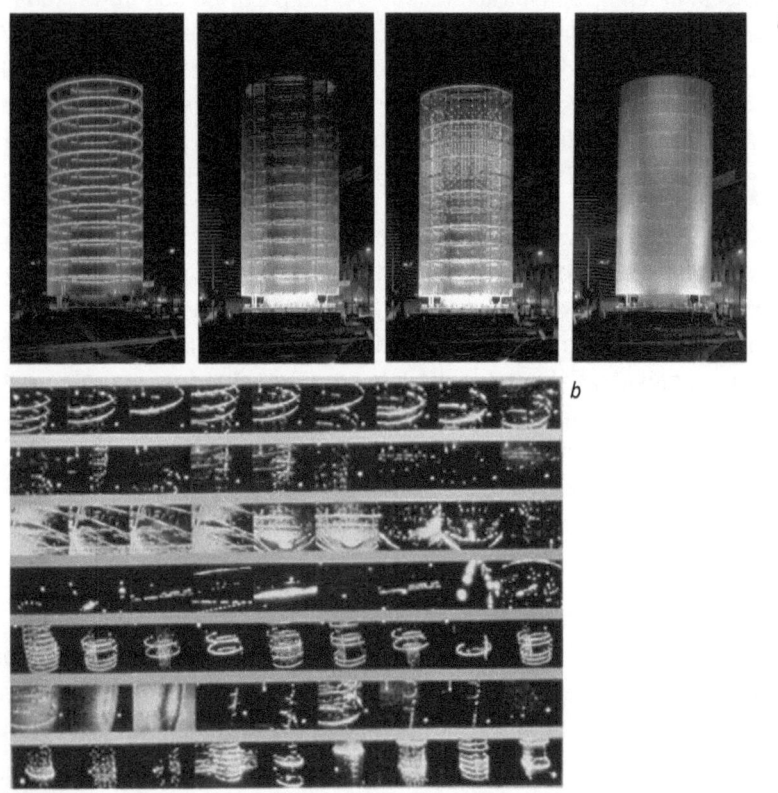

a. Toyo Ito, Torre de los Vientos, Yokohama, 1986 (b. Fotogramas lumínicos)

Henri Poincaré afirmaba que, sin belleza en la naturaleza, conocerla y vivirla carecería de sentido. La arquitectura, así, puede ser un medio para descubrir esa belleza en el caos del mundo, como lo demuestra la Torre de los Vientos (Yokohama, 1986) de Toyo Ito. Este proyecto remodela una torre de hormigón, cubierta con espejos y una doble piel de aluminio perforado, y equipada con luces controladas por sensores de viento y ruido exterior. La torre convierte los datos atmosféricos en un código lumínico, haciendo visible la entropía del contexto. La torre se vuelve un dispositivo que interpreta las condiciones externas, configurando su apariencia a partir de la información del viento y el sonido. En este caso, la famosa definición de Le Corbusier sobre el *"juego sabio, correcto y magnífico de los volúmenes reunidos bajo la luz"*[331], queda aquí invertida, es el volumen el que se redefine a través de la luz que proyecta, siendo tan cambiante e inestable como el viento y el sonido que lo esculpe.

La arquitectura de Toyo Ito se enfoca en lo sensorial y perceptivo; para él, "la noche urbana es un escenario de descubrimientos, impredecible y fértil", un espacio para explorar lo físico y espiritual. En la Torre de los Vientos, Ito integra las condiciones atmosféricas en la arquitectura mediante tecnología, buscando continuidad entre lo natural y lo construido. Confía en la tecnología para reconectar naturaleza, y modernidad, empleando una artificialidad que, paradójicamente, refuerza estos vínculos.

Los fenómenos lumínicos de la torre establecen un diálogo visual con la ciudad, tratándola más como paisaje que como simple edificio, y resonando con el flujo informativo de la metrópolis. Ito ve en la energía y la información una representación de la época, donde el microchip y la electrónica permiten traducir datos invisibles en luz y comunicación visual, integrándolos en el entorno urbano. Así, la ciudad no solo fluye con vehículos y personas, sino también semióticamente con sus anuncios, carteles luminosos y sonidos que forman flujos informativos que transforman el espacio.

Esta ciudad de la era digital se compone entonces de una información virtual, que se ve desplegada sobre el medio físico, y, mediante estas dos capas superpuestas de realidad e ilusión, se conforma lo que Ito denomina la "ciudad como fenómeno"[332]

---

[331] LE CORBUSIER, *Hacia una Arquitectura*, Editorial Poseidón. Segunda edición, Barcelona, 1978, p. 16
[332] ITO, Toyo, *Escritos,* Ed. COAATMU, Murcia, 2000, p. 141

DESGASTAR_ Documentar la entropía

{La erosión de la entropía es también una acción constructiva, un medio de creación.} [T63]

Luis Úrculo, Alfombras residuales. Madrid, 2009 (*a*. diagrama; *b*,*c*. fotografías)

Alfombras residuales fue una instalación de Luis Úrculo realizada en el centro cultural de La Casa Encendida (Madrid), en 2009. El proyecto consistía en la colocación de una alfombra de tres capas de pintura con distintos patrones y colores superpuestos. Esta "alfombra multicapa" ubicada en el patio central del edificio, un lugar de tránsito hacia las actividades del centro, donde las diferentes capas que componían el suelo se iban desgastando a medida que el flujo de personas la erosionaban al pasar, develando, según su frecuencia de uso, los distintos dibujos que cada capa contiene. Es así, que más allá del interesante carácter *relacional*,[333] en la instalación son los visitantes los creadores de la obra, fruto de un proceso dinámico e impredecible de rozamiento entre personas y espacio, es decir, entre la materia y la actividad humana, siendo esto, en términos de Robert Smithson, el registro de la entropía que "se hace visible"[334]. Porque desgastar es desordenar de manera irreversible.

Así, de forma semejante como los llamados "caminos de deseo" en parques o jardines, donde el césped deteriorado revela rutas alternativas usadas por peatones, la instalación de Úrculo muestra, a través del desgaste, cómo se utiliza el espacio. Este registro, a modo de diagrama, permite identificar las zonas más frecuentadas del patio y comprender los patrones de movimiento de las personas

Quizás, lo regular y ortogonal no son siempre sinónimos de funcionalidad como comúnmente se ha entendido. Sino al contrario, si pudiéramos delimitar los espacios a estas zonas de reiteración del uso, no tendríamos rincones o zonas de espacio inútil. No solo descubriríamos la eficacia espacial de la entropía, sino también, nos percataríamos como la arquitectura evidencia su ámbito relacional y el impacto de las relaciones sociales en ella, a partir, no de su resistencia, mantenimiento y preservación, sino mediante su desgaste que convoca el paso del tiempo, y con ello, traer al espacio con lo háptico y la imaginación, cuantos la hemos moldeado.

---

[333] Nicolas Bourriaud recoge en su libro, *Estética Relacional*, la importancia del carácter interactivo y la participación entre visitante y obra artística para el arte contemporáneo, denominándolo como "arte relacional".

[334] SMITHSON, Robert, *The collected writings,* "Entropy made visible" Entrevista con Alison Sky (1973), p. 301-309

CRONOLÓGICO_ Atrapar el tiempo en la materia

{El tiempo depositado en la materia puede emplearse como elemento constructivo, escenificando el cambio cronológico sobre la arquitectura.} [T64]

a. Herzog & de Meuron. Estudio Rémy Zaugg. Mulhouse, 1995-1996.
b. Fabrica Ricola, Mulhouse, 1992-1993.

Quizás todo está ahí fuera esperando a ser descubierto, no hay necesidad de crear nada, sino tener la capacidad de elegir entre un mundo de oportunidades. Es seleccionar dentro del caos, recortando fragmentos de lo cotidiano que pasan desapercibidos, como la danza de una bolsa de plástico en el viento.[335] A veces, lo ordinario se convierte en extraordinario con solo 'enmarcarlo', como el muro de hormigón 'sucio' del Estudio Rémy Zaugg de Herzog & de Meuron, cuya degradación se transforma en belleza al dejar que los óxidos y la lluvia lo envejezcan, revelando el encanto de la imperfección.

Esta interferencia o enfoque –romántico– del tiempo como material arquitectónico permite que la edificación se vea afectada por él, distorsionando su imagen para crear una sucesión de instantes encadenados. El Estudio Rémy Zaugg, un simple prisma de hormigón en forma de 'caja con las solapas abiertas' similar a la fábrica Ricola, que bajo un clima húmedo y sombrío, cuestiona la solidez del hormigón y muestra su naturaleza sensorial y cambiante, se convierte en un receptáculo del tiempo y la humedad, cuya pátina vidriosa en su superficie evoca la atemporalidad de "espejos antiguos"[336]

En el estudio de Rémy Zaugg, el muro sur registra el paso del tiempo como un palimpsesto. El óxido de la cercana fábrica de Texunion, mezclado con lluvia, creó veladuras ocres abstractas, como un cuadro de Helen Frankenthaler. Aunque la fábrica fue desmantelada, 'el muro no olvida su historia', visibilizando lo invisible y reflejando la inestabilidad de lo real.

La arquitectura, lejos de resistir el tiempo, lo acoge; antifrágil, se enriquece con el desorden y las contingencias del entorno que la marcan cronológicamente. En el estudio Zaugg y la fábrica de Ricola, la atmósfera –viento, lluvia, sol– imprimen belleza en el tiempo, en la arquitectura, creando imágenes imprevisibles. El muro de hormigón, con el tiempo atrapado en su material, marca un gran *TACET,* y un futuro para ser leído.

---

[335] Famosa escena de la película "American Beauty" 1999, dirigida por Sam Mendes
[336] JÁTIVA, Luis "Pasado Visible". El estudio Rémy Zaugg de Herzog y De Meuron, 15 años después, p. 4

REGISTRAR_ Inscribir la entropía con la materia

{La materia con la que se constituye la arquitectura no deja nunca de registrar la dinámica de la entropía que la envuelve.}[T65]

a. Jorge Otero-Pailos, *The Ethics of Dust*
b. Palacio Ducal de Venecia, y proceso. Exhibición en 2009
c. Columna de Trajano, Exhibición en 2015

Sabemos que en esta vida cualquier permanencia es precaria, y esta inevitable temporalidad de las cosas, hace surgir en nosotros un profundo sentimiento por aquello que ha soportado las dentelladas del tiempo.

En la antigua Roma, las *Maiorum Imagines*, eran los retratos que se hacían de los ancestros; se elaboraban como máscaras mortuorias mediante moldes de la cara del difunto, rellenados con cera de abeja y pintados para crear una imagen fidedigna del rostro del fallecido. Diseñadas para contrarrestar la descomposición durante los funerales, estas máscaras se guardaban en armarios con forma de templo, ubicados en el *tablinum* de las casas romanas. Estos armarios se abrían en ceremonias solemnes para rendir culto a los antepasados. Así, la memoria se trasladaba a un objeto material, donde formas, arrugas y cicatrices conservaban las huellas del tiempo y de una vida pasada.

La obra del artista y arquitecto Jorge Otereo-Pailos contiene también una cierta preservación mortuoria, una conservación de los rastros del tiempo que la entropía, a lo largo de los años, ha ido depositando en forma de materia, partículas de polvo, así como erosionando sus formas. La técnica empleada por Otero-Pailos, parte de su trabajo como arquitecto conservador de edificios, utilizando látex líquido sobre los elementos a limpiar, retira como un "peeling facial" la suciedad adherida. Este proceso no solo conserva la textura y forma en negativo, sino que construye un eco material del pasado.

En su obra sobre la Columna de Trajano (2015), Jorge Otero-Pailos optó por explorar y "limpiar" el interior de la columna, revelando el espacio inaccesible de su hueco, en lugar de replicar su exterior. Exhibida junto a la columna original en el Victoria & Albert Museum, la pieza establece una relación de complementariedad tanto constructiva como artística.

Más que una simple reproducción o facsímil de una construcción histórica, la piel de látex captura la pátina que se ha ido acumulando durante siglos, evidenciando el paso del tiempo y conservándolo en un objeto tangible que rompe con la temporalidad. Este proceso transforma un objeto común en un objeto de arte, una obra que aspira a ser "extra-temporal", como indica Bauman.[337]

---

[337] BAUMAN, Zygmunt, "Arte, muerte y postmodernidad" en: *Arte, ¿líquido?*, Ed. Sequitur, Madrid, 2014, p. 26

PRESERVAR_ Petrificar la entropía

{Construir con la información entrópica que aporta la
topografía del lugar.} [T66]

Alberto Burri, *Il Grande Cretto*, Gibellina, Sicilia, 1985-2015

En 1968 un gran terremoto con epicentro en el valle de Belice asoló Sicilia provocando cientos de fallecidos y grandes destrozos en diversos pueblos de la isla. El pueblo de Gibellina quedó tan destruido que sus habitantes optaron por no reconstruirlo y crear en su lugar una nueva población, Gibellina Nuova, a 20 kilómetros de la original. Las ruinas del Gibellina Vecchia quedaron abandonas durante años, entregadas a la entropía del tiempo y la naturaleza, que fueron poco a poco apoderándose de sus escombros.

En 1984, el artista Alberto Burri inició la construcción de un proyecto monumental de *Land Art* llamado "Il grande Cretto", una vasta red de bloques de hormigón blanco con una altura de 1.50 m a 1.60 m, que siguen la configuración del trazado urbano original del pueblo. Las calles se configuran como grietas que discurren entre los grandes bloques de hormigón que rellenan las antiguas manzanas. El vertido de hormigón se realiza directamente sobre las ruinas de las edificaciones, conteniendo los escombros y recuerdos de las vidas interrumpidas por el desastre, creando una topografía artificial y abstracta que preserva esa memoria trágica.

El hormigón se extiende por unos 80.000 m2 y conforma un laberinto craquelado semejante a las obras plásticas de Burri, donde las capas de arena que pega sobre el lienzo se cuartean siguiendo las azarosas geometrías de Voronoi al igual que ocurre con el barro seco. Es evidente la relación directa entre el orden cultural de las calles de la antigua Gibellina y el orden natural que adquieren las grietas de sus cuadros, una resonancia que transita entre los distantes campos de lo urbano y la obra plástica.

Cretto, con su blanca topografía que va adquiriendo tonalidades grises, pátinas que muestran las fases de construcción, estable así su propio diálogo con el tiempo y la entropía al mismo tiempo que la preserva en su interior.

En cierta manera hay dos tiempos conservados, la vida hasta el terremoto, pero también, el tiempo del abandono en el que permaneció durante 13 años. La visión de este triste abandono, que al igual que ocurre con los muertos, era el cadáver que debe ser ocultado para que su lamentable decrepitud no socave el buen recuerdo de unos tiempos mejores. El Gran Cretto es la digna sepultura a todo un pueblo y, como todo monumento funerario, mediante su preservación a salvo de las dentelladas del tiempo, esconde también nuestro propio anhelo de trascendencia como seres mortales limitados por el tiempo, salvarnos de nuestra exigua existencia y su *insoportable levedad*.

TRANSFERIR_ Moldear la entropía del lugar

{Las formas topográficas esculpidas por la entropía configuran elementos constructivos, moldes que recogen la información del lugar para redefinirlo, al mismo tiempo que lo contienen.} [T67]

a, b. Robert Smithson, *Non-Site* "Line of Wreckage", Bayonne, New Jersey, 1968.
c, d. Anne Holtrop, *Green Corner Building*, Muharraq, Bahrain, 2020

Las creaciones *Non-Site* de Robert Smithson consistían en trasladar materiales como piedras y tierra desde un lugar específico (*Site*) al espacio expositivo (*Non-Site*). Utilizando contenedores de geometrías minimalistas, mapas y series fotográficas del lugar de origen, Smithson construía una representación abstracta que evocaba un lugar real sin imitarlo. En este traslado, se difuminaban los límites entre lo real y lo representado, permitiendo al espectador imaginar el lugar de origen sin estar allí. Esta recolección y traslado simbolizaba el lugar, y también alteraba su estado, incrementando su entropía. El *Non-Site* era la representación de un lugar en constante cambio, erosionado y transfigurado, al documentarse en su desplazamiento.

El edificio *Green Corner* de Anne Holtrop en Bahréin destaca por su materialidad, capturando la esencia del terreno en sus paneles de hormigón moldeados *in situ*, al verter el material sobre el suelo del lugar, cuyo relieve se transfiere directamente a las superficies de hormigón, generando una impresión única del terreno que queda "fosilizada" en la fachada. Así, la geografía y erosión del lugar se trasladan al edificio, creando un negativo del paisaje en su estructura. La fachada se convierte en un telón urbano que, mediante el apilamiento de bandas horizontales, otorga al edificio una lectura clásica, mientras las ventanas, recortadas de los paneles, revelan el relieve del terreno como un "corte geológico" en vertical. En el interior, los techos reproducen el perfil del terreno, estableciendo un diálogo visual y material que conecta el edificio con su geografía original.

La puerta principal y las contraventanas del edificio *Green Corner*, creadas en aluminio vertido, capturan también la tradición local y el relieve del terreno, generando una "piedra artificial vernácula" que conecta el contexto físico con la memoria cultural del lugar. Anne Holtrop explora esta relación mediante una materialidad directa: en vez de transportar materiales como Smithson, los crea en el mismo sitio, imprimiendo en ellos la topografía y la historia del terreno. El proyecto permite una lectura táctil de las texturas y formas, ofreciendo al observador una experiencia sensorial que evoca el paisaje original y su transformación. Para Holtrop esta aproximación es como una forma de "viajar" visualmente, donde los fragmentos del terreno invitan a imaginar tanto lo que hubo como lo que puede llegar a ser.

CONSTRICCIONES I_
Introducir estresores como potencial

{Insertar restricciones en el proceso creativo genera nuevas aperturas, una potencialidad que empuja a considerar otras soluciones. Encontrar nuevos caminos inesperados empujados por las limitaciones autoimpuestas.} [T68]

"Si el mundo que nos rodea se nos antoja diverso, creativo y cambiante es porque hay restricciones, porque no todo vale para acceder a la realidad y porque no todo vale para permanecer en ella"[338] J. Wagensberg

a. Wolfgang Amadeus Mozart, *El dueto del espejo* (circa 1783) (música 'palíndroma');
b. *"Fiztcarraldo"* (1982), de Werner Herzog;
c. Hugh Ferriss, "The Metropolis of Tomorrow", 1929

[338] WAGENSBERG, Jorge, *La rebelión de las formas*. Ed. Fábula. Tusquets Editores 2008. 1ª Edición en Metatemas 2004.

La antifragilidad es esencial en los sistemas naturales y complejos, donde los estresores y la volatilidad no solo los fortalecen, sino que también catalizan nuevas oportunidades. Así, frente al reduccionismo que simplifica la realidad para facilitar el control, las interferencias y constricciones pueden actuar como catalizadores de nuevas propiedades emergentes. En sistemas complejos como el cuerpo humano, el estrés episódico fortalece músculos y huesos (ley de Wolff), mientras que la pasividad los debilita.

El pintor David Hockney describe cómo el miedo agudiza la visión periférica, permitiendo anticipar la incertidumbre. De forma similar, la negatividad impulsa el conocimiento. Enrique Walker exploró esta idea en *Bajo Constricción* (2003-2006), un curso donde los alumnos enfrentaban problemas de diseño autoimpuestos, generando procesos inesperados que abrían nuevos caminos creativos; o la película de Werner Herzog que narra cómo Fitzcarrald cruzó un istmo amazónico con su barcaza, y Herzog amplió esta épica llevando un barco de vapor montaña arriba, creando con este estresor su leyenda.

En arquitectura, las limitaciones del contexto, clima, presupuesto o normativas actúan como trampolines creativos. Koolhaas compara al arquitecto con un "surfista de olas," mientras Miralles propone enfrentarse a las restricciones, transformándolas en soluciones innovadoras.

Carles Muro denomina esta actitud "arquitectura potencial," inspirada en OuLipo, donde las autolimitaciones son estímulos para la creatividad, ampliando las posibilidades en lugar de restringirlas. En *Hacia una arquitectura potencial*, Muro explora cómo las limitaciones impulsan la innovación arquitectónica. Ejemplos como el bloque de ónix que dictó la altura en el Pabellón de Barcelona, o las ilustraciones de Hugh Ferriss, que limitaba el volumen de los edificios —a 2028 variaciones— al explorar la Ley de Zonificación de 1916 de Nueva York que, para Koolhaas, esta ley que limitaba volúmenes funcionaba como una "regla de diseño" involuntaria, transformando restricciones en formas arquitectónicas. Esta idea de 'arquitectura potencial' se relaciona con la "antifragilidad," mostrando cómo la arquitectura prospera al convertir limitaciones en oportunidades creativas.

CONSTRICCIONES II_ Crisis sobre el programa

{Dislocar el uso común y cotidiano de las cosas favorece la aparición de nuevas acciones, demanda nuevas ideas que reclamarán sus propias arquitecturas.} [T69]

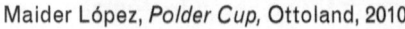

Maider López, *Polder Cup*, Ottoland, 2010

Polder Cup fue un campeonato de fútbol de convocatoria abierta a todo el público, organizado bajo la dirección de la artista Maider López en 2010. Este torneo se llevó a cabo en un lugar poco convencional para un encuentro deportivo, los *polders* holandeses, esos terrenos ganados al mar y dedicados mayormente a la agricultura y ganadería.

Los distintos campos de futbol se dispusieron de manera que los canales de agua cortaban el área de juego y conformándose como obstáculos "advertían de la necesidad de inventar nuevas estrategias y adaptar las reglas para adecuarse a la nueva situación"[339] Todos los campos eran distintos y presentaban diferentes dimensiones e interferencias de canales en posiciones dispares, provocando que los jugadores tuviesen que pactar y negociar diferentes reglas oficiales, así activando por una parte la capacidad relacional del evento y el juego, y por otra, poniendo en crisis la seriedad y validez de nuestra común aproximación a un programa rígido y reglado como es el fútbol.

La convocatoria para la participación en el torneo fue realizada con la colaboración del Centro de Arte contemporáneo Witte de With, esto se tradujo en que los jugadores tenías diversas procedencias; desde el amante al arte al aficionado al fútbol, personas del mundo rural y urbanitas, artistas y comisarios de arte. Con esto, propiciando la generación de sinergias que faciliten un encuentro social diverso y, sobre todo, tácticamente colaborativo.

El acontecimiento transforma un lugar anónimo, lo resignifica, las líneas de tiza que recorren los campos lo dotan de una nueva espacialidad. Maider López emplea la táctica surrealista de juntar dos elementos aparentemente extraños entre sí en un mismo plano para provocar 'emergencias poéticas'. Porque, un encuentro entre situaciones convencionales bajo un nuevo ordenamiento puede adoptar formas inesperadas, constituir programas que en su crisis generan nuevas formalizaciones, y con ello nuevas ideas de aproximación al lugar

---

[339] LÓPEZ, Maider. [Memoria del proyecto], Consultado en: http://www.maiderlopez.com/portfolio/polder-cup-2/

CONSTRICCIONES III_ Restringir los medios

{Seguir un camino de autolimitación en los medios arquitectónicos conduce a nuevos planteamientos, impulsando la aparición de nuevas decisiones alejadas de lo convencional.}   [T70]

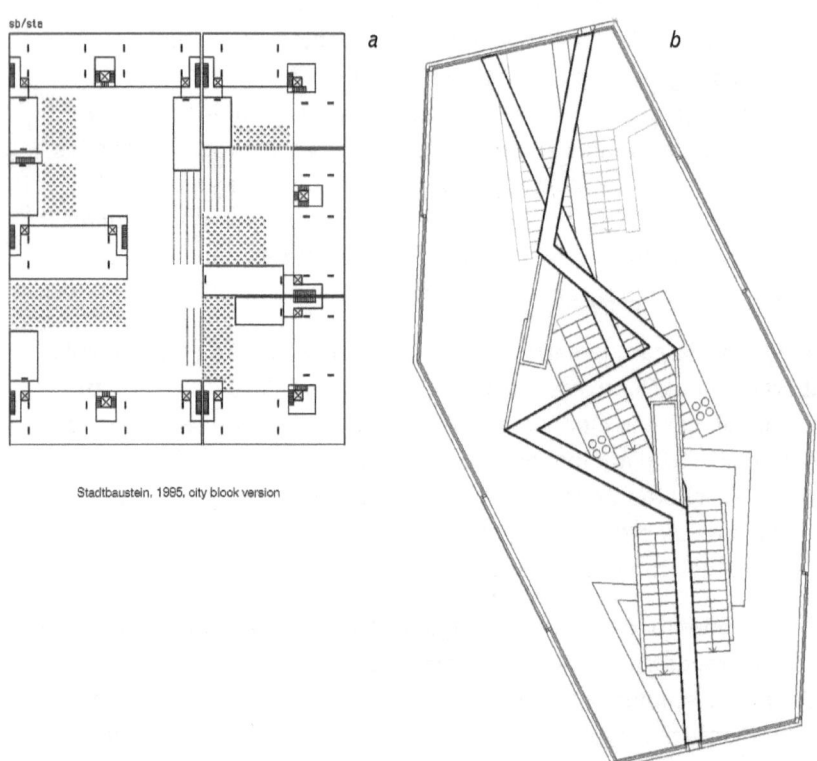

a. BARarchitekten, Edificio de usos mixtos *"Stadbaustein"*, Berlín, 1995.
b. Christian Kerez, *Casa de un solo muro* (Superposición de plantas), Zurich, 2004-2007.

En los años noventa, el uso de programas CAD se expandió en la arquitectura, permitiendo una precisión de escala ilimitada, desde detalles minúsculos hasta territorios completos. Esta capacidad exacta, aunque práctica, recuerda al cuento de Borges, *Del Rigor de la Ciencia*, en el que la búsqueda de una representación tan fiel como la misma realidad se vuelve inútil.

Contrastando con esta precisión, los arquitectos alemanes BARarchitekten, en su texto *The Wrong Program*, relatan cómo, al comienzo de su carrera, utilizaron el programa básico *SuperPaint* debido a su bajo costo. Al trabajar en píxeles y no en líneas vectoriales, el programa dificultaba las líneas inclinadas, fomentando una simplificación formal en el diseño. Esto los llevó a buscar la esencia del edificio, con estructuras racionales y una disposición funcional de núcleos de escaleras. De igual modo, el uso de los comandos "copy & paste" facilitó la estandarización de elementos del proyecto. Así, la falta de detalle en otras áreas fue lo que permitió una flexibilidad mayor, ideal para espacios mixtos y adaptables.

Las limitaciones pueden enfocar lo esencial y abrir nuevas posibilidades espaciales. En la *Casa de un solo muro*, Christian Kerez adoptó la autolimitación de usar un único muro continuo como elemento estructural, constructivo y configurador del espacio. Este muro no solo divide dos viviendas, sino que se convierte en el protagonista del proyecto, estructurando y delimitando las estancias a través de pliegues que definen los espacios funcionales sin cerrarlos completamente.

Los pliegues del muro, diferentes en cada planta, crean una concatenación espacial que combina lo abierto y lo cerrado, donde los forjados en voladizo se apoyan en este único elemento, mientras el perímetro acristalado refuerza la sensación de ligereza, contrastando con la solidez del muro de hormigón. Las habitaciones, cóncavas o convexas según los pliegues del muro, a menudo se delimitan con finas puertas correderas o mobiliario discreto, enfatizando su carácter secundario frente al protagonismo del muro.

A pesar del reducido solar, el diseño genera espacios amplios y dinámicos. Las escaleras en continuidad invitan al recorrido, hilvanando las plantas en un espacio profundo y fluido. Cada nivel, gracias a la autolimitación de un solo muro como telón de fondo, tiene un espectáculo de vistas, como si cada planta se configurara como un gran balcón, un gran escenario proyectado hacia el exterior, integrando vistas y luz natural.

EXTRAÑAMIENTO_ Lo extraordinario en lo ordinario

{Al igual que en el mundo literario, la arquitectura puede ofrecer situaciones de extrañamiento, espacios y lugares que rompan con lo cotidiano, reclamando nuestra atención y generando nuevos vínculos y formas de uso.} [T71]

Tezuka Architects, *Roof House*, Hatano-shi, Kanagawa, 2001

Sentimos una extraña y casi indescriptible sensación al ocupar espacios no diseñados para ser habitados. Al irrumpir en azoteas inaccesibles, cubiertas reservadas para instalaciones o rincones entre muros, subvertimos su función original y alteramos su cotidianidad. Son lugares que, en nuestra infancia, explorábamos con la inocente libertad de aventurarnos sin temor.

El extrañamiento surge entonces ante la irrupción de un elemento ajeno, algo que no debería estar ahí, evocando la máxima surrealista de Lautréamont: *"como el encuentro fortuito, sobre una mesa de disección, de una máquina de coser y un paraguas"*. Nos convertimos en algo "fuera de lugar," contrario al orden natural de las cosas.

La "Roof House" de Tezuka Architects, construida en 2003, expande esta idea al incorporar su tejado inclinado de madera como espacio habitable. Con un diseño sencillo de 100 m², permite acceso al tejado mediante lucernarios y escaleras desde cada estancia, otorgando autonomía a los miembros de la familia y diluyendo jerarquías familiares. Este techo accesible se convierte en un inesperado lugar de encuentro familiar y de conexión con el entorno, duplicando el espacio habitable para disfrutar del aire libre, las vistas y el cielo, un valioso recurso en la ciudad actual.

El diseño de la *Roof House* de Takaharu Tezuka responde a las solicitudes de la familia para aprovechar el tejado como un espacio habitable, con una mesa, bancos, cocina, estufa, y ducha exterior, además de un murete bajo para privacidad. En este proceso, los clientes se vuelven aliados que guían la disposición de elementos comunes en un entorno no convencional. Más allá del uso práctico de la cubierta, lo significativo es el extrañamiento que surge de habitar un espacio que normalmente no se destina a la vida cotidiana.

Tezuka opta por un tejado inclinado en lugar de uno plano, lo que intensifica la percepción de estar en un área inusual y aumenta la conciencia del entorno al carecer de barandillas y permitir la cercanía al borde. Esta experiencia de riesgo y novedad transforma la actitud de los usuarios y fomenta un disfrute perceptivo y mental inesperado. La filosofía del proyecto resuena con Cedric Price, quien creía que la arquitectura debe desafiar a las personas a comportarse de formas que antes creían imposibles.

Si bien, los *No-lugares* de Marc Augé son espacios de tránsito y las *heterotopías* de Foucault representan excepciones espaciales, podríamos llamar a estos sitios de extrañamiento *"Extrañotopías"*. Son lugares que, al reunir elementos ajenos en un contexto inusual, generan una ruptura con lo habitual, ofreciendo un "fuera de lugar" que desafía la alienación de la vida en nuestros días.

TRANSMUTAR_ Reordenar la materia

{Toda arquitectura conlleva reordenar la materia, cada línea del proyecto implica una dimensión física, económica, política y social.} [T72]

Lara Almarcegui, *Materiales de construcción de la sala de exposiciones Espacio 2*, CAC, Málaga, 2007

Grava	106	toneladas
Arena	57	toneladas
Cemento	24	toneladas
Acero	2	toneladas
Escayola	3	toneladas
Pintura	0,2	toneladas

La artista Lara Almarcegui presenta un inventario desplegando los materiales que han sido necesarios para construir la propia sala de exposiciones "Espacio 2", en el Centro de Arte Contemporáneo de Málaga. La instalación exhibe una muestra de estos materiales "en crudo", una descomposición de sus elementos antes de la transformación; desplegando un estado previo a su mutación que lleva desde su estado material a la creación de un espacio arquitectónico.

Esta instalación, declara una relación con el arte *povera*; además, la exposición establece, a escala real, una tensión entre la materia original y la materia reordenada, es decir, convertida en el material que construye un espacio. Aunque este espacio resultante sea simplemente un espacio 'genérico', usando la terminología de Koolhaas, como un espacio sin atributos especiales. Lo importante no es tanto el resultado, el valor de lo construido, sino desvelar el proceso de transformación, necesario y que queda oculto a la mirada.

Un nuevo orden material que requiere de una entropía, un trabajo por parte de quienes lo llevan a cabo, un esfuerzo anónimo que desaparece tras la finalización de la obra y del que no queda rastro. Una energía disipada irreversiblemente que Almarcegui nos sugiere simplemente mostrando los ingredientes, el estadio previo y su conversión, su estado transmutado; el visitante es quien debe unir los dos puntos extremos.

Irremediablemente el tiempo socava las construcciones y los materiales se deterioran de forma irreversible, no podemos invertir la *flecha del tiempo* que siempre apunta hacia la degradación. Almarcegui juega con esta realidad para plegarla, una "ruina a la inversa", aunque solo sea metafóricamente, y como únicamente el arte puede subvertir las leyes de la naturaleza. Se establece un 'bucle' temporal entre pasado y futuro, donde los materiales de construcción parecen estar listos para un nuevo reordenamiento. Una nueva construcción, que ilusoriamente volverán a su estado original, en una transmutación continua que recuerda el mito del incansable Sísifo.

DÉCOLLAGE I_ Construcción entrópica

{**Décollage es eliminar información como acto constructivo.**}   [T73]

a. Mimmo Rotella, *Casablanca*, 2003
b. Guido Iafigliola, *A Salvo* (Glitch)

El *décollage* (despegar) es una técnica artística del Nuevo Realismo que crea imágenes mediante el desgarrado de otras. Construye al mismo tiempo que deconstruye. Contrariamente al collage, que agrupa elementos para formar una nueva imagen, el *décollage* va eliminando partes para que emerja una nueva. Esta técnica encarna, de una forma literal, aquella fórmula artística de Picasso, "cada acto de creación es un acto de destrucción".

Los *décollages* son trozos de ciudad –anuncios y propaganda superpuestos– que van desde la pared de la calle al lienzo del artista. El proceso recontextualiza estos elementos de la vida urbana, llevándolos del mundo real al imaginario artístico. Según Bauman, en esta transformación, se arrebata a la destrucción su siniestro aguijón, su monopolio de lo irrevocable.[340]

La obra *Casablanca* de Mimmo Rotella sobre el cartel de la película de Michael Curtiz mezcla homenaje y crítica: por un lado, evoca la admiración por la época dorada de Hollywood; por otro, sus desgarrones cuestionan la perfección promovida por la sociedad de consumo. Así, la obra invita a una reflexión entre pasado y presente, idealización y rechazo.

En la era digital, los carteles físicos son reemplazados por pantallas digitales, facilitando una rápida mutabilidad visual. El *décollage* cede espacio al arte *Glitch*, donde los "errores informáticos" se convierten en herramientas creativas, aprovechando fallos aleatorios para transformar la imagen de manera transitoria y artística. La estética *Glitch* convierte fallos técnicos en arte, emulando errores informáticos para distorsionar imágenes. En contraste con el *décollage*, que elimina materia real como carteles y fotos, el *Glitch* resta información virtual, desordenando ceros y unos para crear una apariencia de descomposición o ruina. La imagen se vuelve borrosa y fragmentada, recordando el desgaste de antiguas cintas VHS.

El arte digital permite experimentar sin riesgo, ya que el "botón de deshacer" elimina la irreversibilidad de lo analógico –limitado en la arquitectura enlazada al medio físico–. En los *décollages*, digitales o analógicos, la manipulación de imágenes expresa la acumulación de información actual. Así, en un mundo sobreinformado, la pregunta de T.S. Eliot sigue siendo más pertinente que nunca: *¿dónde está el conocimiento que hemos perdido con la información?*

---

[340] BAUMAN, Zygmunt, *Arte, ¿líquido?*, p. 23. (Para Bauman, el *décollage* de Jacques Villeglé entre otros ejemplifica el *Arte Líquido* de nuestra época. (*Ib. p.41*)

DÉCOLLAGE II_ Arrancar materia

{Décollage en arquitectura es eliminar materia como acto
constructivo, restar para edificar.} [T74]

Architecten Vylder Vink Taillieu+Bavo, *PC Caritas,* Melle, Bélgica, 2016

El proyecto para el edificio *PC Caritas* del estudio de arquitectura Vylder Vinck Taillieu y el grupo de investigación Bavo, reconvierte un antiguo edificio del siglo XIX en un centro psiquiátrico de investigación de programa abierto.

La renovación se basó en un proceso de eliminación y selección, un *décollage* arquitectónico que dejó al edificio "respirar" nuevamente. Se retiraron materiales minerales, el suelo fue reemplazado por piedras para que el agua pudiera drenar. Las ventanillas se bajaron para abrirlo en todas las direcciones. El sótano se abrió para convertirse en un auditorio, y los invernaderos fueron introducidos como nuevas salas, siendo estos, los únicos elementos que se aportaron, a modo de cajas acristaladas para crear salas de trabajo protegido. Asimismo, se introdujeron vigas metálicas verdes que refuerzan la antigua estructura, y con su color se remarcó su intrusión deliberada, dado que no formaban parte del edificio original.

El edificio crea un espacio interior abierto, eliminando tejas y manteniendo un carácter indeterminado –programáticamente como constructivamente– que evolucionará a lo largo del tiempo, pero que por ahora desconocemos. Todo a su debido tiempo.

El centro *PC Caritas* se erige como una nueva construcción a través de un proceso de deconstrucción; es más una reparación, arranque y eliminación de materia –o materiales insignificantes– que una restauración propiamente dicha. Una adaptación mutua entre lo necesario y preservado. El proyecto abre un debate sobre la preservación de la arquitectura que heredamos, de igual manera, genera una reordenación de criterios sobre cómo debe entenderse la rehabilitación de un edificio que pertenece a otra época y que es deudor de otras aspiraciones, pero que ahora, también forma parte de nosotros y, sobre todo, de nuestro futuro.[341]

---

[341] El arquitecto Jorge Otero-Pailos resalta el cambio en el enfoque hacia la preservación y renovación de edificios antiguos, destacando una sensibilidad creciente en las intervenciones en edificios históricos y una mayor atención a la dimensión temporal en la arquitectura y su capacidad de generar nuevas narrativas para el futuro. En: OTERO-PAILOS, Jorge, *Restoration Redux*. Architectural Record. 15/02/2012

ARRUINAR_
Interferir entrópicamente sobre lo construido

{La creación de la ruina y su aproximación romántica como valor cultural es un método de proyecto en vinculación directa con la entropía del tiempo, ya sea real o fingido.} [T75]

"Pero, así como no hay que temer a los moldes, tampoco hay que tener miedo de romperlos".[342] (Murakami)

a. Miguel Ángel, *Basílica de Santa María de Los Ángeles y Los Mártires,* Roma, 1562. Brandlhuber+Emde Burlón, *"Antivilla"* (b. Estado previo; c. Reformado), Potsdam, 2010

[342] MURAKAMI, Haruki, *Los años de peregrinación del chico sin color*, Ed. Tusquets, Barcelona, 2013.

La Basílica de Santa María de Los Ángeles y Los Mártires en Roma, diseñada por Miguel Ángel en 1562, fue construida sobre las antiguas termas de Diocleciano. A diferencia de las prácticas comunes, donde las nuevas edificaciones borraban las huellas del pasado, Miguel Ángel optó por preservar las ruinas romanas, integrándolas en la fachada y la estructura del nuevo templo católico en el antiguo *tepidarium*. Esta decisión –*avant la lettre*– anticipó la valorización estética de la ruina propia del Romanticismo, al establecer un diálogo entre la memoria histórica y las aspiraciones contemporáneas. Las ruinas, con sus perfiles desgastados, actúan como reliquias del pasado y símbolos de la superación cristiana sobre el paganismo.

Miguel Ángel convierte la ruina en parte esencial del edificio, fusionando los vestigios de otro tiempo con una nueva función, mostrando así que la forma arquitectónica no siempre sigue a la función. La Basílica plantea una reflexión sobre el significado de la ruina en la modernidad: en ausencia de ruinas que sobrevivan al paso del tiempo, ¿no deberíamos recrear, construir deliberadamente ruinas, dando forma a esa admiración por el pasado?

La "Antivilla" es una transformación de una fábrica de la antigua RDA en vivienda, realizada por Brandlhuber+Emde, Burlon. Inspirados en la película *Themroc*, rompieron muros y abrieron grandes huecos hacia el lago y el bosque, creando un ambiente de *ruina habitada*, y dejando una memoria de su proceso como una *performance* colectiva. Esta "acción de arruinar" subvierte el orden arquitectónico convencional y genera una nueva conexión entre espacio y habitante, evocando las intervenciones de Gordon Matta-Clark.

En su ambigüedad, comparando el estado original y el reformado, la *Antivilla* parece más antigua tras la renovación, logrando una *'entropía simulada'*, una ruina falsa pero auténtica en esencia, que expresa una nostalgia utópica. Así, el tiempo y el azar actúan sobre la arquitectura, modificando su tradicional estabilidad. La *antifragilidad* celebra lo extraordinario al incluir elementos aleatorios, permitiendo que el desorden actúe no como caos, sino como interferencia entrópica y elemento catalizador de nuevos, azarosos y más complejos órdenes que, como creía Duchamp, "acabarán por tener sentido".

DESVELAR_ El espacio arqueológico

{Mostrar lo que comúnmente permanece oculto, aquello que se encuentra escondido y evidenciar lo que era invisible a las miradas, plantea oportunidades para encontrar espacios potenciales.} [T76]

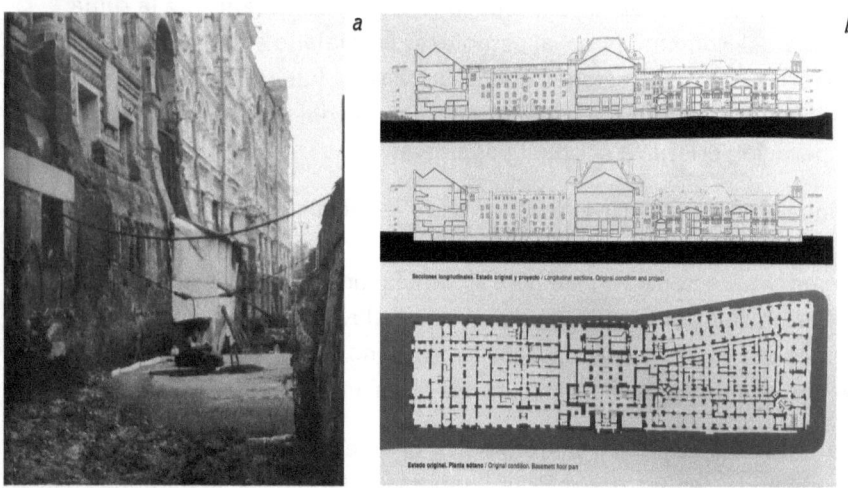

Museo Politécnico de Moscú, (*a.* Fotografía en Junya Ishigami; *b.* Secciones y Planta), Moscú

Paul Klee defendía que mediante el arte "se hacía visible lo invisible", revelando ante nuestros ojos realidades ocultas o inadvertidas para una mirada superficial. En el proyecto de Ishigami para el Museo Politécnico de Moscú (2012), esta idea se manifiesta no solo de manera metafórica, sino también de forma literal y material al exponer un sótano enterrado. Mediante una fusión de arquitectura y arqueología, el proyecto propone una coexistencia entre pasado y presente y no de aniquilación mutua.

La remodelación transforma un edificio histórico del siglo XIX en un nuevo museo. Preservando las fachadas, que están en buen estado, la propuesta incluye la excavación del perímetro del edificio, revelando la planta sótano deteriorada y abriéndola al exterior. Así, el edificio sobre rasante permanece, mientras el sótano, a modo de pedestal excavado, aflora como una base visible que sostiene y transforma la edificación.

El espacio original del sótano evoca las famosas "Carceri" de Piranesi, mostrando un espacio denso, desordenado y arruinado por el paso del tiempo, pero con una fuerte carga evocadora. Aunque quizás, mediante su apertura y la inclusión de un programa, perderá irremediablemente esas cualidades de "utopía negativa" que mencionaba Tafuri. Sin embargo, el proyecto de Ishigami destaca por su aceptación de la degradación y el olvido como herramientas de transformación, descubriendo la belleza en lo oculto y lo ordinario.

El proyecto, al liberar los muros de carga y mantener solo los machones, transforma el sótano en la nueva planta baja, una galería porticada que actúa como vestíbulo del museo, conectada al nivel de los pasos subterráneos de la ciudad. Así, se configura un espacio de carácter 'arqueológico', resultado de la excavación más que de la construcción.

La conexión con el espacio exterior de la manzana se logra mediante planos inclinados que crean una nueva topografía, funcionando como jardín y espacio de esparcimiento para los ciudadanos. Este paisaje inclinado en forma de 'cuenco' invita a acercarse a la nueva planta porticada.[343]

En definitiva, el proyecto añade una interferencia, al rehabilitar el edificio mediante una precisa eliminación de materia, revelando elementos del pasado y adaptándolos al nuevo contexto. Con ello, creando un marco abierto a nuevas actividades mientras preserva su historia y memoria constructiva, tomando el flujo histórico como base para fraguar una nueva realidad.

> *"Pensar en arquitectura puede significar descubrir nuevas realidades desconocidas por nosotros y así expandir nuestro mundo cotidiano"*[344]

---

[343] ISHIGAMI, Junya. [memoria del proyecto]. *El Croquis nº182*, p.242
[344] ISHIGAMI, Junya. *Freeing Architecture...* ,op. cit., p. 90

RECONTEXTUALIZAR_
Selección y desplazamiento imprevisto

{La creación de nuevas arquitecturas, siguiendo los descubrimientos del surrealismo, es emplear el desorden que supone el cambio de significantes y el juego de contextos.} [T77]

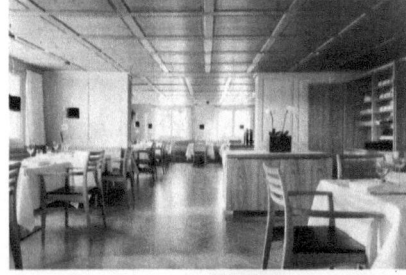

a. René Magritte, *Palacio de Ópera*, París 1929.
b. Le Corbusier (+ ¿Salvador Dalí?), Ático Beistegui, París, 1930
c. Smiljan Radic, Referencia Sala *Stube* austriaca.
d. Parada Autobús en la calle Zwing (Krumbach, Austria) 2016

Las vanguardias del siglo XX demostraron cómo cambiar el contexto de objetos y conceptos altera su significado, generando nuevas realidades. Claude Lévi-Strauss lo ejemplifica señalando que un filete crudo en una mesa de café causa repulsión, mientras en una carnicería es natural. Igualmente, el fotomontaje de Magritte, que sitúa el Palacio de la Ópera de Garnier en un campo, genera extrañeza al confrontar lo urbano con lo rural, creando una percepción distinta que surge de un *desorden necesario*. Según los científicos David Bohm y David Peat, la creatividad surge al romper convenciones y explorar nuevas relaciones, como un "juego libre" que fomenta la innovación, en contraste con un "juego sucio" de *ideas tranquilizadoras* que limita al aferrarse a lo establecido y a la rigidez de las normas.

Así, La cubierta ajardinada, uno de los cinco puntos de Le Corbusier, sorprende al trasladar el espacio doméstico –un jardín– a la altura, en lugar de mantenerlo a nivel de suelo. Un ejemplo destacado es el ático de Carlos Beistegui en los Campos Elíseos concebido como una "habitación a cielo abierto" que combina elementos domésticos, como una chimenea barroca, con un contexto surrealista. Salvador Dalí añadió detalles teatrales, como un seto mecánico que enmarcaba el Arco del Triunfo, acentuando su carácter onírico. Esta terraza plantea una paradoja entre interior y exterior: un espacio doméstico al que se le quita su techo, transformándolo en un espacio imaginativo que reinterpreta el entorno arquitectónico de forma inesperada.

En 2016, Smiljan Radic diseñó una parada de autobús en Krumbach, Austria, inspirada en la *Stube* tradicional, un espacio comunal de las viviendas austriacas. Radic trasladó este ambiente acogedor al exterior, creando una parada que evoca al hogar. Con sillas artesanales y una casita para pájaros, el espacio combina la apertura pública con el confort doméstico. El uso de vidrio y hormigón negro asegura su funcionalidad, fusionando así el interior y el exterior en un "bello encuentro fortuito".

Este diseño sugiere cómo la arquitectura puede enriquecer la ciudad al integrar lo doméstico en lo público, creando espacios significativos que combinan afecto y novedad, a través de nuestra experiencia y resignificación de lo inesperado "frente a esperar lo necesario".

DES-REGULAR_ Desordenar los códigos de la ciudad

{En un mundo hiperreglado, donde la ciudad está saturada de normas y mensajes, la eliminación de estos códigos ofrece marcos de convivencia, fomentando la autorregulación frente a los sistemas impositivos.} [T78]

Hans Monderman, Espacio compartido (*a,b,c.*), *Oosterwolde*, 1998

Para Marc Augé, la "sobremodernidad" ha generado "Los no lugares", espacios de tránsito y circulación, lugares de uso temporal, provisional y efímero, como autopistas y aeropuertos, que diluyen la esencia de la ciudad. El espacio público ha dejado de ser un lugar de encuentro para convertirse en un problema de circulación regulada, un "espacio de resto" de los edificios, donde la medida es el tiempo y no la experiencia vivida. La ciudad se convierte en un "manual de uso" lleno de señales y normas que fomentan una vida urbana automatizada, gestionable pero falta de imprevistos. haciendo que vivamos la ciudad "en piloto automático".

Este fenómeno refleja lo que el psicólogo Daniel Kahneman llama "pensar rápido": un modo de operar automático, tomando decisiones sin esfuerzo consciente, como cuando recorremos caminos habituales sin reflexionar el trayecto. En este contexto, el ingeniero de tráfico Hans Monderman en los años ochenta y noventa propuso una visión opuesta, eliminando las señales y regulaciones tradicionales para devolver a la ciudad su imprevisibilidad y promover la atención activa.

Monderman eliminó señales y medidas de regulación en calles y cruces, creando un espacio compartido y sin barreras entre peatones, ciclistas y vehículos, conocido como *naked streets* o "calles desnudas". Este concepto, basado en la negociación (*shared space*), obliga a los conductores a reducir la velocidad y prestar más atención debido a la ambigüedad de las reglas, lo cual aumenta la prudencia al manejar en ausencia de indicaciones automáticas como semáforos.

La aparente peligrosidad de estas calles resulta en una mayor seguridad, ya que los conductores se enfocan más en su entorno, atentos a los peatones y ciclistas. Además, la falta de señales elimina las paradas innecesarias, mejorando la fluidez del tráfico y reduciendo la congestión. Este enfoque de autoorganización no solo disminuye accidentes,[345] sino que también crea un espacio urbano más humano y atractivo, donde los desplazamientos son más libres y agradables, en contraste con las calles tradicionales, delimitadas y orientadas exclusivamente para el tráfico rodado.

---

[345] HARFORD, Tim, *El poder del desorden,* Penguin Random House Grupo Editorial, Barcelona, 2017, pp. 1-5 T.A

RE-NATURALIZAR_
Introducir órdenes autoorganizativas en la ciudad

{La incorporación de sistemas naturales al orden artificial de la ciudad genera ecosistemas con una mayor integración y complejidad, potenciando así un medio ambiente naturalmente construido.}   [T79]

a. Fina Miralles, *Relaciones*. Relación entre el cuerpo y los elementos naturales. El cuerpo cubierto de paja, Sabadell, 1975
b. Río Manzanares, Madrid, 2021
c. "Las 'malas buenas' hierbas de Nantes", Nantes, 2014

El término "naturalizar" implica introducir sistemas naturales en la ciudad, sin pretender una imposible vuelta a un "estado natural", inexistente, un concepto romántico y renacentista que idealiza una Arcadia mítica. Hoy, este ideal surge como "eco-hipsterismo", donde ser "ecológico" se convierte en un lujo, un fetiche de consumo accesible solo para algunos.

A pesar de esta visión crítica, la inclusión de naturaleza en las ciudades sigue siendo esencial. En la "ciudad genérica", la vegetación y la fauna quedan relegadas a espacios marginales definidos por regulaciones, considerados más como "espacios no construidos" que verdaderos entornos naturales. Además, la asociación del orden con la limpieza ha simplificado ecosistemas, eliminando el "desorden natural" en favor del control, debilitando los ecosistemas y afectando tanto al medio ambiente como a los seres humanos.

La ciudad de Nantes ha adoptado una nueva gestión innovadora de su vegetación urbana, permitiendo que plantas silvestres crezcan libremente en lugar de ser eliminadas como "malas hierbas". Esta estrategia promueve la biodiversidad al fortalecer el ecosistema urbano, reduce pesticidas, conserva humedad, disminuye la polución y previene la erosión, creando un entorno autogestionado basado en ciclos biológicos, en el "ensamblaje comunitario" de especies y, sobre todo, aceptando la entropía natural.

De manera similar, la renaturalización del río Manzanares en Madrid ha transformado su cauce de un canal de hormigón a un espacio donde coexisten plantas y animales. Liberando el "río prisionero" de esclusas y añadiendo vegetación, el proyecto restaura su dinámica fluvial, equilibra el entorno urbano con el natural y redefine el protagonismo humano en favor de la naturaleza.

Incorporar órdenes naturales en la ciudad mejora la calidad del agua, incrementa la biodiversidad y fomenta actividades como la observación de aves, enriqueciendo el espacio urbano. Más que una cuestión estética, es una necesidad urgente. En la era del Antropoceno, es esencial construir espacios que integren desarrollo y sostenibilidad, ya que nuestro futuro depende de ello.

{TÁCTICAS GENERADORAS}

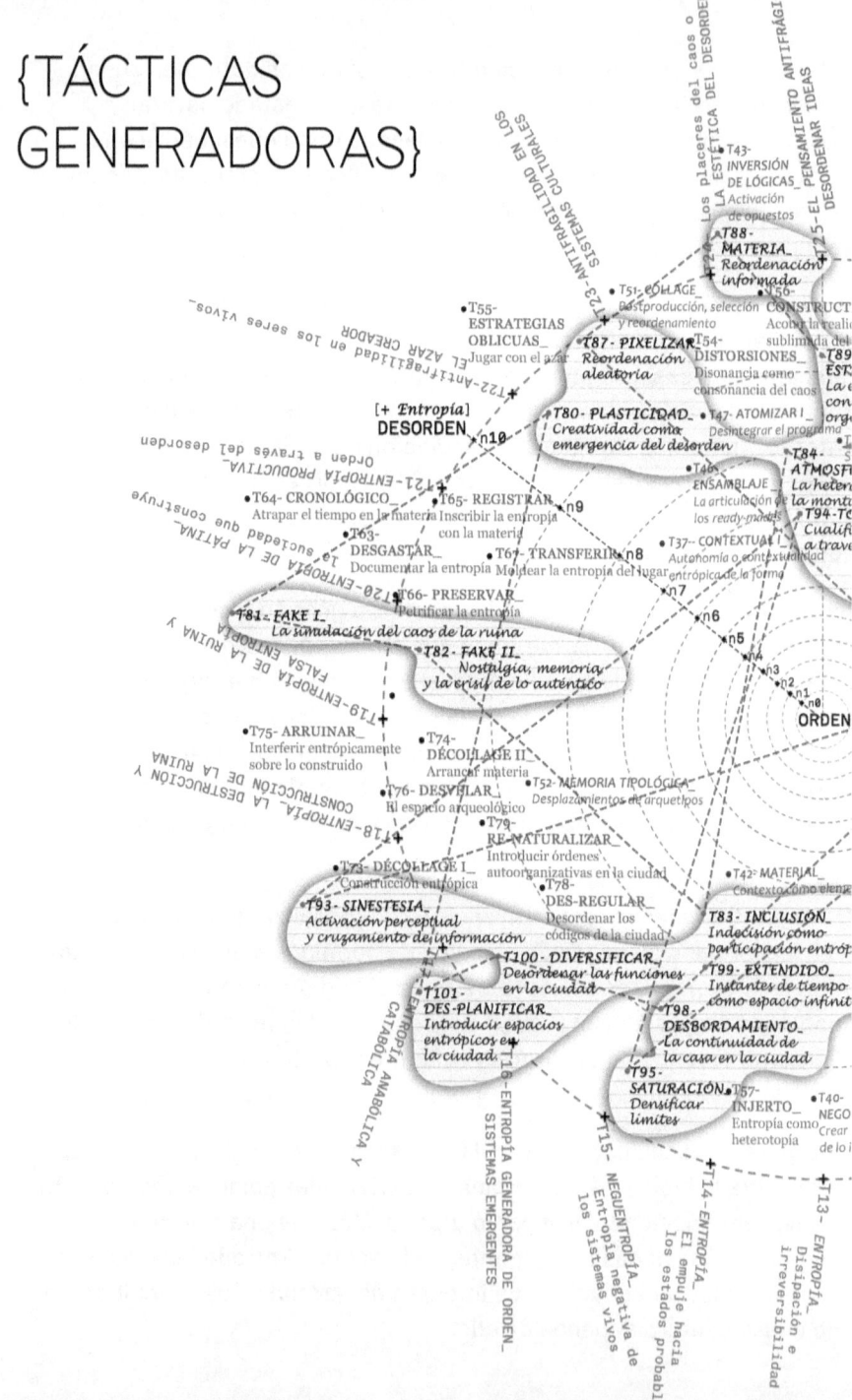

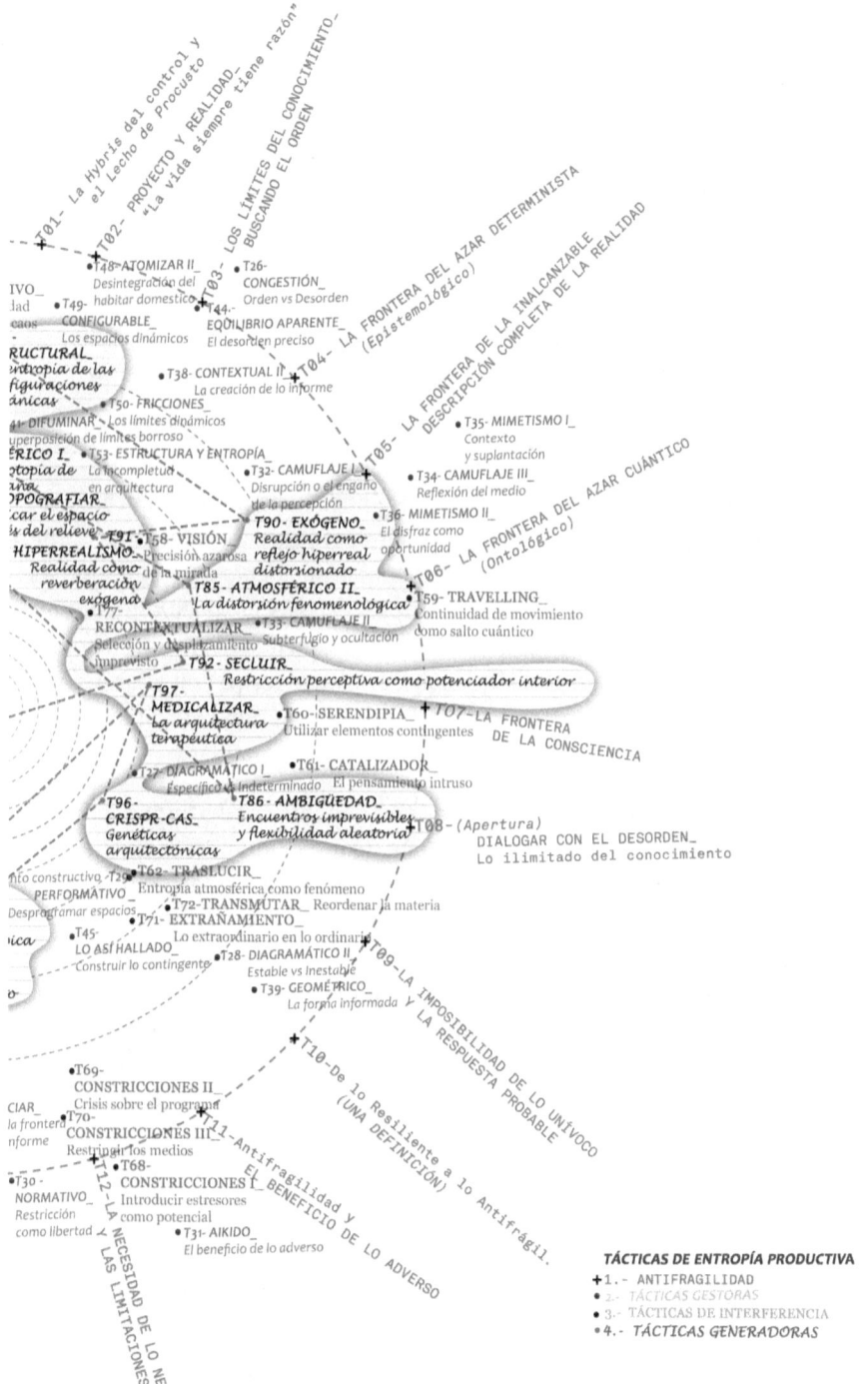

Del funcionalismo al posibilismo. Las Tácticas Generadoras no solo aportan soluciones arquitectónicas, sino que su verdadero valor reside en ofrecer nuevas oportunidades. Aceptan la entropía y, al mismo tiempo, la generan, facilitando así la opcionalidad y la aparición de acontecimientos que transgreden las fronteras de lo construido. Un ejemplo de esto es la *Iglesia Saint-Pierre* (Firminy, Francia, 1963-2006) de Le Corbusier, donde, a pesar del retraso de casi medio siglo en su construcción, surgieron soluciones constructivas imprevistas que posibilitaron efectos sensoriales inesperados: haces de luz que trascienden lo constructivo, su materialidad y redefinen su interior mutable.

Estas tácticas, a partir de lo concreto y lo real, originan pensamientos y emociones que pertenecen a lo abstracto, trascendiendo su propia materialidad. Superando lo inerte y la mera necesidad, para adentrarse en lo fenomenológico, abrirse al mundo del intelecto y los sentimientos. Como Le Corbusier exponía: *"Con las materias primas, mediante un programa más o menos utilitario que habéis superado, habéis establecido relaciones que me ha conmovido. Esto es Arquitectura"*[346]. Emociones e ideas nos llevan admirar ciertas arquitecturas, estableciéndose un enlace afectivo con ellas. Cuanto mayor sea la intensidad de este enlace con más seguridad el edificio sobrevivirá los avatares del tiempo, menor será su fragilidad.

Otra manera de buscar la *antifragilidad* es conservar su utilidad, por eso, estas tácticas buscan crear campos de incertidumbre, espacios que permitan la incorporación de acciones indeterminadas, lugares que acepten la yuxtaposición con nuevos usos. Al igual que la música de John Cage que, partiendo de planteamientos e instrucciones precisas, hacía que la libertad en su ejecución produjera resultados inesperados, sonidos nuevos e imprevistos. Cage buscaba generar oportunidades, crear ocasiones: *"Mi música favorita es la que no he escuchado. No escucho la música que compongo. Compongo para escuchar la música que todavía no he escuchado"*.[347]

---

[346] LE CORBUSIER, *Hacia una Arquitectura,* Editorial Poseidón, Segunda edición 1978, Barcelona, p. 165
[347] CAGE, John, *Escritos al oído,* Colección de Arquitectura n° 38. COAATMU, Murcia, 1999, p. 47

Las Tácticas Generadoras buscan realizar una arquitectura que entiende los beneficios de la aleatoriedad; aumentar la variabilidad es un medio de antifragilidad. Generar opcionalidad (entropía), como mejor manera de adaptarse a lo indeterminado, a sucesos no previstos, y, de este modo, afrontar el desafío de acoger de la mejor manera programas inestables. Utilizar, no solamente soluciones retrospectivas, sino arrojar, posibilitar miradas prospectivas para ampliar la experiencia de la realidad.

TÁCTICAS GENERADORAS

T80. *Plasticidad_* Creatividad como emergencia del desorden

T81. *Fake I_* La simulación del caos de la ruina

T82. *Fake II_* Nostalgia, memoria y la crisis de lo auténtico.

T83. *Inclusión_* Indecisión como participación entrópica

T84. *Atmosférico I_* La heterotopía de la montaña

T85. *Atmosférico II_* La distorsión fenomenológica

T86. *Ambigüedad_* Encuentros imprevisibles y flexibilidad aleatoria

T87. *Pixelizar_* Reordenación aleatoria

T88. *Materia_* Reordenación informada

T89. *Estructural_* La entropía de las configuraciones orgánicas

T90. *Exógeno_* Realidad como reflejo hiperreal distorsionado

T91. *Hiperrealismo_* Realidad como reverberación exógena

T92. *Secluir_* Restricción perceptiva como potenciador interior

T93. *Sinestesia_* Activación perceptual y cruzamiento de información

T94. *Topografiar_* Cualificar el espacio a través del relieve

T95. *Saturación_* Densificar límites

T96. *CRISPR-CAS_* Genéticas arquitectónicas

T97. *Medicalizar_* La arquitectura terapéutica

T98. *Desbordamiento_* Rebasar los límites

T99. *Extendido_* Instantes de tiempo como espacio infinito

T100. *Diversificar_* Desordenar las funciones en la ciudad

T101. *Des-planificar_* Introducir espacios entrópicos en la ciudad.

PLASTICIDAD_
Creatividad como emergencia del desorden

{La flexibilidad y el desorden favorecen los encuentros inesperados, oportunidades catalizadoras para la generación de ideas creativas.} [T80]

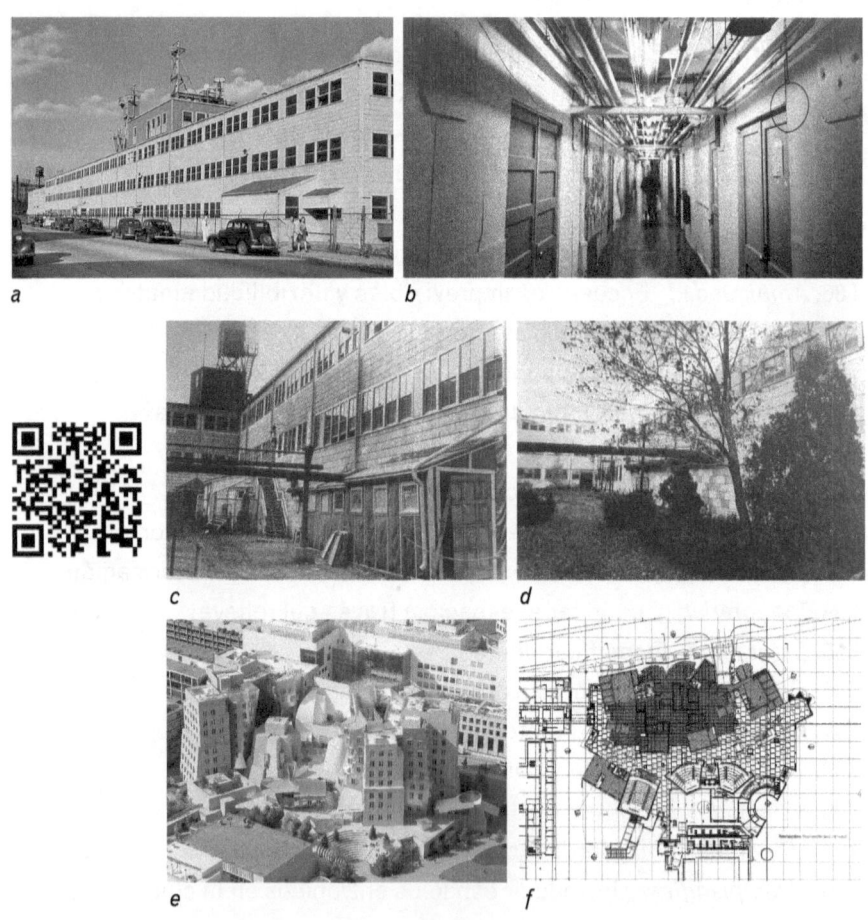

Edificio del RadLab (*a,b,c,d.* - *Building 20)*, MIT. Cambridge, 1943.
e. Frank Gehry, *Stata Center . f.* Building 32, MIT. Cambridge, 2006, (Planta baja y primera)

El *RadLab* del MIT, en Cambridge, conocido como "Building 20" o "la incubadora mágica", demostró que un entorno desordenado y flexible puede ser más propicio para la creatividad que uno controlado. Construido en 1943 como edificio temporal de tres plantas de madera, su diseño adaptable permitía a los usuarios modificar libremente el espacio, favoreciendo la experimentación y la innovación. Este edificio fue cuna de grandes talentos, incluidos varios premios Nobel, y de avances clave como el radar, el reloj atómico, la fotografía estroboscópica, la cultura hacker, los primeros videojuegos interactivos y las redes de internet. Su diseño de patios abiertos y espacios no programados generó encuentros interdisciplinarios, convirtiéndolo en un símbolo de cómo un entorno flexible puede potenciar la creatividad.

El *Building 20* destacaba por su flexibilidad y *capacidad de apropiación*. Su diseño temporal permitía a los usuarios personalizar laboratorios y ajustar instalaciones, fomentando autonomía y sentido de pertenencia bajo un enfoque "hazlo tú mismo". La *disposición desordenada del edificio* también impulsaba la creatividad: la numeración caótica provocaba que los investigadores se perdieran, propiciando encuentros interdisciplinarios fortuitos que dieron lugar a innovaciones como tecnologías de altavoces y los primeros videojuegos. Además, su estructura con largos pasillos *promovía encuentros prolongados* y casuales, generando el intercambio de ideas. Este entorno flexible y desordenado demostró que un diseño no convencional puede fomentar la innovación y la colaboración.

La creatividad surge al conectar ideas interdisciplinares y, tal vez, incompatibles, en un proceso que, según Brian Goodwin, vive "al borde del caos". La arquitectura puede facilitar este intercambio mediante un "desorden planificado" que genere la autoorganización.

En 2006, el *Stata Center* del MIT, diseñado por Frank Gehry, reemplazó al funcional *Building 20*. Su diseño caótico, logrado con el programa –aeroespacial– CATIA, crea un "desorden ordenado" visualmente impactante. Sin embargo, plantea dudas sobre si su estética audaz podrá mantener el legado de innovación genuina del *Building 20*, o si responde más a una estrategia de marketing hipermoderno.

FAKE I_ La simulación del caos de la ruina

{El simbolismo de la entropía de la ruina como lenguaje de superposición de significados contradictorios.} [T81]

a. SITE, BEST *Indeterminate Façade*. Houston, 1975
b. SITE, BEST *Forest Building*, (Vista exterior e interior) Houston, 1980

En los años 70, la cadena de almacenes *BEST Products* encargó a SITE (*Sculpture in the Environment*) el diseño de sus "big-boxes", transformándolos en espacios provocadores y conceptuales. Uno de sus primeros proyectos, *Indeterminate Façade* (Houston, 1975), presentaba una fachada semiderruida que simulaba un derrumbamiento parcial provocado por los avatares del paso del tiempo. Este diseño convertía la destrucción en un recurso estético, , generando un edificio provocador, un *'ready made'* que plantea un juego irónico con el visitante. Así, cuestionaba la idea de un "edificio acabado" al introducir la estética de la entropía como un elemento discordante e inesperado

Otro ejemplo es el *Forest Building* (Richmond, 1980), que integraba un bosque dentro del edificio, creando una ruina que se rendía ante la naturaleza. Este enfoque ambivalente entre preservación y simulación permitía que el edificio envejeciera de forma natural, desarrollando pátinas y resaltando su antifragilidad. En esta obra, SITE elimina la importancia de distinguir entre ruina auténtica o simulada, aceptando la coexistencia de significados opuestos dentro de una nueva realidad arquitectónica.

La *Des-arquitectura* propuesta por SITE pone en crisis convenciones tradicionales de la arquitectura como algo nuevo, funcional y finalizado. En su lugar, la reinterpreta como un medio de comunicación, invirtiendo lógicas y mezclando valores artísticos, sociales, ecológicos y psicológicos. Estos diseños provocadores, que se diferencian de los almacenes convencionales, se establecen como símbolos de la sociedad de consumo.

Este enfoque coincide con los planteamientos de Venturi y Scott Brown en *Aprendiendo de Las Vegas*, donde se reivindica el simbolismo en la arquitectura. SITE utiliza la ironía y la estética de la "ruina falsa" como herramientas de marketing y expresión, desafiando la noción de un edificio "acabado" y estableciendo un diálogo con el espectador. Inspirado por el arte Pop, estos diseños tienden puentes entre la arquitectura y la cultura popular, rechazando distinciones ortodoxas entre lo que es "buena" o "mala" arquitectura, promoviendo una práctica arquitectónica creativa, irónica y felizmente liberadora.

FAKE II_ Nostalgia, memoria y la crisis de lo auténtico

{La arquitectura sirve como medio cultural y es transmisora de una memoria colectiva que no tiene porqué restringirse a la recreación de lo auténtico.} [T82]

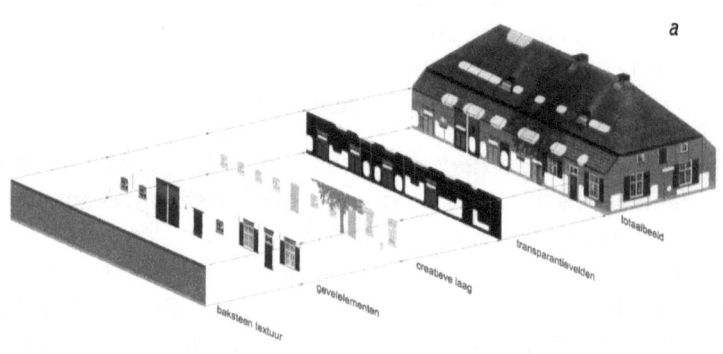

¿Quién puede vivir sin un poco de féerie, sin un poco de fantasía? se preguntaba el cineasta Georges Méliès en 1933.

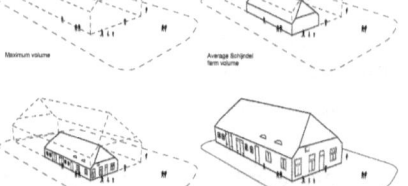

MVRDV, *Glass Farm. Centro Multifuncional*. Schijndel, 2008-2013.
(*a.* Diagramas compositivo; *b.* de proceso y *c,d.* fotografías).

La arquitectura, como interfaz de las proyecciones emotivas de los ciudadanos, se sitúa entre lo virtual y lo real. La *Glass Farm* en Schijndel, diseñada por MVRDV, cuestiona el valor de lo auténtico al crear una "imagen espectral" de una granja holandesa tradicional.

Schijndel, ciudad natal de Winy Maas (socio de MVRDV), tiene un papel central en este proyecto, ya que desde 1980 Maas buscaba reconstruir su plaza. En el año 2000, el ayuntamiento reconoció la necesidad de revitalizar ese gran espacio, y tras varias propuestas, se decidió construir un edificio que evocara la tradicional granja holandesa. Un precedente de la *Glass Farm* es la Biblioteca Pública de Spinjkenisse (2003-2012), que también experimenta con la forma de granja para conectar con el pasado agrícola de la ciudad. Con su estructura piramidal y fachada acristalada que evoca ruinas, la biblioteca funciona como un "zigurat de libros" que aviva la memoria colectiva. Así, las ideas y obsesiones en arquitectura se trasladan y evolucionan, adaptándose a nuevos espacios y significados.

La *Glass Farm* representa una evolución respecto a la Biblioteca de Spijkenisse, no solo como conexión nostálgica con el pasado, sino como un acercamiento al límite entre lo real y lo virtual. Este edificio alberga restaurantes y tiendas, pero su verdadero protagonismo radica en su fachada acristalada y serigrafiada, concebida como una "piel". Diseñada en colaboración con el artista Frank van der Salm, quien documentó detalles de antiguas granjas holandesas –puertas, ventanas y cubiertas de paja–, la fachada compone una imagen ideal" de granja que fue serigrafiada en vidrio. Esto crea un efecto de "sólidos traslúcidos" con zonas de transparencia que permiten vistas al interior y la entrada de luz natural.

La granja presenta una escala aumentada, 1,6 veces su tamaño original, lo que permite a los adultos experimentar la perspectiva de un niño. Por la noche, iluminada, se transforma en un "monumento a la granja", una representación *fake*, extrema de la imagen como material y realidad, donde lo emotivo y la memoria se convierten en *entropía generadora*. Es una combinación entre "edificio pato" y el "almacén decorado" de Venturi en una nueva entidad, un nuevo cuestionamiento: ¿Qué es ser auténtico en el siglo XXI?

INCLUSIÓN_ Indecisión como participación entrópica

{Introducir elementos que reclamen la participación del usuario, generando vínculos y conexiones entre el espacio construido y quien lo vive.} [T83]

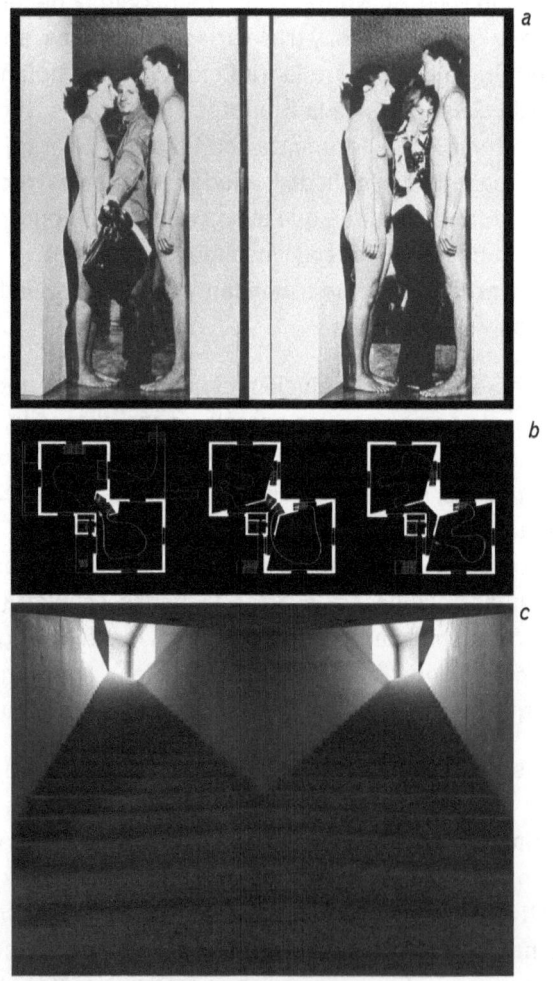

a. Marina Abramovic y Ulay, *Imponderabilia*, 1977.
b,c. Valerio Olgiati, Centro de Visitantes, Parque Nacional Suizo, Zernez, 2008.

"Imponderabilia" (1977) fue una acción artística de Marina Abramović y Ulay en la Galería de Arte Moderno de Bolonia, donde ambos permanecieron desnudos frente a frente en la entrada, obligando a los visitantes a rozarse con sus cuerpos para acceder. Al pasar, cada persona debía decidir a quién mirar, convirtiéndose en parte de la obra. Aquí, el espectador muta en arte y los artistas en observadores, desdibujando las barreras entre ambos roles.

Jackson Pollock también rompió estas fronteras al poner horizontalmente el lienzo, transformando la pintura en un espacio de acción donde el cuadro era el resultado de un *"acontecimiento",* en el encuentro entre el artista y lo pictórico, iniciando la crisis de los límites entre obra, artista y público. Este cuestionamiento continuó con performances y happenings en los años 60, como los de Allan Kaprow y grupos como Fluxus y Zaj, proponiendo una "estética relacional" (Bourriaud) que integra al espectador en el proceso artístico. En este enfoque, arte y vida se entrelazan, el espectador deja de ser pasivo y se convierte, como en *Imponderabilia*, en protagonista de la obra. Estas acciones generan pequeñas utopías en la cotidianidad, experimentos artísticos con reglas precisas, pero resultados abiertos e impredecibles.

Asimismo, las acciones humanas, como el arte, son impredecibles y generan consecuencias inciertas. En el Centro de Visitantes de Zernez, Valerio Olgiati busca más que una simple participación del usuario: fuerza decisiones que inician una reflexión. El edificio establece una conexión intelectual con el visitante, quien, consciente o no, intenta descifrar el sistema espacial y situarse en sus coordenadas, abriendo una puerta al pensamiento. Así, El diseño, austero y autónomo, consiste en dos cubos de hormigón solapados, donde todo lo superfluo se elimina o se oculta. Sin embargo, dos escaleras simétricas y redundantes introducen ese sentimiento de que *"algo no es del todo correcto"*. Esta simetría interior, con salas idénticas y ventanas iguales, provoca una sensación laberíntica y un *déjà vu* espacial, desestabilizando al visitante en su continuo proceso de toma de decisiones. Olgiati deja espacios de indecisión para que el usuario participe activamente, generando incertidumbres planificadas.

ATMOSFÉRICO I_ La heterotopía de la montaña

{El arquetipo de la montaña como lugar sagrado permea en numerosas culturas y creencias a lo largo de la historia, estos lugares presentan unas cualidades espaciales específicas que se pueden relacionar con la generación del pensamiento transcendental.} [T84]

"Lo sagrado se manifiesta
siempre como una realidad de
un orden totalmente diferente
de las realidades naturales"[348]
(Mircea Eliade)

a. Monte Kilimanjaro, Tanzania, Vista desde la cumbre (5.890 m.). Autor B.L.
b. La Torre de Babel: Anthonisz (1547); Bruegel (1563); van Valckenborch (1568), (1594); Grimmer (1585), (1604); Verhaecht (1585); Micker (1650); Kircher (1679).
c. Templo de Bayón, Angkor Thom, Camboya (siglo XII); d. Estupa de Borobudur, Java, Indonesia (siglos VIII-IX). Fotografía de autor B.L

[348] ELIADE, M. *Lo sagrado y lo profano.* Barcelona: Ed. Austral, 1988. p. 14

Para Kant, la montaña no representa lo *bello*, sino lo *sublime*, un sentimiento que combina placer y terror ante la fuerza de la naturaleza. Mientras lo bello evoca equilibrio y armonía, lo sublime alude al caos y desorden, generando fascinación y miedo. Este contraste explica la atracción irracional por las alturas, donde mente, cuerpo y atmósfera se entrelazan en experiencias que afectan tanto lo físico como lo mental. Así lo exploraron Jean-Gilles Décosterd y Philippe Rahm en el pabellón *Hormonorium* (2002), que reflexiona sobre cómo las cualidades de la alta montaña generan sensaciones ópticas, térmicas y hormonales que alteran el estado mental.

Desde tiempos remotos, las montañas han sido símbolos sagrados en distintas culturas, conectando lo humano con lo divino. Consideradas ejes cósmicos, sus cumbres inalcanzables se asociaron con moradas de dioses y seres inmortales, como el Monte Olimpo en Grecia, el Fuji en Japón, o el Kilimanjaro en Tanzania. Este vínculo entre lo terrenal y lo trascendente, hace de la 'montaña' el símbolo universal que conecta lo material con lo espiritual, trascendiendo geografías y culturas. Donde no existían montañas naturales, se construyeron imitaciones arquitectónicas para recrear esta conexión sagrada. Ejemplos como los zigurats mesopotámicos, las pirámides egipcias y americanas, o las estupas budistas reflejan un mismo arquetipo: el vínculo entre lo terrenal y lo divino. Estas estructuras simbolizan la *montaña sagrada*, eje cósmico que une cielo, tierra y mundo subterráneo.

En el caso de las pirámides egipcias, su forma triangular evoca la colina primigenia que emergió tras el caos acuático, simbolizando luz, vida y regeneración. Por otro lado, templos como Angkor Wat en Camboya representan el monte Meru, hogar de dioses hindúes, transmutando su materialidad en espacios sagrados para los creyentes. La ascensión, como en Borobudur en Java, implica un recorrido espiritual y físico, un tránsito heterotópico desde lo profano hacia lo divino. Estas construcciones permiten un proceso pedagógico y purificador que culmina en la cumbre, frontera entre lo humano y lo inmaterial. La montaña, por su aislamiento y vacío, ha sido también un refugio para el pensamiento y la espiritualidad. Para Nietzsche, su soledad estimulaba la reflexión, convirtiéndola en un espacio ideal para alcanzar la plenitud del pensamiento.

"...una descripción veraz de la realidad es la más extraordinaria poesía (...) los hechos más bellos e interesantes son, con mucho, los más poéticos". [349]

(Henry David Thoreau)

"(...) si nuestro cerebro fuera lo bastante simple como para que lo entendiéramos, no seríamos lo bastante inteligentes para comprenderlo". [350]

(David Eagleman)

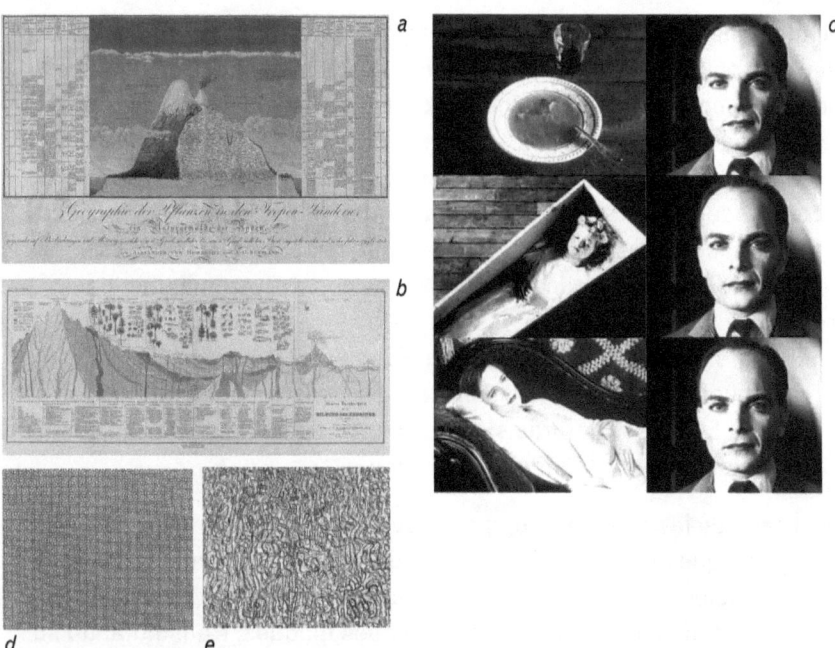

a. Alexander Von Humboldt, *Naturgemälde*, Ensayo sobre la geografía de las plantas (1807);
b. *Diagrama de sección de la corteza terrestre,* Physikalischer Atlas (1841);
c. *Efecto Kuleshov.* (Muestra cómo el contexto altera la interpretación emocional de una misma imagen). d. François Morellet (der) *4 doubles trames traits minces*, 1958. (desorden perceptual); e. Henri Michaux (izq) *Dessin mescalinien*, 1959. (monotonía con alucinógenos).

[349] THOREAU, H. *The Writings of Henry David Thoreau*, 1906, (Palala Press, Hardcover, New 2015), p. 347
[350] EAGLEMAN, D. Incógnito: *Las vidas secretas del cerebro*, Barcelona: Ed. Anagrama. 2013, pos.3958.

La montaña, como espacio heterotópico, simboliza transformación y superación humana. Nietzsche situó a Zaratustra en las alturas alpinas, donde, en soledad, evolucionó espiritualmente antes de descender a la ciudad para inspirar la liberación mental. Sin embargo, también encarna pérdida de razón, como en la leyenda alemana de Tannhäuser, quien, al internarse en la montaña de Venus, sucumbe a los placeres y desconexión de la realidad.

Para Philippe Rahm, la montaña es más que un ícono cultural; es un "productor de fenómenos". Alexander Von Humboldt, al ascender el Chimborazo en 1802, revolucionó la ciencia al evidenciar cómo las condiciones atmosféricas determinan los ecosistemas. Su *Naturgemälde* muestra la relación entre especies y clima, revelando la biodiversidad decreciente a medida que aumentan las altitudes, donde solo sobreviven organismos adaptados.

La montaña no es solo un espacio mitológico y espiritual, sino un laboratorio natural que expone las interacciones entre la vida y su entorno, desafiando tanto al cuerpo como a la mente. Alexander Von Humboldt, al analizar los Andes, Alpes y Pirineos, descubrió patrones que vinculaban las condiciones ambientales con la vida, anticipando ideas de la evolución de Darwin y Wallace. Su enfoque holístico destacó en innovaciones como los mapas de isoterma, que unificaban regiones geográficas por temperatura, revelando una naturaleza interconectada. Para Humboldt, los fenómenos individuales solo cobraban sentido en relación con el conjunto, inspirando teorías como la hipótesis de Gaia de Lovelock.

La montaña, con su atmósfera singular, influye en el cuerpo mediante la temperatura, presión y composición del aire, afectando tanto lo físico como la percepción y consciencia. Según Merleau-Ponty, el cuerpo interpreta el espacio desde dentro, moldeando nuestra experiencia. La percepción, basada en información sensorial incompleta, se ajusta al entorno, alterando la realidad percibida y generando nuevas perspectivas, similar al efecto Kuleshov. Como heterotopía, la montaña genera un espacio para la introspección y creatividad. La realidad, entonces, es una construcción performativa del cerebro, sensible a las variaciones del entorno físico.

ATMOSFÉRICO II_ La distorsión fenomenológica

{La arquitectura genera espacios con condiciones atmosféricas específicas. La distorsión de estas cualidades hacia valores no convencionales origina reacciones físicas que modifican el comportamiento físico y mental de las personas. Es tarea de la arquitectura reflexionar sobra las capacidades que posee para transcender lo material e influir sobre la mente humana.} [T85]

a,b. Décosterd&Rahm, *Hormonorium,* Pabellón de Suiza, bienal de Venecia 2002.
c. Haus Rucker Co, *Environment Transformer (Flyhead)* 1968. *Mind Expander 2,* 1968

En la atmósfera de la montaña, al ascender, experimentamos una disminución de presión barométrica, reduciendo la presión parcial de oxígeno, aunque su proporción en el aire (21%) permanece constante. Esto afecta la oxigenación sanguínea y, en particular, al sistema nervioso central, causando alteraciones fisiológicas y síntomas como el *mal de altura*. Sociedades tibetanas y andinas han desarrollado adaptaciones epigenéticas para tolerar estas condiciones, pero por encima de los 5.500 mts la vida permanente es prácticamente inviable.

En no aclimatados, la *hipoxia* puede inducir episodios de disociación, despersonalización y delirium, con alucinaciones auditivas y visuales, como el "factor del *tercer hombre*" o visiones en túnel. Aunque reversibles al descender, estas experiencias podrían vincularse intuitivamente al carácter místico y espiritual que históricamente se atribuye a la montaña, no solo por su estética y geografía, sino también por sus propiedades fisicoquímicas de su atmósfera.

Aldous Huxley, en sus ensayos *Las puertas de la percepción* y *Cielo e infierno* (1977), vinculó el aumento de CO_2 en la sangre con experiencias místicas y visionarias. Según Huxley, prácticas como el yoga, la repetición de rezos o el canto prolongado elevan los niveles de CO_2, alterando la oxigenación cerebral y generando *el desorden de los sentidos*, lo que abre puertas hacia lo trascendental a través de mecanismos fisicoquímicos.

El *Hormonorium*, diseñado para el pabellón suizo en la Bienal de Venecia de 2002, simulaba la atmósfera de la alta montaña, creando un entorno que afectaba el sistema endocrino y sensorial. Este espacio reproducía condiciones alpinas que, a través de la luz, el aire y la temperatura, alteraban el comportamiento fisiológico del cuerpo humano. De manera análoga, el grupo Haus Rucker Co, en los años 60, diseñó dispositivos como *Flyhead* y *Mind Expander*, que distorsionaban la percepción sensorial mediante prótesis visuales y acústicas, generando experiencias de desorientación y extrañeza. Mientras estos dispositivos eran individuales o para parejas, el *Hormonorium* proponía un espacio colectivo, carente de lenguaje arquitectónico, diseñado para vivencias compartidas que conectaban cuerpo, entorno y comunidad de manera fenomenológica.

"Muchas culturas consideran que las alucinaciones, al igual que los sueños, son un estado de conciencia especial y privilegiado: un estado que se persigue a través de las prácticas espirituales, la meditación, las drogas o la soledad".[351]

(Oliver Sacks)

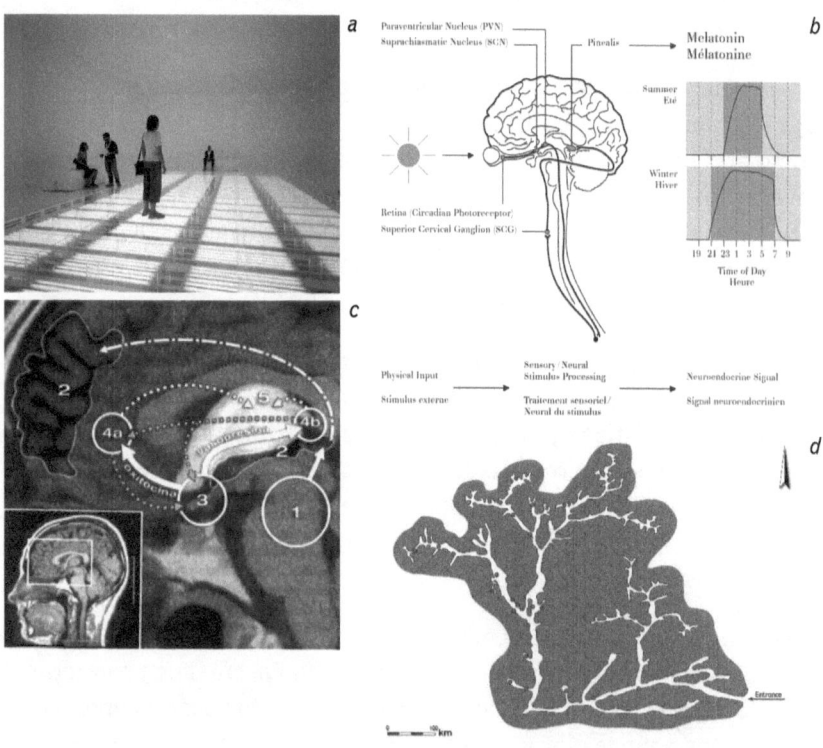

a. Décosterd&Rahm. *Hormonorium*, Pabellón de Suiza, bienal de Venecia 2002.
(b. Fotografías y Esquema de Fisiología hormonal que produce).
c. Proceso hormonal del Flechazo (Esquema sobre resonancia magnética).
d. Mapa de la Cueva Rouffignac, Francia. (Los puntos señalan los lugares con pinturas rupestres.) Mapa realizado por el Dr. F. Plassard.

[351] SACKS, Oliver. *Alucinaciones*, Barcelona: Ed. Anagrama. 2013. pos.91

En el *Hormonorium*, la iluminación situada en el suelo, con intensidades de hasta 10,000 lux, desorienta la percepción al simular el reflejo sobre nieve, reduciendo la melatonina. Esto disminuye la fatiga, mejora el ánimo e incrementa el deseo sexual. Además, la simulación de atmósfera de alta montaña, con un 14.5% de oxígeno, provoca una leve hipoxia que genera euforia, confusión y fortalecimiento cardiovascular al estimular la producción de glóbulos rojos.

Este espacio, sin función predefinida, es un lugar abierto a la interpretación, lo inesperado y los cambios de comportamiento. Las alteraciones del entorno influyen en el cuerpo mediante la secreción de hormonas, que afectan tanto lo físico como lo psicológico. Por ejemplo, el ejercicio físico libera endorfinas asociadas al placer, mientras el enamoramiento está ligado al cortisol del "flechazo". La arquitectura puede generar entornos que impacten hormonalmente., como explora la *neuroarquitectura*. Esto confirma que no somos ajenos al entorno; interactuamos con él, moldeando percepciones y respuestas en un diálogo constante entre espacio y cuerpo.

La atmósfera en la que vivimos, ya sea desde una perspectiva emocional como la de Peter Zumthor o termodinámica y fisiológica como la de Philippe Rahm, afecta profundamente nuestro comportamiento y cerebro. Según el genetista Fred Gage, el entorno puede modular genes y, en consecuencia, la estructura cerebral. Esto significa que la arquitectura, al diseñar nuestro entorno, tiene el poder de modificar nuestra mente y conducta. Así, Las condiciones climáticas y espaciales generan potencialidades, promoviendo usos y autoorganizaciones performativas. Más que limitarse a proporcionar confort térmico, la atmósfera arquitectónica es un agente proactivo, capaz de influir en los estados de ánimo, pensamientos e ideas.

La recreación de espacios como la montaña, con su atmósfera peculiar, permite explorar cómo el entorno afecta no solo a la percepción espacial, sino también a la conexión entre cuerpo, mente y cultura. Estas *atmósferas arquitectónicas antifrágiles* pueden inspirar nuevas racionalidades o incluso espiritualidades, subrayando que los espacios no solo son construidos por los seres humanos, sino que también la atmosfera del espacio nos construye a nosotros.

AMBIGÜEDAD_
Encuentros imprevisibles y flexibilidad aleatoria

{Gracias a una configuración desordenada, se establecen espacios ambiguos con límites imprecisos que fomenten el encuentro fortuito y faciliten los usos imprevistos.}　　　[T86]

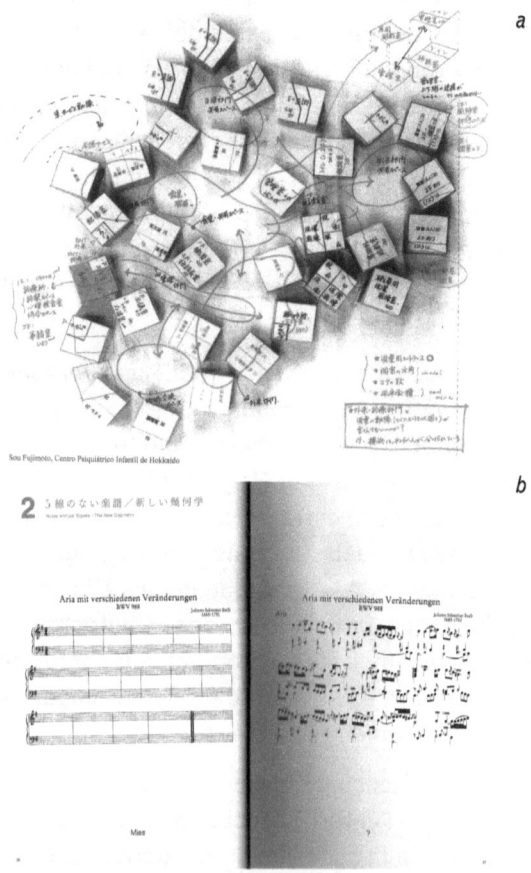

a. Sou Fujimoto, Centro Psiquiátrico Infantil, Hokkaido, 2006. (Croquis sobre foto de maqueta)

b. Sou Fujimoto, Notas sin pentagrama, *La Nueva Geometría,* "Primitive Future", pp. 26 y 27.

Sou Fujimoto utiliza los conceptos de *nido* y *cueva* para describir dos tipos de espacio. El 'nido' es un lugar funcional y diseñado para adaptarse a sus habitantes, mientras que la 'cueva' es un espacio autónomo, sin función predefinida, donde los usuarios deben explorar y adaptarse a lo imprevisible, estimulando usos diversos y descubrimientos fortuitos.

En Hokkaido, Japón, Fujimoto diseñó el Centro Psiquiátrico Infantil, un edificio concebido como una fortaleza contra el adverso clima invernal de la región. Fragmentado en piezas regulares y dispuestas en aparente azar, el diseño emula lo informal de manera racional. Los espacios intermedios entre las cajas programáticas promueven la convivencia y comunicación entre los niños, integrando su tratamiento médico en un entorno dinámico y acogedor.

Al girar, desplazar y modificar las piezas con precisión, el diseño establece relaciones funcionales entre ellas. Cada pieza encuentra su lógica en conexión con las demás, generando un espacio intermedio flexible y complejo –un "espacio-cueva"– que une el conjunto. Este espacio interno actúa como externo, evocando la riqueza espacial de ciudades orgánicas que crecieron sin una planificación general.

El espacio negativo se convierte en un área de incertidumbre, llena de nichos interconectados como una ciudad dentro de un edificio. Las cajas no se tocan entre sí, permitiendo el flujo libre del espacio entre sus intersticios. Este diseño fomenta la exploración, con rincones escondidos y áreas comunes similares a claros en un bosque, ideales para que los niños se apropien del lugar bajo sus propias normas, ya sea en soledad o en actividades sociales, mientras los médicos mantienen un control discreto.

Ofrecer espacios ambiguos permite adaptarse a cambios y vincular a los usuarios emocionalmente con el edificio, mostrando cómo la arquitectura influye física y psicológicamente. Al igual que Richard Neutra, con su "biorrealismo" centrado en el bienestar físico y mental, este enfoque supera la funcionalidad convencional al responder de manera imprevisible pero significativa, generando un entorno estimulante con capacidad sanadora.

PIXELIZAR_ Reordenación aleatoria

{Utilizar el azar para explorar la producción de imágenes
y formas indeterminadas. Encontrar resultados impredecibles
al situarse fuera de una lógica racional lineal basada en la
correspondencia causa-efecto.} [T87]

"*Mi trabajo se convirtió en una exploración de la no-intención. Para llevarla a cabo con exactitud, desarrollé unos medios complejos de composición usando operaciones de azar del I Ching, haciendo posible con ello que mi responsabilidad fuera plantear preguntas en lugar de hacer elecciones.*"[352] (John Cage)

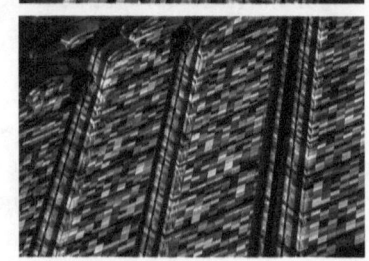

Gerhard Richter, Vidriera Catedral de
Colonia, Colonia, 2007. a,b,c.

[352] CAGE, John. *Escritos al oído*, Murcia: [COAATMU], Colección de Arquitectura nº 38. 1999, p.39

Según la visión taoísta, el mundo es una red interconectada donde cada acción implica *resonancia* sobre el *todo*. En el *I Ching*, el libro ancestral chino, lo aleatorio guía decisiones mediante tiradas de monedas que vinculan eventos triviales con lo trascendental. Aunque esta perspectiva pueda parecer limitada para la arquitectura, lo aleatorio puede ser un método exploratorio para soluciones creativas fuera de un pensamiento estrictamente causal.

Un ejemplo de esta aproximación es el diseño de Gerhard Richter para la vidriera sur de la catedral de Colonia en 2007. En lugar de representar mártires cristianos, como se había planeado, Richter creó una pixelización cromática de cuadrados de vidrio soplado, sin significado semiótico, priorizando luz y color como materia. Inspirado en trabajos anteriores como *4.096 colores* (1974), Richter exploró la interacción cromática y el orden visual, creando una obra cuya esencia radica en su aleatoriedad y disposición única.

La vidriera está compuesta por 72 colores inspirados en las paletas medievales, creando un eco del pasado que conecta con la memoria del lugar. Los colores se distribuyen mediante un programa informático que genera combinaciones aleatorias, desplazando el control creativo desde el autor hacia la máquina, que actúa como generadora de desorden y diversidad. Este proceso recuerda el enfoque de John Cage en la *música indeterminada*, donde el azar y la interpretación libre generan resultados inesperados.

La obra carece de una forma definida o un mensaje explícito, invitando al espectador a interactuar físicamente con el espacio, buscando distintos puntos de vista y transformando la contemplación en experiencia activa. La no-forma y el no-mensaje canalizan la atención hacia lo inefable y lo fenomenológico, explorando la capacidad del azar para construir nuevas realidades. Sin embargo, este azar no es caótico, sino trabajado, seleccionado y reorganizado, como afirma Richter: "Las casualidades solo son útiles porque están trabajadas, destacadas y moldeadas".

En su pixelado lumínico, la vidriera convierte un patrón aleatorio en un diseño preciso, demostrando cómo el azar puede ser una herramienta para generar arquitectura y arte significativos.

MATERIA_ Reordenación informada

{Reordenar la materia para generar un paisaje que acoja los usos indeterminados.} [T88]

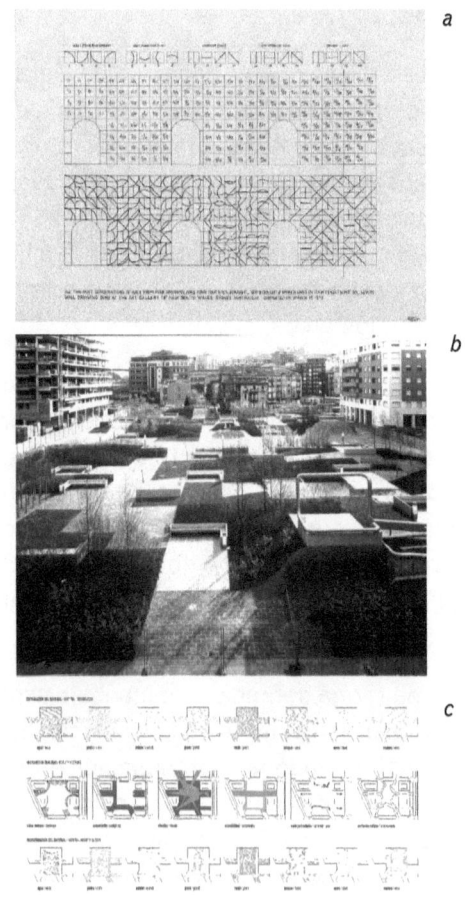

a. Sol LeWitt, *All Two-Part Combinations of Arcs from Four Corners, Arcs from Sides, Straight, Not Straight & Broken Lines in Four Directions.* Wall Drawings, 1977.
(Sol LeWitt revindica "el arte como pensamiento" con geometría y azar).
b. No.mad (Eduardo Arroyo), *Plaza del Desierto*. Barakaldo, 2002.
c. (Diagramas de información del sitio, *Plaza del Desierto,* No.mad)

Heisenberg afirmó que *«El universo no está hecho de cosas, sino de redes de energía vibratoria»*, destacando que la materia es energía condensada. Este principio inspira el proyecto de Eduardo Arroyo en un solar industrial abandonado, donde restos como tubos de acero, raíles y arbustos, cargados de memoria, son reordenados. Arroyo crea "salones urbanos" como píxeles del lugar, que integran visuales, usos y nuevos materiales, transformando lo encontrado en filita, barandillas de acero, suelos de madera y gravilla, y zonas para plantas y arbolado.

La intervención incorpora una "topografía alternativa" que enriquece y complejiza el espacio, manteniendo un equilibrio entre memoria y renovación. Aunque el resultado final aparenta azar, está reordenado y estructurado en un diagrama que sintetiza todas las reglas del diseño. Como explica Arroyo: *"Todo sigue allí, solo lo hemos ordenado un poco; recuerde que somos arquitectos"*.[353]

Así, el proyecto trasciende la simple reutilización, materializando un equilibrio entre memoria y transformación, donde las leyes ocultas del lugar estructuran un nuevo organismo urbano vibrante y vivo.

El proyecto en Barakaldo conecta con el pasado sin nostalgia ni figuraciones, optando por una abstracción que respeta la transformación del tiempo y los lenguajes creativos contemporáneos. Este enfoque preserva el derecho de cada época a reinterpretar su entorno, asegurando un presente dinámico y significativo. La Plaza del Desierto, contrasta con su diseño pixelado y lleno de información viva, concebido para fomentar actividades indeterminadas.

Este paisaje codificado combina lo individual y lo colectivo, dejando que sus habitantes lo descubran y lo adapten según sus necesidades. La materia, entendida como energía vibratoria, genera recuerdos y emociones, transformándose en catalizador de experiencias. Ancianos, niños, skaters o parejas encuentran en su flexibilidad un lugar para crear sus propias narrativas. Como señala el arquitecto: *"No sabemos bien cuál será su uso, pero las oportunidades parecen múltiples"*. Así, la plaza se convierte en un espacio vivo y adaptable a las incertidumbres humanas.

[353] ARROYO, Eduardo. *Créate*, Ed. Actar Publishers, New York, 2014. p. 11:13

ESTRUCTURAL_
La entropía de las configuraciones orgánicas

{Utilizar sistemas de orden-desorden orgánicos para generar espacios de alta entropía. Así, configurar una estructura espacial de orden complejo que requiera una lectura personal de sus espacios y de posibilidades que estos ofrecen.}   [T89]

Junya Ishigami, KAIT Workshop, Kanagawa, 2001, (*a.* Croquis de la planta, *b.* fotografía iluminación; *c.* fotografías con recorridos relacionales)

Una estructura atomizada de –305– pilares, dispuesta como una constelación cuidadosamente orquestada bajo una apariencia de azar, y donde cada pilar es único en orientación y proporción, evoca la diversidad y libertad de un bosque, disolviendo la frontera entre lo natural y lo artificial. Este proyecto genera un nuevo medioambiente interior: el edificio se percibe como paisaje y el paisaje como edificio.

El edificio-bosque, con 2.000 metros cuadrados, alberga 14 'claros' dedicados a actividades del Instituto de Kanagawa, como talleres de alfarería o ebanistería. Este diseño se desarrolló artesanalmente mediante maquetas y dibujos que exploraron patrones azarosos, verificando relaciones espaciales y funcionales en un proceso de crecimiento experimental. Los pilares interactúan orgánicamente con las zonas abiertas, configurando un espacio fluido y conectado.

El perímetro del edificio, definido por un acristalamiento sutil, refleja los árboles circundantes, fusionando el interior con el bosque exterior. Sin embargo, los lucernarios en bandas proporcionan una iluminación uniforme que, aunque funcional para los talleres, carece de la riqueza lumínica natural de un bosque. Este contraste resalta la entropía generada por los pilares como principal fuente de riqueza espacial, en un edificio que equilibra precisión estructural y complejidad ambiental.

En el Kait, cada pilar actúa como un "vórtice" que afecta visual y espacialmente a su entorno, generando sinergias con los espacios adyacentes. Para Ishigami, esta red de pilares constituye un bosque abstracto y accesible, una entidad que organiza los elementos arquitectónicos y sus múltiples flujos como un espacio colectivo.

El mobiliario, en disposición libre, define el programa entre los pilares, recordando la flexibilidad de la casa tradicional japonesa, donde el uso de un espacio cambia según el mobiliario dispuesto. Mesas, sillas, armarios y bancos de trabajo delimitan áreas funcionales, mientras macetas y plantas móviles refuerzan circulaciones y zonas, no solo decorando sino también habitando el espacio como un medioambiente compartido entre personas y vegetación.

El edificio como táctica estructural admite actividades indeterminadas, permitiendo a los usuarios la apropiación del espacio mediante una lectura corporal del entorno. Esta ambigüedad espacial, similar a la de un bosque, se basa en los intersticios entre los pilares, donde los estímulos periféricos naturales, la posición y percepción del observador en movimiento se transforman continuamente. Cada experiencia del espacio es única e irrepetible, como lo es en la realidad dinámica y sensorialmente, un paseo por un bosque.

EXÓGENO_
Realidad como reflejo hiperreal distorsionado

{Distorsionar la imagen de la realidad para generar un lugar que rompe con la continuidad del espacio-tiempo.}   [T90]

Anish Kapoor, *Cloud Gate*, Chicago, 2006 (*a.* vistas desde el interior; *b,c,d.* vistas exteriores) Fotografía del autor B.L

Una geometría precisa, hiper-concreta, con una materialidad de reflejos espejados, una percepción visual deformada de reflexiones distorsionadas, cambiantes e imposibles. *Cloud Gate*, la icónica escultura de Anish Kapoor conocida como *The Bean*, ubicada en el Millennium Park de Chicago, ejemplifica esta exploración entre lo real y lo ilusorio. Fabricada en acero inoxidable pulido, su superficie continua y sin juntas genera reflejos distorsionados e invertidos que crean un instante fenomenológico donde lo material y lo inmaterial se entrelazan. Esta geometría precisa y brillante parece una gota de mercurio suspendida, desafiando la percepción con su aparente inestabilidad, como si pudiera colapsar en un charco plateado.

Al interactuar con la obra, el hechizo de su apariencia líquida se rompe al contacto. La mano que espera hundirse en su superficie suave y maleable encuentra la dureza fría del metal, confirmando la materialidad del objeto. Este momento recuerda al protagonista de *The Truman Show* al descubrir el falso cielo: el tacto, nuestro sentido más confiable, prueba la realidad y desvanece la ilusión. La escultura de Kapoor transforma lo concreto en un juego sensorial, un dispositivo que invita a cuestionar la frontera entre lo tangible y lo intangible, entre la percepción y la verdad.

Para Foucault, el espejo pertenece a la utopía como un "lugar sin lugar" donde nos reflejamos en un espacio irreal, pero también a la heterotopía, ya que existe físicamente y crea un espacio virtual "del otro lado". En *Cloud Gate*, Anish Kapoor lleva esta idea más allá: su superficie espejada no solo reconstruye la corporeidad del espectador, sino que desdibuja identidades en un juego de reflejos distorsionados e ilimitados. La escultura actúa como una puerta simbólica a Chicago, capturando su *skyline* y las nubes cambiantes en su superficie cóncava superior. Abajo, el espacio conocido como *"Omphalos"* genera un vórtice de reflejos múltiples, íntimos y caleidoscópicos, donde los visitantes quedan atrapados en un campo visual que transforma sus movimientos en imágenes fluctuantes. Esta interacción convierte la visión en la verdadera obra de arte: un reflejo psicodélico e irrepetible del entorno y de quienes lo exploran.

Kapoor trasciende la materialidad de su obra, evocando la "magia" del espejo descrita por el fenomenólogo Merleau-Ponty, que transforma cosas en espectáculos y viceversa. Sin embargo, añade una capa que distorsiona la realidad generando un lugar que rompe la continuidad del espacio-tiempo, como el ritmo de una improvisación de jazz, haciendo del instante y la 'metatrasformación' un fenómeno único.

HIPERREALISMO_ Realidad como reverberación exógena

{Crear a través del material una hiperrealidad tal que parezca no real. Configurar una imagen holográfica que pertenezca tanto a un contexto concreto como a lo imaginario y a lo poético.} [T91]

PYC (Urzáiz+Pérez Plá), Centro de Salud. San Martín de la Vega, 2007.
Fotografías del autor B.L

Una célula cardíaca mantiene un ritmo de latido autónomo, pero al entrar en contacto con otra célula de un corazón distinto, sus ritmos iniciales, aunque diferentes, se sincronizan hasta latir al unísono. Este fenómeno que también puede observarse en arquitectura, donde elementos diversos convergen en una armonía compartida. El 'Centro de Salud de San Martín de la Vega' ejemplifica esta sincronía, respondiendo a un programa sanitario complejo con eficiencia y control. Su diseño organiza recorridos, gradúa privacidad y emplea patios, que como su perímetro reverberante introduce el exterior.

Las ventanas, dictadas por normativas estrictas, inspiran la creación de una doble piel de vidrio holográfico, donde lo funcional y lo poético convergen, acompasando la normativa y la entropía en *"un único detalle constructivo"* que, con reflejos iridiscentes, transforma la fachada en una obra de "hiperrealismo mágico", uniendo precisión y creatividad. El resultado es un espacio vibrante e indeterminado que reinterpreta la arquitectura sanitaria, conciliando normativas con una experiencia sensorial única. La doble "piel" de vidrio iridiscente, transforma el edificio en un juego óptico cambiante, donde tonos azules, rojos y amarillos ácidos varían según la luz y el ángulo de observación. Este efecto evoca charcos de gasolina, burbujas de jabón o las alas de mariposas, integrando lo extraordinario en lo cotidiano, un ejemplo de "lo real maravilloso" de Alejo Carpentier.

El reflejo del entorno define una imagen hiperrealista que parece disolver el edificio en su contexto. Esta "falsedad auténtica", como la llamaba Umberto Eco, yuxtapone lo real con lo ilusorio: nubes, ramas en movimiento y paseantes quedan atrapados en la fachada como un negativo dinámico, más vívido que la realidad misma. El edificio muta en una "psicodelia natural", generando una imagen indeterminada que responde al movimiento del observador.

Esta interacción establece un vínculo afectivo entre el edificio y quien lo contempla. No se trata solo de mirar, sino de experimentar un "encuentro", una *estética relacional* que conecta objeto y percepción. La doble piel del edificio no es solo un límite físico, sino una táctica de comunicación entre lo real, lo imaginado y el espectador, ampliando la experiencia arquitectónica hacia lo emocional y lo interactivo.

SECLUIR_
Restricción perceptiva como potenciador interior

{El aislamiento físico y la limitación sensorial de lo que nos rodea potencia el pensamiento y nuestro mundo mental interno.} [T92]

a. Miroslaw Balka, "How it is", 2009. Turbine Hall at Tate Modern. Londres.
b. René Magritte, *Los amantes*, 1928

La 'seclusión' describe un aislamiento físico o mental vinculado históricamente con prácticas religiosas y espirituales. Este alejamiento, junto a la meditación, restricciones sensoriales o repetición de acciones, busca intensificar sensaciones corporales y alcanzar estados mentales elevados. En el arte, la seclusión puede interrumpir el automatismo perceptivo cotidiano, activando lo que Daniel Kahneman llama el "sistema 2" de pensamiento reflexivo, que contrasta con el pensamiento rápido y automático del "sistema 1".

La instalación *How It Is* (2009) de Miroslaw Balka, en la sala de Turbinas de la Tate Modern, ejemplifica esta ruptura. Consistía en un contenedor metálico negro de gran escala (13 x 10 x 30 metros), elevado sobre pilares y accesible por una rampa que imprimía un aire procesional. Dentro, la oscuridad progresivamente desdibuja los límites del espacio, sumergiendo al visitante en una experiencia sensorial desorientadora. Este viaje introspectivo evocaba el *Cuadrado negro* de Malevich, haciendo de la seclusión –espacial– una herramienta para intensificar la percepción y generar introspección.

Miroslaw Balka, nacido en Varsovia tras la Segunda Guerra Mundial, evoca en su instalación *How it is* una memoria vinculada al Holocausto. El contenedor oscuro remite a los vagones y camiones que transportaban prisioneros a los campos de concentración, espacios claustrofóbicos cargados de tensión e incertidumbre. La obra también sugiere las condiciones de refugiados y migrantes, cuerpos anónimos despojados de humanidad y de lugar.

La oscuridad restringe la vista, intensificando otros sentidos, mientras la propiocepción define la posición del cuerpo en este espacio monumental y desestabilizador. Similar a *Los amantes* de Magritte, donde la vista negada amplifica las emociones internas, esta privación sensorial provoca introspección y conexión emocional con el espacio.

La instalación desincroniza el tiempo del reloj y el tiempo psicológico, invitando al espectador a recluirse en su interior. Esta experiencia de seclusión desafía la primacía de la visión, estimulando un estado de alerta que potencia la reflexión. En estos espacios, por un instante, la arquitectura nos despierta del letargo cotidiano, abriendo un lugar para pensamientos profundos y emociones que trascienden la rutina.

SINESTESIA_
Activación perceptual y cruzamiento de información

{Generar a través del espacio construido confluencias
perceptivas que recorran diferentes campos sensoriales
y estimulen el pensamiento.} [T93]

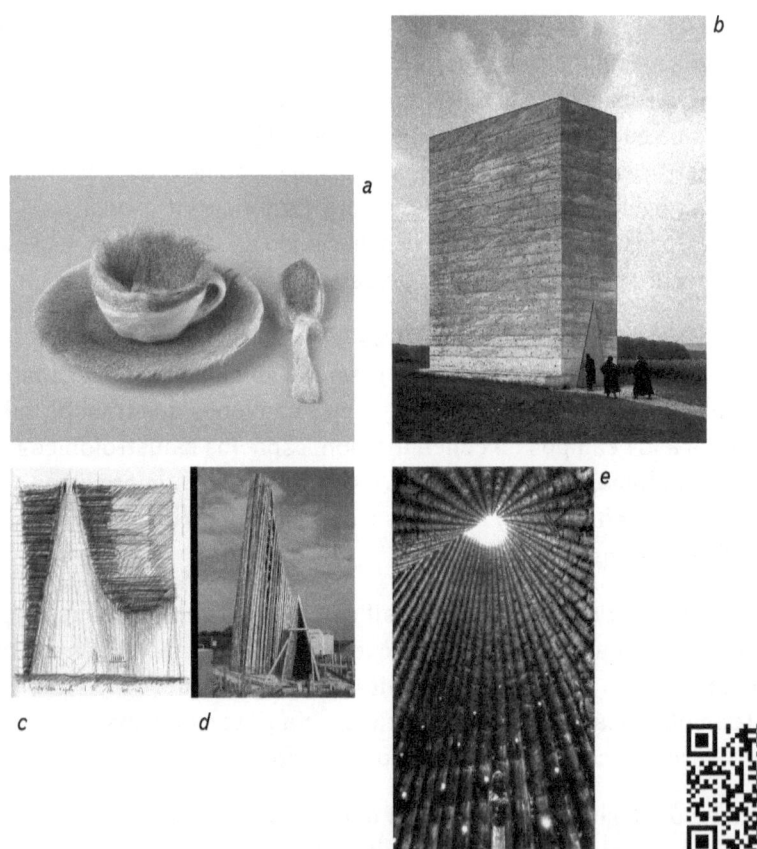

a. Meret Oppenheim, *Object,* París, 1936. (Este objeto surrealista evoca sinestesia
al generar un rechazo táctil y gustativo mediante su revestimiento de piel animal).
b. Peter Zumthor, *Capilla Bruder Klaus.* Wachendorf, Alemania, 2007 (c. Croquis;
d. Foto proceso constructivo; e. vista exterior)

La sinestesia, una fusión sensorial donde estímulos de un sentido activan respuestas en otro, permite experiencias derivadas de conexiones sensoriales inusuales como "ver" sonidos o "sentir" colores. Este fenómeno, real para el cerebro de quienes lo experimentan, ha inspirado a artistas como Kandinsky, quien "escuchaba colores".

En arquitectura, la sinestesia puede integrar múltiples sentidos, creando espacios profundamente sensoriales, activando múltiples sentidos simultáneamente. La capilla "Bruder Klaus" de Peter Zumthor ejemplifica esta idea. Construida como un monolito de 12 metros en un paisaje suizo, combina proporciones cambiantes y formas claras, evocando un torreón ancestral. Este edificio artesanal, erigido por granjeros locales, fusiona precisión y emoción, transformando materiales en un activador multisensorial.

El diseño invita a una experiencia integral: su recorrido, iluminación y textura generan percepciones que van más allá de lo físico. La capilla no solo conecta con el entorno, sino que también impacta profundamente en quienes la visitan, consolidándose como un espacio donde arquitectura y sensibilidad convergen en una experiencia única y envolvente.

Este proyecto reinterpreta la idea de una cueva moderna, fusionando lo primitivo y lo contemporáneo. El interior, moldeado con 112 troncos que se queman para dejar la huella de su negativo en el hormigón vertido, evoca un bosque petrificado lleno de texturas y aromas. Un suelo de aleación de plomo y latas de estaño reciclado brilla como un río de plata, mientras las paredes selladas con tapones de cristal soplado, junto con un óculo cenital que permite la entrada de luz, lluvia y viento, transforman el espacio en un entorno sinestésico que activa todos nuestros sentidos, permitiendo catar, escuchar y oler las texturas.

Este "anti-menhir" establece un diálogo entre la tierra y el cosmos, evocando el Panteón romano, donde el paso del tiempo y la conexión con lo divino se registran en cada instante. Una atmósfera sensorial completa que confirma aquella relatividad que intuíamos: que los relojes no siempre marcan bien las horas.

TOPOGRAFIAR_ Cualificar el espacio a través del relieve

{Lo plano unifica y el pliegue divide.

Los cambios topográficos confieren diferentes cualidades espaciales, posibilitando que las personas hagan relecturas indeterminadas y adopten diferentes usos y acciones.}   [T94]

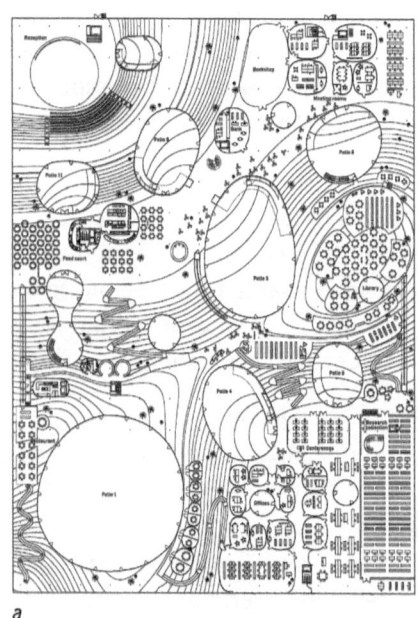

a

b

SANAA (Sejima+Nishizawa), *Rolex Learning Center*, Lausanne. 2004-2010 (*a.* Planta general; *b.* fotografías topográficas)

En el Rolex Center, la idea de la planta libre se lleva al extremo, superando los principios de Le Corbusier y Mies van der Rohe. Aquí, los finos pilares quedan en un segundo plano frente a una topografía fluida de pliegues y ondulaciones, donde colinas y valles delimitan áreas sin separarlas físicamente. Dos losas paralelas, perforadas por patios sinuosos, generan un espacio dinámico que recuerda paisajes naturales, donde la continuidad espacial es protagonista.

Este proyecto remite a una genealogía previa en la obra de SANAA, como la terminal de Yokohama (1994), con losas onduladas y patios ovoides, o el Museo Mercedes Benz (2002), y también referencias externas, como el paisaje de dunas de Koolhaas para el Centro de Convenciones de Agadir (1990) o la Biblioteca de Jussieu (1992).

El edificio, con dimensiones rectangulares de 166,5 x 121,5 metros, define su límite exterior con un corte preciso y rectilíneo, contrastando con los patios interiores de geometría orgánica. Esta regularidad perimetral asegura una claridad visual que resalta la fluidez interna, logrando un equilibrio entre continuidad espacial y definición formal, en un edificio que difumina las fronteras entre arquitectura y paisaje.

El Rolex Center de SANAA es un campus comunitario que alberga programas como biblioteca, oficinas, cafetería, aulas y espacios de encuentro. Su diseño responde a un "programa suave" que prioriza la flexibilidad, promoviendo encuentros informales entre estudiantes, profesores y usuarios. El patio central considerado el "corazón del edificio", sirve como acceso principal y lo conecta con el entorno urbano, además es donde el edificio se pliega hasta tocar el suelo, creando soportales sin pilares, un espacio fluido donde las circulaciones y actividades se desarrollan de manera libre, evocando la arquitectura de Óscar Niemeyer con sus luces, sombras y curvas.

Las ondulaciones generan zonas elevadas con vistas al lago y áreas más íntimas en los valles iluminados por patios de distintos tamaños. El juego de lo cóncavo y lo convexo establece relaciones espaciales dinámicas sin jerarquías, donde los movimientos naturales del cuerpo interactúan con un paisaje arquitectónico que desdibuja límites entre techo y suelo. Este proyecto fomenta una conexión fenomenológica entre el cuerpo y la arquitectura, intensificando la percepción a través de movimientos no lineales y experiencias gravitatorias.

SANAA deja margen para lo inesperado, permitiendo que el edificio se adapte a acciones indeterminadas. No podemos pensar en que todo es previsible, porque eso es simplificar, las personas no lo son, pero hay que ofrecer oportunidades para liberar la belleza de lo inesperado.

SATURACIÓN_ Densificar límites

{La saturación de compartimentaciones crea un espacio laberíntico, propiciando multitud de recorridos indeterminados y un gran número de posibles secuencias espaciales.} [T95]

a. *Content,* Rem Koolhaas, OMA-AMO, *Neue Nationalgalerie.* Berlín, Alemania 2003, (Fotografía de Phil Meech).
b. aat+Makoto Yokomizo, Museo de Arte Tomihiro, Azuma, Japón, 2005 (Planta)

> *"Si la planta de la fábrica es el espacio ideal de la modernidad, entonces el museo es el espacio emblemático de la postmodernidad"*[354] (Stan Allen)

[354] ALLEN, Stan, *Points+Lines. Diagrams and projects for the city,* Princeton Archi-

En las últimas décadas, el museo se ha consolidado como un terreno clave para la experimentación arquitectónica, gracias a la flexibilidad de su programa, libre de las estrictas normativas que condicionan otros usos, como la vivienda. Tradicionalmente, se ha concebido como un "marco neutro", según Mies Van der Rohe, un espacio minimalista que otorga protagonismo a las obras expuestas. Sin embargo, Jacques Herzog critica esta neutralidad, señalando su falta de funcionalidad en casos como la *Neue Nationalgalerie* de Berlín. Rem Koolhaas, por su parte, en su exposición *Content* (2003), rompió el *marco neutro*, creando una "ciudad" saturada de bulevares temáticos y compartimientos, donde interactúan ideas y sujetos.

Asimismo, el museo dedicado a Tomihiro Hoshino adopta un enfoque opuesto al *marco neutro*, con un *espacio saturado*. Una planta densamente colmada de compartimentaciones y límites, configurada mediante la conglomeración de salas circulares de diferentes tamaños y características que, se disponen tangentes entre sí, evoca los antiguos castros prerromanos, construidos mediante la repetición de edificaciones circulares de distintos tamaños, resaltando la idea de la arquitectura como un constante redescubrimiento y olvido de formas pasadas. Su perímetro cuadrado delimita un conjunto denso de salas circulares cuya saturación inicial fue contenida por el edificio. Este perímetro, mayoritariamente ciego, abstrae al museo de su entorno, orientándolo hacia su interior, salvo en espacios puntuales como la cafetería acristalada o pequeños jardines intersticiales que albergan especies florales relacionadas con las obras de Tomihiro.

Las salas, dispuestas sin jerarquía, funcionan como células autónomas que obligan al visitante a tomar decisiones locales en su recorrido, creando, de sala en sala, una experiencia aleatoria y única. Cada sala tiene características singulares de luz, dimensiones, materiales y sonoridad, generando lo que Makoto Yokomizo, su arquitecto, define como *"diversidad simultánea"*.

La repetición geométrica da unidad al conjunto, mientras que las diferencias internas ofrecen experiencias sorprendentes. Los recorridos no lineales garantizan que cada visita sea irrepetible, saturando al visitante de nuevas percepciones espaciales.

tectural Press, 1999. p.49 (T.a.)

CRISPR-CAS_ Genéticas arquitectónicas

{Tipologías y soluciones hereditarias pueden reordenarse
para generar nuevas especies arquitectónicas.} [T96]

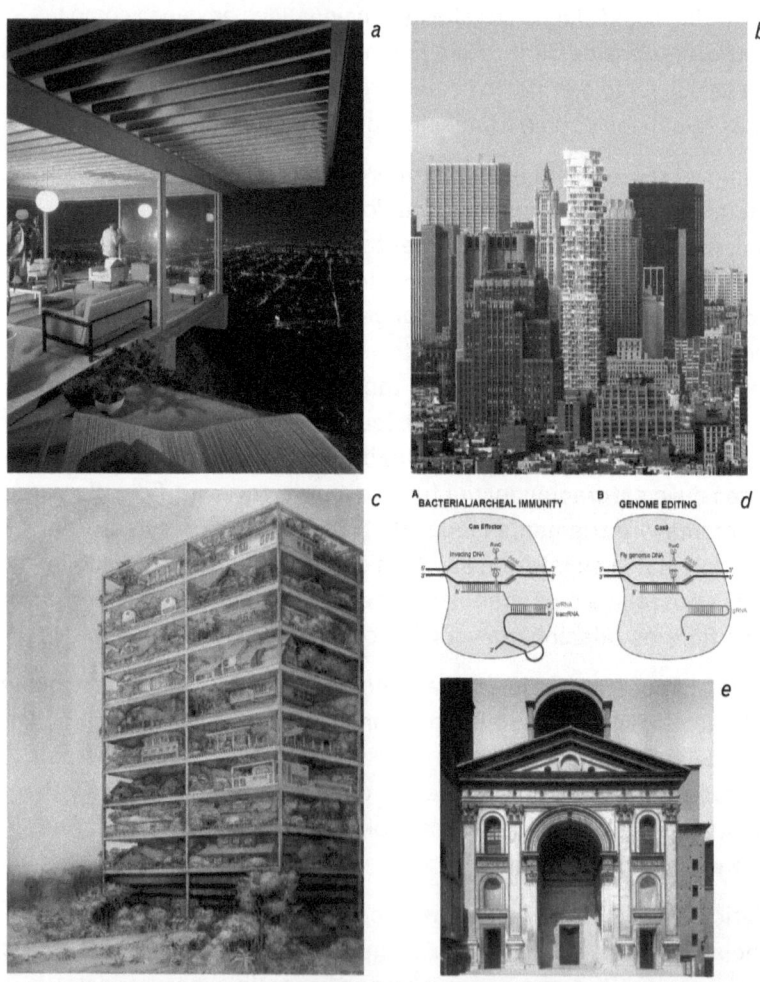

a. Case Study House n°22, Stahl House (1960); b. 56 Leonard Street NY, Herzog & de Meuron (2006); c. SITE, Highrise of Homes, (1981); d. Diagrama *Sistema CRISPR-Cas* (https://doi.org/10.1534/genetics.117.1113); e. Basílica de San Andrés, Alberti (1462).

El sistema CRISPR-CAS, permite a los organismos integrar y modificar información genética ajena. Este proceso, similar a un "corta-pega" genético, ha revolucionado la biotecnología, abriendo la posibilidad de editar el ADN de organismos y acelerar la evolución.

En arquitectura, desde la antigüedad, se han reutilizado y adaptado elementos preexistentes en otros proyectos para generar nuevas arquitecturas, como el uso de tipologías clásicas adaptadas a nuevos contextos, como hizo Leon Battista Alberti, quien incorporó el arco de triunfo romano en la fachada de la basílica de San Andrés de Mantua. Este método de *"arquitectura compuesta por partes"*[355] reutiliza y adapta elementos autónomos que, modificados, aún conservan su identidad y origen dentro de una nueva configuración y contexto. como un *collage*, que no es una simple suma de partes, como los seres mitológicos (centauros o sirenas), sino un método generativo de crecimiento.

Un ejemplo es el proyecto *56 Leonard Street* de Herzog & de Meuron, donde se integran como un "gen" arquitectónico la *Case Study House nº 22* (Stahl House), diseñada por Pierre Koenig, para crear un rascacielos en Nueva York. La estructura del edificio se basa en la repetición con variación de una vivienda individual, apilada una sobre otra, similar a las utópicas villas verticales como el proyecto *Highrise of Homes* de SITE, donde se crea una especie de "aldea vertical", con variaciones en diseño y estilo, desde el clásico al racionalista.

En el rascacielos de Herzog & de Meuron, cada vivienda sigue un patrón de desajustes y desplazamientos, adaptándose a las diferentes condiciones y necesidades del entorno, ya que cada planta no es simplemente una repetición, sino una evolución que responde al contexto, generando un edificio dinámico que se enriquece a medida que crece. Esta propuesta arquitectónica, así como el CRISPR-CAS, invita a reconsiderar la forma en que proyectamos, promoviendo la idea de edificios que no solo se construyen, sino que como un organismo evolucionan, crecen y se adapta con variaciones epigenéticas, generando una estructura dinámica y compleja, enriqueciendo tanto el paisaje urbano como la experiencia de quienes lo habitan.

---

[355] CAPITEL, Antón, *La arquitectura compuesta por partes*, Editorial Gustavo Gili. Barcelona 2009.

MEDICALIZAR_ La arquitectura terapéutica

{Buscar el cuidado de la salud a través de los medios arquitectónicos, incorporar esfuerzos físicos, inducir al movimiento de las personas.} [T97]

a. Escena de Auríspice, Mármol del Foro Trajano, Roma 120 DC, Museo del Louvre;
b. Imagen del movimiento *Lebensrerform*, Alemania, hacia 1930.
c,d. Richard Neutra, *Lovell House / Health House*, 1927-1929. Los Ángeles;
e. *Escalinata Plaza de España*, con la iglesia de Trinità dei Monti al fondo, Roma;
f,g. Morphosis Architects, *Cooper Union for the Advancement Of Science and Art*, New York (2009)

Vitruvio, en *Los Diez Libros de Arquitectura*, identificó parámetros esenciales como viento, soleamiento y agua para elegir un lugar saludable, incorporando rituales como examinar hígados de animales para evaluar la salubridad del medio. Este enfoque práctico, vinculado a lo mágico, evidencia la relación entre arquitectura y bienestar físico, especialmente en los primeros hospitales públicos del siglo XVIII, donde la ventilación y calidad del aire prevenían enfermedades. Con el Romanticismo, la naturaleza se idealizó como refugio frente a la industrialización, inspirando movimientos como *Lebensreform* o la comunidad del *Monte Veritá,* que promovían estilos de vida naturales. Más tarde, la arquitectura moderna, impulsada por enfermedades como la tuberculosis, adoptó medidas higiénicas como terrazas, grandes ventanales, luz natural y ventilación, generando espacios funcionales y saludables que fusionan artificialidad y naturaleza.

La arquitectura terapéutica conecta cuerpo, mente y entorno para mejorar la salud. La Casa Lovell de Schindler y la Casa de Reposo de Neutra, basadas en las ideas de Phillip Lovell, priorizan luz, aire y ejercicio, fusionando interior y exterior para favorecer el bienestar. En la actualidad, el sedentarismo y dietas poco saludables agrava problemas metabólicos. La arquitectura puede contrarrestarlo mediante recorridos estimulantes y escaleras diseñadas no solo como conexiones, sino también para activar el cuerpo y fomentar la interacción social, como la Plaza de España en Roma demuestra que las escaleras pueden ser lugares de encuentro y una fuente de salud.

El edificio *Cooper Union* en Nueva York, proyectado por *Morphosis*, organiza su espacio alrededor de una gran escalinata central que conecta las primeras plantas y un atrio abierto iluminado cenitalmente. Este atrio, rodeado de lobbies amplios, funciona como una plaza vertical que fomenta encuentros informales, el intercambio social y la colaboración interdisciplinaria entre estudiantes y profesores. Los ascensores, ocultos y limitados a paradas en niveles clave, promueven el uso de las escaleras, incentivando el ejercicio físico y reduciendo el consumo energético. Este proyecto permite a la arquitectura evolucionar desde los espacios funcionales a los espacios saludables, priorizando la salud física, psicológica y social, generando un espacio académico evolutivo y centrado en el cuidado del quien lo vive.

DESBORDAMIENTO_ Rebasar los límites

{Los límites definen los espacios, pero también los encierran. Desbordar los límites es articular un difícil equilibrio entre la deseada continuidad con el entorno, y la necesaria identidad del espacio doméstico.} [T98]

Val del Omar, José. (*a,b*. Exposición) *Desbordamiento de Val del Omar,* MNCARS 2010-2011
Sou Fujimoto, *Casa N*, Oita, Japón 2008 (*c*. Fotografía, *d*. Maqueta, *e*. Sección)

El cineasta e inventor Val del Omar revolucionó la cinematografía al trascender sus límites tradicionales logrando una expresión artística más completa y emocional. Con su técnica de *"visión-táctil"*, utilizó iluminación pulsatoria para generar texturas visuales que simulaban una experiencia táctil, como si el ojo pudiera "tocar". Complementó esta técnica con el *"sonido diafónico"*, ubicando altavoces delante y detrás de la sala para crear un efecto envolvente y un contrapunto sonoro entre el presente de la proyección y el pasado en el fondo de la sala, rompiendo la linealidad temporal. Además, Val del Omar también desarrolló el *"desbordamiento apanorámico"*, una proyección doble que extendía las imágenes desde la pantalla principal hacia las paredes, techo y espectadores. Técnica, que anticipó los espectáculos inmersivos actuales, evocando obras como *Ventanas simultáneas sobre la ciudad* (1912) de Robert Delaunay, donde las formas y colores desbordan los límites del lienzo, cuestionando las restricciones del espacio pictórico y cinematográfico.

Así, la realidad, inconmensurable y fragmentaria, desafía los límites de los medios de expresión, pero es precisamente en el desbordamiento de esos límites donde las obras alcanzan mayor profundidad. En arquitectura, que ofrece experiencias sensoriales a través del espacio, este desbordamiento redefine los límites tradicionales. La *Casa N* en Oita de Sou Fujimoto, ejemplifica cómo la arquitectura puede diluir los límites entre lo privado y lo público, entre la casa y la ciudad. La vivienda consta de tres armazones concéntricos, como una muñeca rusa, una secuencia de espacios, desde el más privado, hasta los bordes de la parcela. Las grandes aperturas en muros y techos generan una conexión fluida con el exterior, creando lo que Fujimoto denomina una "nebulosa": un espacio donde los límites se estratifican y gradúan, produciendo transiciones entre lo interior y lo exterior.

Este enfoque de *desbordamiento* convierte los límites de la arquitectura en un umbral, un espacio de vinculación que supera dicotomías como lo doméstico y lo urbano. Así, como Debussy afirmaba que *"la música es el espacio entre las notas"*, Fujimoto demuestra que se puede hallar significado, interconexión y potencialidades entre diferentes ámbitos, encontrando el espacio que hay entre los límites de la materia y las personas.

EXTENDIDO_ Instantes de tiempo como espacio infinito

{El tiempo es una condición inseparable al espacio, anidada en su estructura fundamental. Toda modificación sobre las condiciones del espacio requiere una reflexión sobre los aspectos temporales que conlleva recorrerlo.} [T99]

David Hockney, *Walking in the Zen Garden at the Ryoanji Temple*, Kyoto, 1983

"(...) el espacio fluía como el tiempo, el tiempo se extendía como el espacio". [356] (David Hockney)

El Cubismo rompió con la perspectiva renacentista, fragmentando y reconstruyendo la realidad en formas abstractas que integran tiempo y múltiples puntos de vista. Esta visión amplificada y dinámica influyó en artistas como David Hockney, quien, a través de sus *foto-collages*, prolonga la fragmentación cubista al medio fotográfico. En lugar de capturar un instante congelado, como la fotografía clásica, Hockney

---

[356] LABATUT, B. *Un verdor terrible*, Editorial Anagrama. Barcelona 2020.

presenta una sucesión de momentos, un collage que 'dobla' el espacio-tiempo en una percepción informada.

Los collages de Hockney despliegan la escena cinematográfica en un único plano, donde cada fragmento aporta detalles espaciales, texturas y color. Esta estructura desafía al espectador: enfocarse en el conjunto sacrifica los detalles específicos, mientras que atender a los fragmentos desdibuja la visión global. Así, su obra transforma el espacio absoluto en un espacio relativo, donde la percepción navega entre lo general y lo particular. Hockney propone un mapa visual de información que evoca el hiperespacio-temporal, que exige perder detalles para captar el todo, similar a cerrar los ojos para besar, donde la vista se reprime para intensificar otras emociones, como en *Los amantes* de Magritte.

Nuestra percepción visual y memoria son limitadas, incapaces de abarcar toda la información que nos rodea. Como en el cuento de Borges, *Funes el Memorioso*, quien recuerda cada detalle de su entorno sin capacidad de síntesis, la saturación de datos puede impedirnos pensar y jerarquizar. Hockney, en su obra, fragmenta y yuxtapone realidades abarrotadas, necesarias para mostrar una complejidad que no podemos captar de un solo vistazo.

En *Walking In The Zen Garden At Ryoanji Temple*, Hockney realiza una cartografía, una composición basada en su recorrido ritual por el jardín. Usando calcetines rojo y negro para diferenciar sus pasos, documenta la secuencia corporal de su paseo, estableciendo una relación fenomenológica con el espacio. Cada roca del jardín se convierte en un icono representado desde múltiples puntos de vista, reflejando no una roca fija, sino todas las percepciones y recuerdos asociados a ella. Incluso las pequeñas piedras blancas adquieren protagonismo desde una observación minuciosa.

Hockney interpreta el jardín como un lugar de constante incertidumbre, inestabilidad y cambio, donde cada instante es único e irrepetible, como las nubes infinitas de Funes. Su visión de una *realidad extendida* invita a una arquitectura que abandone la ceguera ante la complejidad del mundo dinámico que nos rodea.

DIVERSIFICAR_ Desordenar las funciones en la ciudad

{La pluralidad de usos y funciones, al igual que ocurre en un ecosistema natural, hace que las ciudades sean más vitales y brinden una infraestructura mejor, adaptada para una vida en común de individuos diferentes con distintos anhelos y necesidades.

En urbanismo, "vida ordenada" debería entenderse como un oxímoron.} [T100]

LIKE Architects, *Fountain Hacks* (Fotografía: Andreia Garcia y Dinis Soottomayor), Guimarães, Portugal, 2012

> *"La diversidad es la mejor arma contra la incertidumbre... porque en la diversidad se atesoran soluciones a problemas que, de momento, ni siquiera se han planteado"*[357] (Jorge Wagensberg)

[357] WAGENSBERG, J. y MARTINEZ, J. *Solo tenemos un planeta*. Ed. Icaria. Barcelona 2017

En *Muerte y vida de las grandes ciudades* (1961), Jane Jacobs defendió la riqueza del desorden urbano, la densidad y la diversidad, cuestionando los modelos funcionalistas –aún predominantes en el urbanismo contemporáneo– que dividen la ciudad en zonas exclusivas de trabajo, vivienda y consumo, creando espacios públicos de baja entropía. Estos enfoques generan monotonía, problemas de movilidad y calles vacías durante el día, convirtiendo barrios en zonas dormitorio y disminuyendo la vitalidad urbana. Asimismo, Jan Gehl clasifica tres tipos de actividades exteriores: *necesarias* (como desplazamientos obligados), *opcionales* (actividades recreativas) y *sociales* (interacciones personales), señalando que las 'sociales' dependen de la calidad del espacio público.[358] Cuanto más agradable es el entorno, más tiempo pasan las personas fuera de sus viviendas, propiciando encuentros e interacciones más vibrantes. Priorizando la diversidad y las relaciones humanas sobre la uniformidad funcionalista.

El espacio exterior se ve afectado por los límites que conforman la calle. Las grandes manzanas cerradas relegan la vida social al interior de patios privados, mientras que las largas fachadas monótonas refuerzan la sensación de aislamiento, como un "edificio fortificado", convirtiendo la calle en un espacio de circulación y aparcamiento sin atractivo. Esta falta de transiciones entre lo privado y lo público reduce las oportunidades de interacción y vacía la calle de acontecimientos.

La dispersión de actividades y la monotonía de los nuevos barrios generan espacios incapaces de congregar personas, cediendo ese papel a las redes sociales como lugar de encuentro. Según Jan Gehl, *"no pasa nada porque no pasa nada"*: la ausencia de actividad humana provoca un ciclo negativo que desvitaliza el espacio público. Por el contrario, la calle es *antifrágil*; mejora con el desorden y la diversidad, enriqueciendo las interacciones y fomentando la convivencia.

Un espacio público vibrante ofrece mayores posibilidades de acción y encuentro, promoviendo la seguridad, la productividad y la generación de *"ideas emergentes"*. Para Jacobs, esta virtud de la ciudad para crear interacciones humanas es la esencia urbana de la civilización.

---

[358] GEHL, Jan, *La humanización del espacio urbano*, Ed. Reverté, Barcelona, 2006.

DES-PLANIFICAR_
Introducir espacios entrópicos en la ciudad

{La falacia de la planificación es creer que un espacio ordenado puede predecir el futuro. De ahí que, establecer entropía en la ciudad es generar espacios no planificados, vacíos o lugares que puedan ser activados por los ciudadanos en un futuro impredecible.

Un espacio entrópico es aquel que ofrece múltiples probabilidades de uso sin caer en lo arbitrario. La complejidad de una ciudad se mide por el número de oportunidades que esta ofrece.} [T101.]

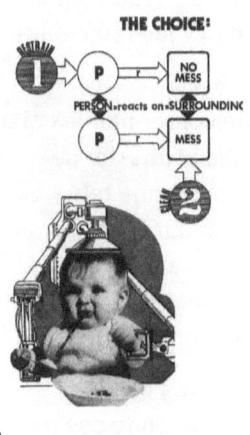

a   b   c

a. Robin Evans, Ilustración n.10 en "Hacia una *Anarquitectura*". *Traducciones*, p.42. (Según Evans, existen dos enfoques para reducir el desorden: *A:* Ordenar a la gente para que no desordene, y *B:* Ordenar sistemas de apoyo físicos para minimizar el desorden resultante de no hacer *A*. Así, propone una tercera vía, la *Anarquitectura,* que acepta el desorden de lo humano, rechaza el funcionalismo rígido, y promueve espacios flexibles que fomenten diversidad, acción y libertad)
b. Santiago Cirugeda, *Kuvas s.c.: Recuperar la calle* (Sevilla), -f.izq- Recetas;
c. Urbanas. Oliver Bishop, *Skip Conversions* (Londres), -f.der- Creative Urban Art.

> *"Si permitimos que la vida humana se rija tan solo por la razón, la posibilidad de vida [como actividad espontánea que implica la conciencia del libre albedrío] quedará destruida".* (León Tolstói, *Guerra y paz*, ep.1ª. Ed. Austral. Barcelona 2010)

"Hic sunt dracones", "aquí hay dragones" marcaba los territorios desconocidos en los mapas medievales, reflejando un miedo ancestral a la incertidumbre. Este impulso de control persiste en la planificación urbana moderna, que busca regular la vida colectiva, eliminando el desorden y la entropía. La ciudad planificada racionaliza lo impredecible, subordinando su diseño a la rentabilidad económica y burocrática, pero esto fragiliza los espacios públicos al limitar su capacidad de adaptación. La sobredeterminación evita la transformación y mejora, simplificando futuros posibles. Sin espacios para la incertidumbre y la espontaneidad, las ciudades pierden resiliencia y oportunidad de evolución.

Las propuestas de Santiago Cirugeda y Oliver Bishop evidencian la rigidez de la ciudad para aceptar nuevas demandas cuando el espacio público opera como un sistema cerrado. Utilizando contenedores "tuneados" –como balancines, piscinas, etc.– y estrategias de *"alegalidad"* que aprovechan "vacíos legales", se crean oportunidades para usos indeterminados y temporales. Estas intervenciones, son más un alegato que soluciones definitivas, destacando la necesidad de espacios urbanos que admitan programas imprevistos y comunitarios. Colectivos ciudadanos han activado vacíos urbanos mediante iniciativas autogestionadas, como huertos, espacios deportivos y culturales, mostrando cómo la creatividad puede suplir recursos limitados y responder a carencias del espacio público, fomentando convivencia y nuevas formas de uso compartido.

Es esencial replantear el urbanismo, priorizando el "derecho a la ciudad" sobre la mercantilización. Crear espacios urbanos gratuitos, no ligados al consumo, y áreas *des-planificadas* con máxima entropía permitirían la autoorganización temporal y nuevas posibilidades. Rem Koolhaas propone que un urbanismo centrado en la incertidumbre fomente territorios abiertos, no configuraciones fijas, dejando fluir la vida urbana. Introducir tiempo y cambio en la planificación es clave. Jane Jacobs refuerza esta visión: "las formas urbanas surgen y evolucionan lentamente mediante experiencias colectivas", donde las *tácticas de entropía* permiten que la ciudad se reinvente junto a sus habitantes. *Una ciudad auténtica no se impone, se genera desde su capacidad antifrágil.*

Miguel Ángel Blanco. *La Biblioteca del Bosque,* 1985-Actualidad...

La Biblioteca es un proyecto artístico a modo de colección, una gran escultura compuesta por libros-cajas, *micropaisajes* que recogen piezas gráficas del autor junto con elementos de la naturaleza, "pedazos del bosque" que se recopilan en *"una simbiosis entre el ángulo recto y la forma biológica".* Se trata de una obra abierta en la que a lo largo del tiempo se van añadiendo más libros, nuevos descubrimientos y experiencias del autor que son depositados en los objetos, fragmentos que se atesoran en cajas en una vinculación vital entre la vida del autor y el medio natural. Aun sabiendo que lo finito no puede contener una naturaleza ilimitada, su creación genera un eco de ese macrocosmos que es la realidad; recolectando sus restos, apresando sus huellas y recogiendo sus trazas, ofrece una resonancia de lo ilimitado.

"Quizás sea un buen momento para sospechar de la palabra 'orden' que se nos presenta más y más como una ficción de la conciencia para suspender nuestras intuiciones sobre la imposibilidad del hombre de frenar el azar. El orden como concepto en una perversa alucinación que ha validado a lo largo del tiempo grandes desastres de carácter económico, social o urbano. Cualquier suceso relacionado con la materia consume energía y es por tanto un hundimiento irremisible del mundo en el desorden."

(Eduardo Arroyo *Principios de Incertidumbre*. El Croquis, n.118)

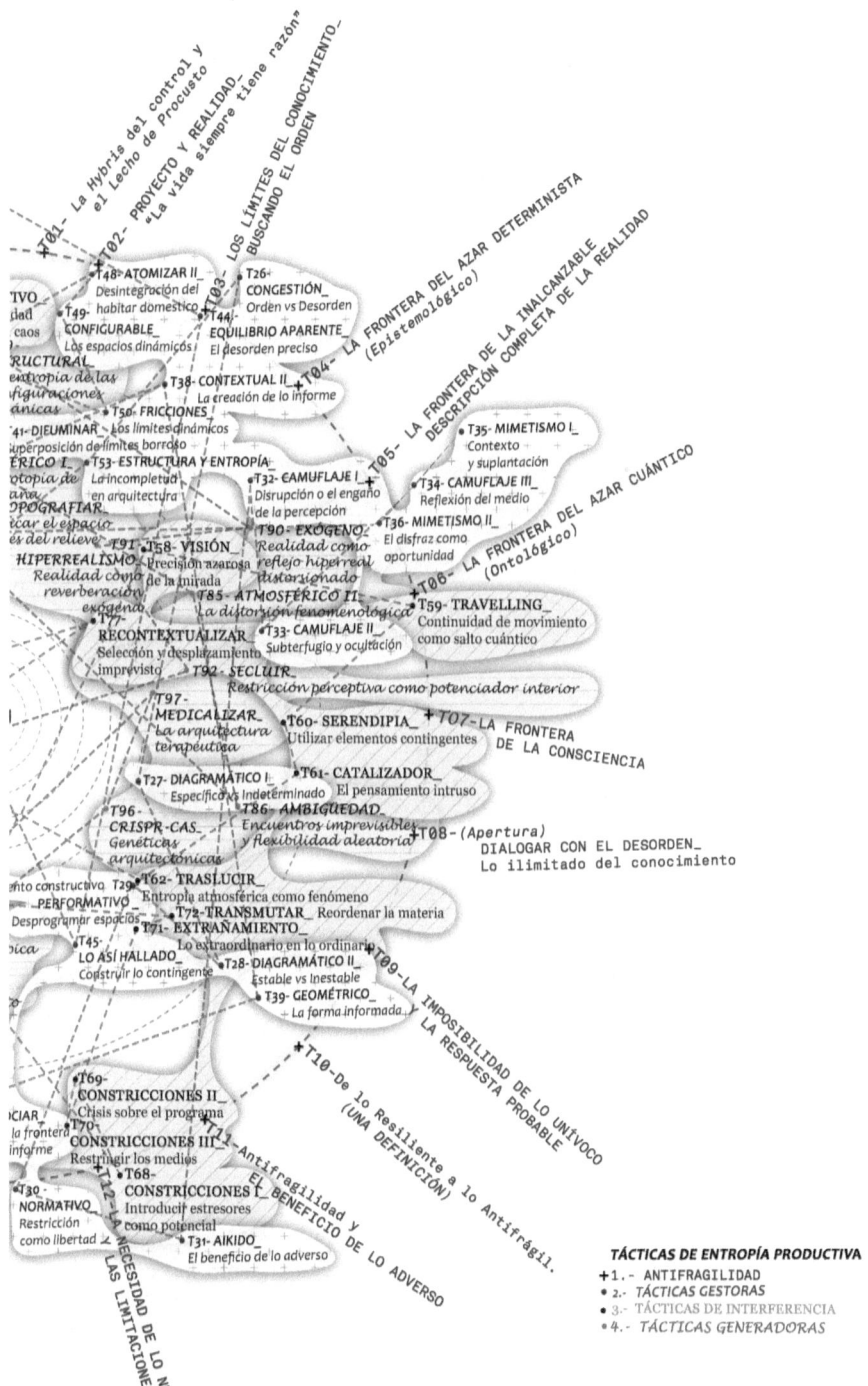

EPÍLOGO[359]
LA UNIVERSIDAD ANTIFRÁGIL

---

[359] Según RAE: 1. Recapitulación de lo dicho en un discurso o en otra composición literaria. 2. Última parte de una obra, en la que se refieren hechos posteriores a los recogidos en ella o reflexiones relacionadas con su tema central.

"La especialización es para los insectos"

Robert Heinlein.

Por iniciativa de la Fundación Universidad Alfonso X El Sabio, se publica el presente libro, un elaborado extracto de un trabajo de investigación más amplio y extenso que dio como resultado la Tesis Doctoral del mismo título y que obtuvo la calificación de sobresaliente «cum laude», defendida en la ETSAM de la UPM, en fecha 11-11-2022.

Lo prolijo de su contenido, en ideas, textos, imágenes, reflexiones y proposiciones, ha ido evolucionando posteriormente a lo largo del tiempo y germinando en campos y situaciones variadas, de forma particular en el campo de la docencia, al que su autor se ha entregado con la misma pasión, entusiasmo y dedicación que a la presente publicación.

Retomando la imagen de la Hidra de Lerna, como metáfora del concepto de lo *antifrágil* propuesto por Nicholas Taleb, como "slogan" gráfico de todo lo que viene detrás, desarrolla todo un cuerpo teórico que apoyado de forma constante por imágenes, diagramas, planos y toda suerte de complementos al texto, algunos de ellos verdaderamente sofisticados, viene a defender y a descubrir además de definir *"una gran cantidad de cosas que enfrentándose a una crisis, no solo salen beneficiadas de la misma, sino que de formas que vamos descubriendo con gran sorpresa a medida que avanzamos en su lectura, prosperan y crecen al verse expuestas ante las alteraciones y la incertidumbre"*.

Con un planteamiento que podríamos definir como rizomático, ofrece, tal y como se recoge en alguna parte del texto," *un catálogo de tácticas de proyecto, una caja de herramientas que ayuden a generar una arquitectura más dialéctica, una arquitectura antifrágil, que encuentre oportunidades en las dificultades; que mejore y evolucione gracias incorporar en su esencia la complejidad de la vida"*.

Manejando ideas y conceptos, como: *antifragilidad, entropía, indeterminación, desorden, resiliencia, azar determinista o cuántico, teoría del caos,* etc. que próximos a una definición científica y por lo tanto necesarios de interpretación y explicación, se entremezclan con otros más próximos al lenguaje arquitectónico, entre ellos: *diagramático, normativo, geométrico, ensamblaje, collage, constructivo, materia, estructural*, etc. que refiriéndose a un estado o momento específico del proceso arquitectónico o constructivo, se complementan con terceros más comprensibles o próximos al lenguaje habitual, como por ejemplo: *arruinar, desvelar, ambigüedad, saturación, inclusión, materia, extendido*, etc. que permiten ir cerrando el discurso en algunos casos, y dejarlo abierto en otros, para que el lector interesado lo complete con otros vocablos que le sean sugeridos.

En algunos momentos de la publicación, van apareciendo otros conceptos más indeterminados (o quizá todo lo contrario, más precisos según el caso) y pertenecientes a otras disciplinas que de forma transversal van precisando las nociones a las que corresponde su aparición.

Aquí podríamos citar: *pareidolias, apofenia, movimientos sacádicos, hórmesis, mitridatismo, neguentropía, holobiontes*, etc. y otros muchos, que exprimidos hasta la última gota, van conformando de forma envolvente y convincente nuevas formas de interpretación y de enfrentarse a la actividad creativa, con planteamientos transversales no contemplados con anterioridad con el mismo grado de intensidad.

En ese sentido, creo que el título del libro de Jorge Wagensberg *"EL PENSADOR INTRUSO. El espíritu interdisciplinario en el mapa del conocimiento"*, podría definir de forma muy certera la actitud del autor del presente libro.

Decir aquí que las ideas y conceptos que aparecen se han escogido al azar, de forma aleatoria dentro del texto, pudiendo haberse escogido otros, que no modificarían sustancialmente las ideas que aquí se pretenden transmitir.

Esta proliferación de ideas conceptos y acepciones de los mismos hablan de densidad y también de ambición de precisar quizá por la dificultad de adentrarse en terrenos no explorados, más bien intuidos.

Completando el texto se citan personajes, pertenecientes a disciplinas de todo tipo, referentes en cada uno de sus campos, y que apoyándose en sus investigaciones, trabajos, publicaciones, proyectos, ideas, y todo tipo de reflexiones, ocurrencias, o cualquier categoría de consideración recoge entre un número superior a doscientos a: Matthew Carter, Gary Munch, Martin Gardner, Donald Rumsfeld, Erwin Schrödinger, Giulio Tononi, Lynn Margulis, David Nash, Walead Beshty, Arthur Eddington, David Bohm, Rudolph Arnheim, Hans Haacke, George Simmel, Stuart Kauffman, Bruce Mau, Isiah Berlin, Daniel Kahneman o Benjamin Labaut, entre otros muchos.

Esta estrategia para abordar el texto, lejos de alejar de la comprensión de las ideas centrales de la investigación, proporciona y dota a la misma de un alto nivel de solvencia y credibilidad.

La propuesta latente a lo largo de todo el trabajo de adoptar una actitud interdisciplinar para enfrentarse a cualquier tipo de problema hace del mismo un modelo verdaderamente contemporáneo que considerando cualquier aspecto presente en la resolución de incógnitas no se reduzca a soluciones ya conocidas y explore posibilidades latentes y alejadas de convencionalidades. Nuevas formas de ver y mirar.

Desconozco si existe algún trabajo parecido en el que se contemplen los mismos factores o asuntos en el campo de la docencia. Desde luego sería deseable tener alguna publicación de referencia que abriera ventanas, ampliando el abanico de posibilidades de reacción ante planes de estudio, cerrados, difíciles de modificar y no digamos de improvisar, influyendo mediante el cambio y la reacción de forma inmediata ante cualquier dificultad.

En ese sentido, la presente publicación, no cabe duda, se convertirá en modelo de referencia y consulta obligada para aquellos curiosos, valientes, indisciplinados que no se conforman con la enseñanza convencional en Arquitectura, en la que entre otras cosas no se encuentran ni cómodos ni identificados.

Actualmente, universidades en Estados Unidos, Gran Bretaña, Corea del sur y otros países, fundamentalmente universidades punteras y abiertas a nuevos modelos docentes en continua evolución, están adaptando de forma continua sus programas con nuevos planteamientos basados en la transversalidad y relaciones entre disciplinas que estando aparente y teóricamente alejadas en cuanto a los objetivos que se suponen pueden conseguir con los planteamientos ortodoxos y convencionales de cada una de ellas por separado, plantean titulaciones "a la carta" en las que el alumno traza su trayectoria a voluntad cursando asignaturas pertenecientes a titulaciones dispares y variadas, graduándose en "algo" absolutamente personal y que desde luego si algo contempla es una actitud absolutamente humanista, en un humanismo de nuevo cuño, tan deseado y publicitado como necesario por: docentes, intelectuales, filósofos, empresas y "head hunters".

Estos *"nuevos humanistas"*, podríamos llamarles, son muy buscados por los nuevos trabajos y empleos aparecidos en los últimos tiempos, con las nuevas aptitudes y actitudes que se requieren y que la educación convencional no es capaz de dar respuesta ni adaptarse a los mismos.

Los nuevos planteamientos docentes, denotan entre otras cosas, la búsqueda de una necesaria antifragilidad en los nuevos métodos y procesos, sujetos de forma obligada a incertidumbres no previsibles y ante las que cada vez con más urgencia hay que reaccionar con rapidez y acierto.

Con esta publicación, la Fundación Universidad Alfonso X El Sabio se posiciona claramente en la nueva contemporaneidad de las propuestas docentes, apostando por la divulgación de aquellos trabajos que suponen una apuesta firme y decidida por el cambio y la evolución en la enseñanza.

Diciembre de 2024. Villanueva de la Cañada,
Carlos Pérez-Pla De Víu.
Doctor en Arquitectura y Patrimonio
Coordinador de las asignaturas de Proyectos Arquitectónicos
Universidad Alfonso X el Sabio

AGRADECIMIENTOS

A la Fundación Universidad Alfonso X El Sabio y su director José Antonio Blanco, por fomentar y apoyar decididamente la publicación de este libro.

Debo también agradecer a la Universidad UAX con Luis Couceiro como director de Escuela de Ingenieria, Arquitectura y diseño, y en especial a Felipe Pérez-Somarriba como director del Grado en Arquitectura, por la oportunidad de desarrollar mi labor docente en un entorno que fomenta la innovación y la transversalidad en la enseñanza de la arquitectura.

A mis directores de tesis, Federico Soriano y Pedro Urzaiz, por animarme a volver al mundo académico, acogerme generosamente e iniciarme en la docencia del proyecto arquitectónico. Ellos son los que han impulsado la realización de esta investigación, aportando ideas, proponiendo diferentes visiones y especialmente, trasmitiendo una manera más libre de pensar la arquitectura.

A Carlos Pérez-Plá, por su generosa erudición. Por radiar siempre la emoción que surge del conocimiento científico, del arte y de la arquitectura.

A Javier Madera, por su paciente lectura y anotaciones, compartiendo siempre su ilusión por la arquitectura.

A Maurizio Salazar, por todas sus revisiones y comentarios, por aportar una mirada crítica y creativa que tanto me ha ayudado en esta exploración.

A Pablo Rodríguez, socio y amigo, con quien comencé la andadura de la práctica profesional de la arquitectura. Por tu generosidad en todos los ámbitos compartidos. Por enseñarme cómo se construyen las ideas y, como en ese famoso grabado de Goya, solo puedo decir: "Aun aprendo".

A mis padres, Víctor y María Jesús, a quienes todo les debo. Por inculcarme con su ejemplo el continuo esfuerzo por mejorar cada día, trabajar y siempre aprender. Enseñarme a que somos arquitectos de nosotros mismos, que nos forjamos a través de lo que hacemos y de cómo actuamos frente a las dificultades y los retos de la vida. Transmitiéndome con su incondicional amor el construir una vida antifrágil.

A Víctor y a Ricardo, por ser los dos proyectos más importantes y desafiantes de mi vida.

A Nuria, por ser mi brújula para no perderme en las tinieblas. Por llevarme de la mano y no soltarla, por guiarme a través de este extraño espacio-tiempo.

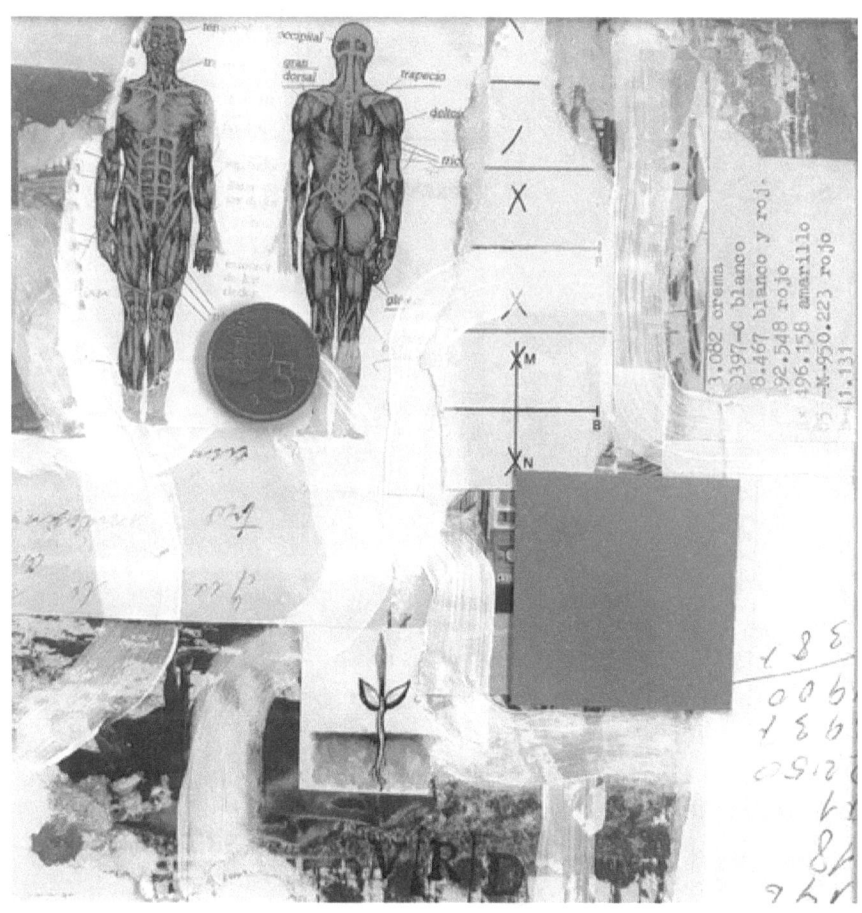
VRD. Borja Lomas

www.ingramcontent.com/pod-product-compliance
Lightning Source LLC
Chambersburg PA
CBHW031721230426
43669CB00007B/205